河南省"十四五"普通高等教育规划教材

朗诵与讲故事指导

主 编 聂慧丽
副主编 王 丽 马媛媛
参 编 鞠保荣 庞晶莹

南京大学出版社

图书在版编目(CIP)数据

朗诵与讲故事指导 / 聂慧丽主编. — 南京：南京大学出版社，2020.12(2023.8重印)
ISBN 978-7-305-23610-5

Ⅰ.①朗… Ⅱ.①聂… Ⅲ.①朗诵－语言艺术－高等师范院校－教材 Ⅳ.①H019

中国版本图书馆 CIP 数据核字(2020)第 134430 号

出版发行	南京大学出版社
社　　址	南京市汉口路 22 号　　邮　编　210093
出 版 人	王文军
书　　名	**朗诵与讲故事指导**
主　　编	聂慧丽
责任编辑	曹　森　　编辑热线　025-83686756
照　　排	南京南琳图文制作有限公司
印　　刷	南京鸿图印务有限公司
开　　本	787 mm×1092 mm　1/16　印张 15.75　字数 394 千
版　　次	2020 年 12 月第 1 版　2023 年 8 月第 4 次印刷
ISBN	978-7-305-23610-5
定　　价	45.00 元

网址：http://www.njupco.com
官方微博：http://weibo.com/njupco
微信服务号：NJUyuexue
销售咨询热线：(025) 83594756

* 版权所有，侵权必究
* 凡购买南大版图书，如有印装质量问题，请与所购
　图书销售部门联系调换

编 委 会

编委会主任 刘济良（郑州师范学院）

总 主 编 陈冬花（郑州师范学院） 李跃进（郑州师范学院）

　　　　　　 刘会强（河南财政金融学院） 李社亮（河南师范大学）

副总主编 段宝霞（河南师范大学） 李文田（信阳师范学院）

　　　　　　 晋银峰（洛阳师范学院） 郭翠菊（安阳师范学院）

　　　　　　 井祥贵（商丘师范学院） 丁新胜（南阳师范学院）

　　　　　　 田学岭（周口师范学院） 侯宏业（郑州师范学院）

　　　　　　 聂慧丽（焦作师范高等专科学校）

编 　 委（以姓氏笔画为序）

丁青山　马福全　王　立　王　娜　王铭礼

王德才　王　璟　田建伟　冯建瑞　权玉萍

刘雨燕　闫　冉　李文田　肖国刚　吴　宏

宋光辉　张杨阳　张厚萍　张浩正　张海芹

张鸿军　周硕林　房艳梅　孟宪乐　赵丹妮

荆怀福　袁洪哲　贾海婷　徐艳伟　郭　玲

黄宝权　黄思记　董建春　薛微微

前言

　　朗诵是语言表演艺术,朗诵者在处理语言时,既要抒发情感、表达意境,还要恰当地运用气息、吐字清晰、音色优美地表达出来;故事的载体是语言,每一个字符里都藏着很多很多的秘密,而我们的任务就是破解文字的秘密。即使是相同的字在不同的故事场景中也会展示其不同的意义,而不同意义的展示可能是通过不同的语调、语音、语气、语速。由此可见,朗诵和讲故事技能的形成不是一蹴而就、轻易获得的,它需要依托学习、教育和训练,这是师范教育教学过程中一门不可或缺的专业基础课程。

　　二十大报告指出"全面建设社会主义现代化国家,必须坚持中国特色社会主义文化发展道路,增强文化自信,围绕举旗帜、聚民心、育新人、兴文化、展形象建设社会主义文化强国,发展面向现代化、面向世界、面向未来的,民族的科学的大众的社会主义文化,激发全民族文化创新创造活力,增强实现中华民族伟大复兴的精神力量"。雅言传承文明,经典浸润人生,在朗诵与讲故事中诠释中华优秀文化内涵、彰显中华语言文化魅力、弘扬中国精神。全书共分为上、下两篇,上篇朗诵篇共分为六章,第一章是朗诵语言与心理;第二章是朗诵的基本功;第三章是朗诵的基本素养;第四章是朗诵的表达技巧;第五章是不同文体朗诵实训;第六章是小学语文课文朗读指导。下篇讲故事指导篇,共分为五章,第七章是儿童故事概述;第八章是故事讲述前的准备;第九章是故事讲述的技巧;第十章是故事讲述中的实操训练;第十一章是故事讲述的拓展应用。

编写出版教材，开展"朗诵与讲故事指导"课程的教学实践，目的在于通过对该课程的学习和实训，强化学生的口头表达能力，指导学生掌握朗诵和讲故事的基本技巧，培养学生表情达意、交流传递信息的心理素质和基本技能，强化学生的口头表达能力，令学生能够在教师资格考试和师范生技能大赛中落落大方地站上讲台，使考试或竞赛成为学生展示自我，同时互相学习、互相切磋的舞台，全面提升师范生教学技能。

本书在内容安排上增加了不少新构思、新元素，内容新颖丰富，形式互动多样，针对大专院校学生，突出实训练习，具有基础性、新颖性、针对性、互动性、实用性、可操作性等特点，既适合作为师范院校的教学用书，也可以作为热爱朗诵和讲故事的社会人士特别是青年自学与实践的参考书。本教材旨在帮助学习者通过系统化的学习和训练，掌握朗诵与讲故事的技能，提升人文素质和口才、表演能力，具备适应社会选拔和实践创新的才干，在追求自我发展和事业成功的同时，为社会和国家做出更大的贡献。

本教材在编写过程中参阅了国内外一些相关文献资料，借鉴了国内外朗诵和讲故事专家、学者的成功经验。在此，表示衷心的感谢。

全书内容有疏漏之处，敬请读者批评指正。

编　者

2023 年 8 月

目 录

上篇　朗　诵

第一章　朗诵语言与心理 ……………………………… 3
　第一节　朗诵概述 ……………………………………… 3
　第二节　朗诵礼仪 ……………………………………… 7
　第三节　朗诵心理 ……………………………………… 21

第二章　朗诵的基本功 ………………………………… 29
　第一节　发声器官的构造与功能 ……………………… 29
　第二节　气息的控制与运用 …………………………… 39
　第三节　音色特征与训练 ……………………………… 47

第三章　朗诵的基本素养 ……………………………… 53
　第一节　朗诵的基调 …………………………………… 53
　第二节　朗诵的感受 …………………………………… 55
　第三节　朗诵的语气 …………………………………… 60

第四章　朗诵的表达技巧 ……………………………… 66
　第一节　朗诵的节奏 …………………………………… 66
　第二节　朗诵的停连 …………………………………… 80
　第三节　朗诵的重音 …………………………………… 85

第五章　不同文体朗诵实训 …………………………… 93
　第一节　诗歌的朗诵 …………………………………… 93
　第二节　散文的朗诵 …………………………………… 100
　第三节　寓言故事的朗诵 ……………………………… 104

第六章　小学语文课文朗读指导……………………………………108
第一节　小学语文课文朗读的步骤……………………………108
第二节　小学语文课文朗读技巧………………………………110
第三节　有感情地朗读小学语文课文实训指导………………113

下　篇　讲故事指导

第七章　儿童故事概述……………………………………………125
第一节　儿童故事的相关概念…………………………………125
第二节　儿童故事的特点………………………………………130
第三节　儿童故事的功能及作用………………………………137

第八章　故事讲述前的准备………………………………………148
第一节　故事讲述前的选材……………………………………148
第二节　故事讲述前的分析……………………………………159
第三节　故事讲述前的加工……………………………………164
第四节　故事讲述前的其他准备………………………………171

第九章　故事讲述的技巧…………………………………………176
第一节　语言的使用技巧………………………………………176
第二节　体语的表达技巧………………………………………186
第三节　道具的使用及环境创设………………………………193
第四节　常见的组织策略………………………………………198

第十章　故事讲述中的实操训练…………………………………207
第一节　常见的故事讲述类型…………………………………207
第二节　特殊的故事讲述类型…………………………………217

第十一章　故事讲述的拓展应用…………………………………227
第一节　课本剧——再现课本故事……………………………227
第二节　沙盘游戏——讲述心灵故事…………………………231
第三节　读书会——分享经典故事……………………………238

参考书目………………………………………………………………244

上篇 朗诵

第一章
朗诵语言与心理

微信扫码
获取相关资源

学习目标

1. 了解朗诵的概念、实质、意义。
2. 掌握朗诵者礼仪。
3. 能够运用心理调适方法克服朗诵时的紧张情绪。

第一节 朗诵概述

小试牛刀 1-1

请扫描本章二维码获取音频。

乡 愁

小时候
乡愁是一枚小小的邮票
我在这头
母亲在那头

长大后
乡愁是一张窄窄的船票
我在这头
新娘在那头

后来啊
乡愁是一方矮矮的坟墓
我在外头
母亲在里头

而现在
乡愁是一湾浅浅的海峡

　　　　我在这头
　　　　大陆在那头

　　谈一谈你听到这段朗诵的感受,尝试给朗诵下定义。
　　《乡愁》是中国台湾地区著名诗人余光中的一篇代表作。诗的结构是4段16句,四段诗歌选取了"小时候""长大后""后来啊""而现在"四个节点,用四种不同的借喻表现作者对故乡的思念之情。
　　在朗诵时我们要深刻体会作者的思想感情,作者从幼年到成年再到老年,不同年纪对家乡的思念之情借助不同的意象寄托出来,诗歌呈排比式的结构,朗诵时要通过节奏感和韵律感体现出来,每一段的内容通过语气和语势的变化,将浓浓的思乡之情表达出来。
　　朗诵是一门有声语言的表达艺术,它把书面语变成活生生的口语,运用语言的轻重强弱、断连疏密、快慢缓急、刚柔扬抑等技巧,来表达作品"喜、怒、哀、乐、悲、欢、离、合"的意境。用声音传递思想、传递情感。

一、朗诵的含义

(一)朗诵一词的由来

　　早在先秦时期,我国的《尚书·舜典》《周礼·大司乐》等史书文献中就有关于"诵"的记载;汉代出现了对"诵"的专门注释;唐代律诗的产生,使人们对"诵"诗有了新的追求;宋代陆游《剑南诗稿》的一首诗里,出现了"朗诵"二字;到元、明、清,人们对"诵"有了更多的认识,创造了更多的"诵"的方法。

(二)朗诵的含义

　　朗,即声音的清晰、响亮;诵,即读出声音来,念。朗诵就是用清晰、响亮的声音,结合各种语言、神态、手势等手段来完整地表达作品思想感情的一种语言艺术。

二、朗诵与相关概念的辨析

(一)朗诵与朗读

　　朗读是一种出声的阅读方式,它是小学生完成阅读教育任务的一项重要的基本功,就语文学习而言,朗读是非常重要的。朗读是阅读的起点,是理解课文的重要手段,有利于发展智力,传递情感,进行思想熏陶。
　　《现代汉语词典》解释"朗读"为清晰、响亮地把文章念出来,"朗诵"为大声诵读诗或散文,把作品的感情表达出来。具体地说,朗读是把书面语言转化为发音规范的有声语言的再创造活动。朗诵则是一门独特的艺术,是用丰富的情感、抑扬顿挫的声音、具有艺术的表演把文学作品转化为有声语言的再创造活动。
　　1. 朗诵与朗读的联系
　　(1) 从内容上说,两者都是以书面语言为依据,以书面语言为表达内容。朗诵和朗读,往往都是以已经写成的文稿为文本。文本是朗读与朗诵者的出发点,没有文字语言作为依托,朗读或朗诵也就失去了意义。

(2) 从审美上讲,两者都是审美层次上的交流,而不是日常的口语交际。它们和日常的"讲话"不同,日常讲话是为了传递信息和交流,而朗读和朗诵则具有表情达意的目的。

(3) 从要求上看,两者都要求读准字音,要求语句连贯、流畅,语调、语气和谐,能够表情达意。

2. 朗读与朗诵的区别

表1-1 朗诵与朗读的区别

	朗诵	朗读
体裁	以诗歌、散文为主	体裁不限
身份	"演员"	朗读者本人
声音	风格化、个性化、戏剧化	自然化、本色化、生活化
语言	标准普通话,不允许方言	普通话,允许方言
态势	站姿,必须要有手势眼神的配合	站姿、坐姿、走姿均可,对手势、眼神无明确要求
应用范围	舞台、文娱活动、比赛等	语文教学、幼儿启蒙等

(二) 朗诵与演讲

演讲又称"讲演"或"演说",是指在公众场合,以有声语言为主要手段,以体态语言为辅助手段,针对某个具体问题,鲜明、完整地发表自己的见解和主张,阐明事理或抒发情感,进行宣传鼓动,达到感召听众并促使其行动的一种语言交际活动。柏拉图曾说:"演讲艺术是对人们灵魂的统治,其主要职责就是向观众讲解爱和情感。"

1. 朗诵与演讲的联系

(1) 从内容上说,两者都有明确的内容。演讲者要影响、说服、感染他人,需发表自己的意见,陈述自己的观点和主张。朗诵者要影响、感染他人,需准确、生动、形象地表达作品的思想感情及风格特色。

(2) 从情感上讲,两者都要求在表述主题时充满激情。演讲要通过演讲者的演讲实现说服和感召听众的目的,朗诵需要通过朗诵者的朗诵实现感染和打动听众的目的,达到情感共鸣。

(3) 从要求上看,两者都需演讲者(朗诵者)具备规范的口语表达能力和一定的表演能力。演讲和朗诵都需要借助语言、神态、动作、表情达到感染听众,影响听众的目的。

2. 朗诵与演讲的区别

(1) 角色身份不同。

朗诵作为一门表演艺术,朗诵者朗诵的是别人的作品,需将自己扮演成另一个"我"来抒情表意。演讲者演讲中提到的"我",在绝大多数情况下就是演讲者本人,抒发的是演讲者自己的心声。

(2) 责任不同。

朗诵侧重于展现个人抒情表意的能力,朗诵者在表演时,需忘掉"本我",忘掉听众,投入角色"我",全身心倾注于文本感情的抒发。演讲则侧重于展现个人抒情说服的能力,自

始至终都不能忘掉"本我",不能忘掉身边的听众,全身心倾注于自己所承担的"道理宣传"的责任。

(3) 文稿不同。

一般来说,朗诵多以诗歌、散文为蓝本。朗诵者要打动听众、感染听众,必须注重感情的抒发,其情感处理可以多样化、戏剧化,可以有大幅度的起伏。演讲多以适应口语表达特点的特定文体为文本。演讲者要让听众接受你讲的道理,必须注重说理与抒情的融合,注意日常交谈式的亲切感,其情感处理较单一化、生活化,不宜有过多过大的起伏。

(4) 场地性质不同。

朗诵者的表演场地是独立于"听众席"之外的,无论这块"场地"的范围多小,也与"听众席"相分离,完全是另一个"世界"。演讲者置身于听众之中,更利于道理的传递,表演场地与听众之间没有严格的界限,二者本质上是一体的,演讲者所处的位置只是为了强化演讲效果。

三、朗诵的特征

(一) 文学性

朗诵的内容一般都是诗歌、散文、小说等文学作品,一些非文学作品,如社论、书信等,一旦作为朗诵材料,往往也会侧重于表现某个人的某种思想感情,文学色彩明显。文学艺术也是语言的艺术。表现出作品的人物形象、故事情节等是有声语言的风采和魅力,通过朗诵可以达到再现作品描写的人物形象、环境气氛和生活场景的目的,充分发挥它的艺术魅力和教育作用。

(二) 艺术性

朗诵是一种比较精细、高级的有声语言艺术。朗诵表情达意的前提是朗诵者必须具备一定的文学修养,要能分析欣赏各种体裁的文学作品;朗诵表情达意的基础是朗诵者必须具备一定的政治思想修养、社会知识修养;朗诵表情达意的关键是朗诵者必须具备一定的语言修养,要熟练掌握标准发音和发声技巧,要善于正确地运用语气语调;朗诵表情达意的重要条件是朗诵者必须具备一定的舞台表演艺术的修养,要敢于在听众面前说话,要能正确地发音,有自然的表情。朗诵艺术就是以上各方面修养的综合体现,缺少哪一方面的修养都不可能成为一个合格的朗诵者。

(三) 表演性

朗诵者必须具备一定的表演技能,语言要优美,仪态要端庄,表情要丰富。为了增强朗诵艺术的表演效果,朗诵者还可以适当化妆,可以运用灯光布景,可以进行配乐。只要是朗诵,即使是在很小的范围内进行,都会带有表演的性质。朗诵者要向听众展示自己的文学素养、口语艺术、表演才能,听众会对朗诵者的文学修养、口语才能和表演效果等进行综合评价。

朗诵是一种传情的艺术,朗诵者在选择材料时,首先,要注意选择那些朗朗上口的作品。其次,要选择符合朗诵场合、听众需要,以及朗诵者自己爱好和实际水平的作品。最后,要选择能够配合体态语的作品,强化表演的效果。

(四) 教育性

经典文化是中华文明传承数千年的重要载体,内容博大精深,朗诵者可以精心选择诵读篇目,使朗诵经典和语文学科学习相结合,让听众通过参与朗诵经典等活动,受到传统文化的洗礼,教育并影响听众传承中华美德,健全人格,陶冶情操,铸造精神。

(五) 综合性

朗诵艺术是一项综合性的艺术,朗诵所依据的文字作品一般有较高的艺术水准,要求朗诵者具有较强的对文字作品的理解力、感受力以及有声语言的表现力和感染力,且能将音乐、灯光、舞美等多种因素与朗诵的文字作品配合完美。朗诵是朗诵者综合素质的集中体现。

(六) 创造性

朗诵者要做到以情动人,必须能够在深入理解作品的基础上,将那些隐藏在文字之外的意思表现出来。同时,朗诵者只有运用有声语言表达技巧进行创作,才可能把一句话用贴切的语气体现出来。另外,朗诵者的有声语言表达本身就是一种创作,动听的声音、高超的表达技巧都能在一定程度上为文字作品增色,加之配乐、灯光、舞美的设计等等,使得朗诵成为一项创造性的活动。

教师絮语

> 朗诵是语言表演艺术,要求朗诵者普通话标准、吐字清晰、音色优美,恰到好处地抒发情感、表达意境。对朗诵的学习一方面有助于提升学生普通话水平,另一方面有利于理解课文、把握情感,对课文产生更深层次的认识,一定程度上提升学习者对课文的分析能力。

第二节 朗诵礼仪

一位知名企业的总经理想要招聘一名助理,这对于刚刚走出校门的青年们来说是一个非常好的机会,一时间,应征者云集,经过严格的初选、复试、面试,总经理最终挑中了一个毫无经验的青年。

副经理对于他的决定有些不理解,于是问他:"那个青年胜在哪里呢?他既没有带一封介绍信,也没有任何人的推荐,而且毫无经验。"

总经理告诉他:"的确,他没带来介绍信,刚刚从大学毕业,一点经验也没有,但他有很多东西更可贵。他进来的时候在门口蹭掉了脚下的泥土,进门后又随手关上了门,这说明他做事小心仔细。当看到那位身体有些残疾的面试者时,他立即起身让座,表明他心地善

良、体贴别人。进了办公室他先脱去帽子,回答我提出的问题时也是干脆果断,证明他既懂礼貌又有教养。"

总经理顿了顿,接着说:"面试之前,我在地板上扔了本书,其他人都从书上迈了过去,而这个青年把它捡了起来,并放回桌子上;当我和他交谈时,我发现他衣着整洁,头发梳得整整齐齐,指甲修得干干净净。在我看来,这些细节就是最好的介绍信,这些修养是一个人最最重要的品牌形象。"

为什么这个没有经验的青年被总经理选上了呢?谈谈你对个人品牌形象的认识,并想一想,在我们朗诵时是否也需要树立自己的品牌形象呢。

一、礼仪的概念

礼仪指的是礼节和仪式,是人们在社会交往活动中,为了相互尊重,在仪容、仪表、仪态、仪式、言谈举止等方面约定俗成、共同认可的行为规范。礼仪是对礼节、礼貌、仪态和仪式的统称。

塑造个人品牌形象是礼仪的首要作用。个人在社会交往中所得到的整体评价是个人品牌形象,它是一个形象系统。具体来说,一个人美的形象应该体现在六个方面:一是心灵美,外在的美是暂时的,内在的美即心灵的美才是永恒的、持久的美;二是举止美,即与人交往中表现出来的文雅、文明、讲卫生的举动;三是语言美,即说真话、言之有礼、言之有物、言之有趣,注重说话的技巧和方式;四是服饰美,服饰是个人形象的直观反映,莎士比亚说过,衣着往往反映人的心灵,服饰是人的第二肌肤,给别人留下的第一印象中的90%源于服饰;五是神情美,人类最美好的神情是微笑,微笑是一个人的"第二张名片",学会微笑,就学会了与人相处之道;六是仪容美,主要指人的头部整体外观及其他裸露皮肤部分的美的修饰,很大程度上展示着一个人的精神面貌。

朗诵主要靠声音来表达,但要想引起听众共鸣,除了运用声音外,朗诵者美好的个人形象,借助眼神、手势等体态语,帮助表达作品感情也是尤为重要的。服装得体,精神饱满,仪态端正,手势适度和谐也就成了朗诵比赛的一项评分标准。因此,朗诵者礼仪是朗诵者必须注重的。

二、服饰礼仪

服饰,是对人们衣着及其所用的装饰品的一种统称,我们可以通过服饰的穿搭来满足人们对审美的需求。服饰可以遮掩形体的不足,对形体起着修饰的作用,它在一定程度上反映着人们的社会生活、文化水平和道德修养。

> **案例 1-1**
>
> 在一次学校诗歌朗诵选拔赛中,王丽同学落选了,大家特别奇怪,因为她可是曾经在省里拿过第一名的呢,这次到底是为什么呢?原来由于天气炎热,王丽穿了一条超短裙去参加比赛,当她信心满满地站上舞台后,突然听到一个同学说"她这裙子也太短了吧"。王丽一下子乱了分寸,结果朗诵时出现了卡顿,失去了比赛的资格。

(一) 服饰对树立个人品牌形象的重要性

服饰作为人类的"第二张皮肤",在人际交往中发挥着重要的作用。英国首相撒切尔夫人曾说:"衣着美丽整齐,使人看了有赏心悦目之感,一个人的服装可以衬托出这个人的气质。"现今怎样得体、适度地穿着已成为一门学问。

服饰关系到个人的形象,严格地说,着装既是一种技巧,又是一门艺术。在各种正式场合,不同的着装会给别人不同的印象。站在礼仪的角度上来看,着装是一项系统工程,它不仅仅指穿衣戴帽,更指由此而折射出来的人的教养与品位。

朗诵者要基于自身的阅历修养、身材特点,根据不同的时间、场合、朗诵的内容,力所能及地对所穿的服装进行精心的选择、搭配和组合。在朗诵时,注重个人着装能够体现仪表美,增强朗诵的魅力,给人留下良好的第一印象,使听众愿意听你讲下去。注重着装是朗诵者的基本素养,掌握一些穿着艺术和服饰礼仪,向听众展示良好的个人品位和审美情趣是非常必要的。

1. 增强自信

每当穿上大方、合体的服装时,人们自我心理上对自己着装的效果会产生相当大的认同感,这种良好的感觉,能够振奋人的精神状态。尤其是在大庭广众之下,服饰得体、美观能有效增强人的自信心,避免自卑感的产生。

2. 维护尊严

服饰从某种程度上可理解为自我广告。服饰是无声的语言,它向外界传递着一个人的个性、审美情趣、文化品位、为人处世的态度以及素质修养等。孔子说:"君子不可以不学,见人不可以不饰。不饰无貌,无貌不敬,不敬无礼,无礼不立。"与人相见时,适当打扮是对别人的尊重,只有自己尊重别人了,别人才会尊重自己。那些只有渊博的知识而不注重自己外表的人,别人也会厌弃的。在社交频繁的社会里,修饰外表和内心同样对事业的成功起着至关重要的作用。

3. 获取第一印象

对初次见面的人,容貌服饰、言谈举止,是第一印象产生的基本要素。在"以貌取人"的客观现实中,得体美好的服饰打扮,可以使人产生良好的第一印象,从而有利于朗诵的进行。

(二) 着装的基本原则

1. TOP 原则

TOP 是三个英文单词的缩写,它们分别代表时间(Time)、场合(Occasion)和地点(Place),即着装应该与所处的时间、所处的场合、所处的地点相协调。朗诵者在朗诵时只有遵循 TOP 原则,才可能正确着装,受到尊重。

2. 配色原则

俗话说,没有不美的颜色,只有不美的搭配。一般来说,既丰富又调和的和谐之美是着装配色的要求,和谐美历来被认为是服饰色彩搭配的最高原则。

◆ 不同亮度的色彩搭配。按深浅对同一颜色进行搭配,但色彩明度不能差别太大、

太生硬,如深红配浅红、深绿配浅绿等。

◆ 颜色相近的色彩搭配。将色谱上相邻、明度不同的色彩进行搭配,显出调和中的变化,起到对比作用,如用深蓝和浅绿或浅橙和淡黄等来搭配。

◆ 颜色对比的色彩搭配。将两种性质相反的色彩进行组合,且注意在明度、纯度上的不同,做到鲜明却不刺眼,如白配黑、蓝配橙等。

3. 形体相配的原则

人的身材各有优点,也各有缺点。在服装搭配上,"扬长避短"是需要些技巧的,例如,体型矮小的人,适合上下颜色协调一致,产生整体加长的效果,不适合对比过强的颜色搭配;身材高大的人,尤其是高瘦的人,需借助服装的圆润线条和色彩组合使之丰美起来等。

4. 肤色相配的原则

皮肤白皙的人,选择服装颜色的余地较大,但假如肤色白里透红,应避免选择纯红或纯绿的上衣。如肤色比较苍白,黑色或纯白色上衣会有"雪上加霜"的效果。肤色黑者,不宜选择接近肤色的色彩或偏深、偏暗的色彩,那样会显得更黑,而且萎靡不振,缺乏生气。

5. 年龄相配的原则

年轻人在选择服饰时受颜色的约束比较小,选择的余地较大。但少女应该尽量避免穿着过于华丽的服装,如由闪光面料制作的,或缀有过多装饰品的服装。尤其在朗诵时,如果穿着过于华丽,容易使听众过于关注服装而忽略朗诵内容,因此,朗诵时应选择稳重、大方的服饰。

(三) 着装礼仪

1. 女士着装礼仪

(1) 女性朗诵者着装需做到:

◆ 平整大方。朗诵前一定要熨烫准备穿着的服装,大方得体的穿着会使人显得精神焕发,而且从服饰这个角度表达了对听众的尊重。

◆ 文明得体。女士不宜穿过露、过透、过紧、过短的服装。

◆ 配套齐全。在穿着上,我们不仅要重视主体衣服的穿搭,鞋袜等的搭配也要多加考究。如袜子以近似肤色或与服装颜色协调为好,切记不要穿带有花纹的袜子,那样容易引起人们的反感。凉鞋或靴子不宜在正式庄重的场合穿,黑色皮鞋由于可以和任何服装相配,所以是穿着最多的。

◆ 色彩和谐。朗诵具有表演的特点,在选择服装时可以有一些色彩感,但不宜过艳、过暖,而且不能太杂,色彩不宜过多。

◆ 饰物点缀。巧妙地佩戴饰品能起到画龙点睛的作用,给女士增添魅力。但是佩戴饰品不宜过多,否则会分散听众的注意力。佩戴饰品时,尽量选择同色系。佩戴饰品最关键的是要与你的整体服饰搭配统一起来。

(2) 女性朗诵者着装应避免:

◆ 时髦型。过于时髦的服装往往给人一种缺乏深度的感觉,会引起听众对朗诵者水平的怀疑。

◆ 暴露型。暴露的服装会给人轻浮的感觉,即便在气温很高的夏天,也要注意朗诵时应穿有领带袖的服装。

◆ 可爱型。过于可爱的服装,会给人有失庄重之感,尤其在朗诵内容颇有深度的情况下,很难让人产生信服的感觉。

◆ 潇洒型。随随便便的T恤,配上一条泛白的破洞裤,这种穿着容易引起听众的反感,一定要避免出现在朗诵的舞台上。

2. 男士着装礼仪

男士最主要的职业装是西装,西装本身具有严谨的结构和特有的穿着规则,协调的穿着搭配能够彰显男士的品位与风度。

(1)男性朗诵者穿着西装需做到:

◆ 注意变通。西服有三件套装、二件套装和不配套服装等。虽然西服的设计很严谨,但它的穿法并非一成不变,而且是可以变通的。就我国国情而言,穿不配套西服也很不错,显得人轻盈洒脱,充满活力。

◆ 配色协调。西装穿着的效果主要是由配色是否优美恰当,是否讲究艺术性等决定的,因此我们必须讲究西装的配色,尤其需要讲究的是V形领口区衬衫、领带、西服三者的配色。例如西装是黑色,衬衫一般为浅色或白色,领带首选银灰色、蓝色或黑红色条纹;若西装为灰色,衬衫应选白色,领带以砖红、绿色或黄色为佳;西装为乳白色,衬衫则首选灰色,领带以红色为主,带黑色或砖红;西装为墨绿色,衬衫则为银灰色或白色,领带选择银灰、浅黄或红白相间;若西装为暗蓝色,衬衫应选择白色或浅蓝,而领带则选择蓝色、深玫瑰色、褐色、橙黄色等。

◆ 花型组合。领带、衬衫、西装皆有花型,这是男士追求表现自我意识、突出个性美、打破传统服饰穿着的一种表现。一般最容易选配的是"两花一素",即西装和领带为花型、衬衫为素色的服饰。这种选配方法里外对应,易于协调。例如,暗条深藏蓝色的西服套装,里面穿白色大尖领衬衫,系上紫红色或藏蓝色领带,十分优雅大方。假设三件服饰都有条状花型,就容易给人一种杂乱的现象。如若三者皆是花型,一定要注意以一种花型为主,其他为衬托和辅助花型,这样也可以产生意想不到的独特风格。

◆ 面料一致。虽然西装套装具有变通性,可以灵活穿用,随时选配成套装,但它的搭配也是有一定规律的。在服饰面料方面也具有统一性,不宜随意改变。例如,全毛西服配上粗平纹布衬衫、纯棉灯芯绒西服外衣配涤卡衬衫加系领带等都显得十分不协调。

(2)男性朗诵者穿着西装应避免:

◆ 扣子全系。男性西装的穿着,除双排纽扣的西装外,单排扣西装在任何场合下都不应该将纽扣完全扣上;两粒扣子系上面一粒,三粒扣子系上面两粒或中间一粒。

◆ 衬衫外放。穿西装衬衫必须系在裤腰内,一则显得人利索精神,二则无损西装紧身优美的造型。

◆ 袖扣不系。穿西装袖口必须系好,并以能露出1厘米左右为佳。

◆ 领口不整。衬衫领要平直,并用西服领压住,衬衫以能高出西装领1厘米左右为好。

三、仪表礼仪

案例 1－2

某著名高校正在进行面试,一位应聘者进门后沉着地向大家举手致意,然后选择了最前排且人较多的中间座位就座。他就座的姿势极佳,臀部占据椅子三分之二左右面积,并且上身挺直,两手自然地放在膝盖上,不左顾右盼,双眼注视着面试官们。最后,面试官们一致认为,这位应聘者是一名难得的人才,非常适合他们所招聘的职位。

该应聘者得体的仪态为其争取这个职位交了一份很好的"答卷"。他进门后沉着地向大家举手打招呼,说明他有很好的修养;选择最前排中间的位置就座,表明他希望得到别人的关注,善于自我推销,充满自信;他就座的地方人较多,说明他与人合群,善于交际;就座后的姿势极佳,表明他稳重冷静、对人尊重。

仪表即人的形貌外表,是一个人的精神面貌的外观体现,它包括人的仪容、仪态、表情等具体因素。从美学的角度讲,美总是有形的,美的生命在于它外形的显现,抽象的内在本质的美只有借助外在美的形象才能得以表现,而对人仪表美的要求,也正是基于这一道理。仪表不仅是物质躯体的外壳,它也从一个侧面反映出人的思想修养、精神气质,甚至反映社会文明发展水平。

心灵美与仪表美不是对立的,而是不可分割的,只有它们互为表里,相得益彰,才是完善的美。因此,人们的仪表与其道德修养、文化水平、审美情趣和文明程度有关系,并且良好的仪表是由较高的道德修养、文化水平、审美情趣和文明程度决定的。朗诵是朗诵者把文学作品转化为有声语言的再创作、再表达的艺术活动。所以,朗诵者自身的素质对朗诵的效果起着举足轻重的作用,一个仪态大方、睿智明达的朗诵者受欢迎的程度是可想而知的。

(一) 仪容

仪容修饰被视为仪表礼仪的核心部分。一个人先天的容貌是无法改变的,但可以通过一定的修饰技巧,使一个长相平凡的人变得楚楚动人,比原来更加漂亮,更加美丽,这不仅是自己对仪表美的要求,也是满足交往对象审美享受的需要。

1. 发型的修饰

只要稍加留意就会发现,在人与人之间的交往中,人们注视他人的第一眼首先是从头看起。头发是我们交往时无法被忽视的重要部分。通常情况下,发型修饰要满足以下几点要求:

(1) 干干净净。就是要求勤洗发、勤理发,努力使自己的头发保持清洁卫生的状态。具体来说,应当至少三天洗一次发,男士至少半个月理一次发。此外,还需随时随地检查自己头发的清洁度。

(2) 整整齐齐。就是朗诵者朗诵前必须把头发"按部就班"地梳理"到位",不允许蓬松凌乱。即使有一缕头发不服"管理"地"突出"出来,也是"犯规"的。为了使头发保持既定的发型,可使用美发用品对之加以固定。但更重要的是要使之保持整齐,"一丝不苟",唯其整齐,才有干净可言。

(3) 长短适当。是指在头发的长度方面,宜短不宜长。男士发长一般不超过7厘米,且前发不覆额,侧发不掩耳,后发不及领;女士头发的长度则相对来说"宽松"一些,但在庄重严肃的工作场合,则要做到前发不遮眼,后发不过肩,头发过肩者必须扎起。

(4) 简洁自然。朗诵者参加朗诵,发型发色应当传统一些,保守一些,规范一些,切勿过分新潮,过分怪异,不宜染烫过于夸张的发型。

2. 脸部的化妆

化妆是一种通过使用美容用品,来修饰自己的仪容,美化自我形象的行为。简单地说,化妆就是有意识、有步骤地来为自己美容。化妆可以使人们更加美丽、自信。作为朗诵者应该掌握的化妆原则有以下几个方面:

(1) 美化的原则。每个人无疑都希望化妆能使自己变得更美丽,事实上,把各种色彩涂抹在脸的相应部位就自然变美的认识是错误的。美化的原则是从效果角度来说的,要使化妆达到美的效果,必须把握脸部个性特征,秉持正确的审美观。一方面,要对自己的五官优劣做到心中有数;另一方面,要掌握化妆技巧,能够扬长避短,变拙陋为俏丽,使容貌更迷人。

(2) 自然的原则。自然是化妆的生命,它能使化妆后的脸看起来真实而生动,不是一张呆板生硬的面具。化妆失去了自然的效果,那就会假,假的东西就无生命力和美化可言。自然的化妆要掌握正确的化妆技巧,使用合适的化妆品;要一丝不苟、井井有条;要讲究过渡、体现层次;要点面到位、浓淡相宜;要做到"三协调",即妆面协调、场合协调、身份协调,以体现自己的不俗品位。

总之,要使化妆看上去"说其有,看似无",就像化妆的人确确实实长了这样一张美丽、生动的面容,化妆时就必须讲究艺术、技法、手段,不能敷衍了事,片面追求速度,导致妆面失真。

(二) 仪态

仪态美即姿势、动作的美,是人体静态美和动态美的结合。培根说:"相貌的美高于色泽的美,而优雅合适的动作的美又高于相貌的美。"这是因为姿态比相貌更能表现人的精神气质。因此,朗诵者要通过规范、优雅的行为举止来展现自己良好的气质与风度。

朗诵者的仪态美主要体现在朗诵时的动作、姿态、眼神、表情、手势的和谐、协调。朗诵者庄重挺拔的站姿能给观众传递出自信、干练的信息,令观众感到可信赖、可依靠,能将听众带入朗诵情景中去体悟、感受朗诵的内容,产生共鸣。

1. 站姿

人们站立时的姿势与体态,是仪态美的基础。人际交往中,站姿是一个人全部仪态的根本。"站有站相"既是对自然美的一种要求,又是对一个人礼仪修养的基本规范,良好的站姿能衬托出一个人超凡脱俗的气质和风度。男女有性别差异,因而对其基本站姿的要求不尽相同。男士站姿要求具有稳健、挺拔的阳刚之美,女士站姿要求具有端庄典雅、亭

亭玉立的阴柔之美。

(1) 站姿的常用类型。

◆ V 字步站姿

头要端正,双目平视前方,嘴巴微闭,下颌微微上抬,面部表情放松,面带微笑。两肩自然下沉,两臂自然下垂,五指并拢,中指贴紧裤缝。挺起胸部,胃部向上顶,气息保持在胃部、胸部,有节奏地呼吸,避免下沉,同时收腹、立腰、提臀,身体重心向上。腿部并拢,脚跟并拢,两脚夹角为45—60度。此站姿男女均适用。

◆ 并腿式站姿

头要端正,双目平视前方,嘴巴微闭,下颌微微上抬,面部表情放松。两肩自然下沉,两臂自然下垂,五指并拢,中指贴紧裤缝。挺起胸部,胃部向上顶,气息保持在胃部、胸部,有节奏地呼吸,避免下沉,同时收腹、立腰、提臀,身体重心向上。两腿立直,双脚并拢,脚尖正对前方。此站姿男女均适用。

◆ 丁字步站姿(女士站姿)

头要端正,双目平视前方,嘴巴微闭,下颌微微上抬,面部表情放松,面带微笑。两肩自然下沉,两臂自然下垂,五指并拢,中指贴紧裤缝。挺起胸部,胃部向上顶,气息保持在胃部、胸部,有节奏地呼吸,避免下沉,同时收腹、立腰、提臀,身体重心向上。左脚跟靠右脚内侧中间部位,两脚尖夹角约45度。

◆ 左右分腿式站姿(男士站姿)

头要端正,双目平视前方,嘴巴微闭,下颌微微上抬,面部表情放松,面带微笑。两肩自然下沉,两臂自然下垂,五指并拢,中指贴紧裤缝。挺起胸部,胃部向上顶,气息保持在胃部、胸部,有节奏地呼吸,避免下沉,同时收腹、立腰、提臀,身体重心向上。两腿左右分开,距离与肩同宽。

(2) 站姿的注意事项。

◆ 站立时需避免低头、歪脖、含胸、端肩、驼背,下意识地做小动作,切忌身体的重心明显地移到一侧,只用一条腿支撑身体。

◆ 不要将手插在裤袋里面,切忌双手交叉抱在胸前,或是双手叉腰。女士不要挺腹翘臀,男士双脚左右开立时,注意两脚之间的距离不可过大,两腿不要交叉站立。

2. 走姿

每个人都是一个流动的造型体,优雅、稳健、敏捷的走姿,会给人以美的感受,反映出行走者积极向上的精神状态。

正确的走姿能体现出一种动态美,能体现一个人的风度和韵味,更能展示出青春的魅力。朗诵者在出场时的走姿能够引起观众的注意,缩短与听众的心理距离,有助于和听众的信息交流,调动听众的积极性,营造朗诵前良好的氛围。

(1) 走姿的基本要领。

走姿始终处于动态之中,体现了人类的运动美和精神面貌,直接反映了一个人的精神状态、气质和文化修养等,朗诵者应重视走姿的培养和调整,以饱满的精神状态出现在听众面前,给听众留下良好的第一印象。

正确的走姿应做到从容、平稳、直线,且应注意掌握以下几个基本要领:

◆ 双肩放松,走姿自然。两臂自然协调地前后摆动,向前摆动时要屈肘,使走姿自然,手指自然弯曲,掌心向内。一般情况下,后摆幅度不要太大,前摆时要避免甩小臂,后摆时要避免甩手腕。

◆ 昂首挺胸,收紧腹部。在行走时,要面朝前方,表情自然、自信,并且面带微笑,双眼平视,头部端正,胸部挺起,背部、腰部、膝部要避免弯曲。

◆ 匀速前进,步幅适中。在行走时,速度要均匀,要有节奏感,此外步幅要适中。所谓步幅,是指行走时两脚之间的距离。其一般标准是前脚的脚跟与后脚脚尖的距离约等于自己的脚长。一般步幅为 60—70 厘米。

◆ 自由灵活,变换走姿。譬如,男女之间应有一定的区别,女士走路应步伐轻盈;而男士走路应步履稳健,给人以成熟稳重之感。

◆ 全身协调,直线前进。在行走的时候,举止要协调,表现自然,不要有意扭动臀部,不可在行走时左右摇摆,摇头晃肩,并且行进路线大体上应保持直线。

(2) 走姿的注意事项。

◆ 走路时不要出现明显的外"八"或内"八"。

◆ 不能拖着脚走,发出蹭地的声音。

◆ 女士穿高跟鞋走路时不能上体前倾,重心后移。

◆ 行走时不应左顾右盼,回头张望。

◆ 不能弯腰驼背,步履蹒跚,给人以压抑、困倦之感。

◆ 把手插在衣服口袋里,尤其是裤袋里,会给人傲慢之感,此外,叉腰或倒背着手走也是非常不雅观的。

3. 坐姿

朗诵者朗诵时通常用到的是站姿和走姿,但在上台前保持优美的坐姿也是非常必要的。优美的坐姿会给人以文雅、稳重、自然大方的美感,同时体现了个体良好的气质和风范,此外,优美的坐姿可以使颈、胸、背、腰等部位的肌肉得到锻炼,对保持形体美极为重要。

(1) 坐姿要领。

◆ 头部端正,双目平视,面带微笑,下颌微收,脖子挺直,身体端正舒展,重心垂直向下或稍向前倾,腰背挺直,臀部占椅面面积约三分之二。大腿与小腿成 90 度,两膝并拢,双脚并齐。两臂自然弯曲,双手放在左右大腿上。

◆ 不论从哪个方向入座,应在离椅前半步远的位置立定,从椅子的左侧轻轻入座,双腿并拢,起身离座时动作要轻缓,由左侧离去。

(2) 坐姿的注意事项。

◆ 坐时不可前倾后仰,或歪歪扭扭。

◆ 双腿不可过于叉开,或长长地伸出。

◆ 坐下后不可随意挪动椅子。

◆ 不可将大腿并拢,小腿分开,或双手放于臀部下面。

- ◆ 不可高架"二郎腿"或"4"字形腿。
- ◆ 腿、脚不可不停抖动。
- ◆ 不要猛坐猛起。

（三）目光和微笑礼仪

目光和微笑往往发挥着比言语和举止更重要的作用。对于朗诵者来说，面对众多的听众，如何用自己的目光照顾到每一位听众，如何运用自己的微笑去正确地影响听众，使听众自觉地进入情景是至关重要的。

1. 目光

朗诵者通过目光照顾到每一位听众的存在和感受，是成功朗诵的关键所在。朗诵者在朗诵时要在一个空间中面对听众，如果只是自顾自地进行朗诵，忽略与听众的眼神交流，根本无法调动听众的热情，那么听众就会觉得被忽视，甚至会对朗诵者的朗诵失望继而拒绝听下去。

要做到目光与大多数的观众有接触，朗诵者首先要保持目光上下左右的转移。研究表明，在传统的长方形空间，听众按照秧田式排座，四个角上的听众，特别是离舞台最近的两个前角的听众最可能被忽视，朗诵者要有意识地扫视这些位置上的听众。

目光转移的时候，朗诵者要注意以下几点：一是注意速度适当，既不过快也不过慢，除非目光以外的区域发生突发事件。因为太快给人以盛气凌人、缺乏和善之感，太慢则让人以为没有生气、空洞、漂移。二是中途可以有停顿，注视专注听讲的听众，但不要让其他听众明显感到，否则就可能会把全体的注意力转移到专注听讲的听众身上，造成朗诵的中断和这个听众的尴尬。三是一般先左右后前后，除了注意听众的面孔和眼睛外，也可以关注听众的服饰，这样可以引起听众的认同感。

2. 微笑

人的感情是非常复杂的，面部喜、怒、哀、乐的表情是心理情绪的一种表达，微笑是传递快乐的一种手段，在人际交往中起着非常重要的作用，有利于构建和谐的人际关系。"微笑可以表现出温馨、亲切的表情，能有效地缩短双方的距离，给对方带来美好的心理感受，从而形成融洽的交往氛围，微笑不仅是一种外化的形象，也是内心情感的写照。"①朗诵者的微笑能够调动听众快乐的情感体验，拉近与听众的距离，在良好的氛围中完成表情达意的目的。

我们来做微笑练习：

要想笑得好并非易事，必要时应当进行训练。可以自己对着镜子练习，一方面观察自己笑的表情，另一方面也要注意进行心理调整，把"镜中人"想象成自己的兄弟姐妹，或是自己多年不见的朋友。

第一步，调动愉快的情绪。平心静气，将烦躁不安的情绪暂时搁到一边，回忆一些高兴的事情，让自己沉浸于愉快的情绪中。

---

① 龙小华：《教师礼仪修养》，华中师范大学出版社，2016，第70页。

第二步,做"糖球"运动,活动嘴巴四周的肌肉,同时活动眼球。具体方法:如含糖果一样含住满嘴的空气,并左右移动,眼球也随之移动。

第三步,检查下巴位置。下巴的位置可以表示一个人的态度,向上微扬给人以高傲不逊的感觉,过于低垂则给人献媚的感觉。下巴应放平,视线保持平视。

第四步,轻轻一笑。放松面部肌肉,使嘴角微微向上翘起,让嘴唇略呈弧形,在不牵动鼻子、不发出笑声、不露出牙齿的前提下,轻轻一笑。

3. 手势

朗诵是朗诵者与听众进行思想、意念和情感交流的过程,是人际交流的高级形式,朗诵不但要诵,而且要演。朗诵在声音、音调等方面有一定的要求,朗诵者在朗诵过程中要有一定的表演,而朗诵中没有别的道具,除了面部表情之外,主要是依靠手势,可见手势在朗诵中是十分重要的。

(1) 手势的作用。

手势是朗诵者诉诸听众视觉、听觉给听众以朗诵者直观形象的构成部分,也是交流、传播思想、意念和情感的最重要的辅助手段。手势可以引起听众注意,又可以把思想、意念和情感表达得特别充分、生动、形象,能够给听众留下深刻、鲜明的印象和记忆。

(2) 手势的活动区域。

手势的运用没有什么固定模式,完全是由朗诵者的性格、情绪以及朗诵的内容支配的。手势因人而异,随计而变,但是手势活动的区域却有约定俗成的范围和含义。

按朗诵者的身材可分为上、中、下三个部位:肩部以上称为上区,手势在这一区域活动,多表示理想的、想象的、宏大的、张扬的内容和情感,如表示殷切的希望、胜利的喜悦、幸福的祝愿、未来的展望、美好的前景等。肩部至腹部称为中区,手势在这一区域活动,多表示记叙事物和说明事理,一般来说朗诵者的心情比较平静。腰部以下,称为下区,在这一区域做手势,多表示憎恶、不悦、不齿的内容和情感。

(3) 手势语的分类。

◆ 情势手势语。主要用于表达朗诵者的情感,使情感表达得真切、具体、形象,可以加强渲染作用。如讲到非常气愤的事情,朗诵者怒不可遏,双手握拳、双目圆睁就展示给听众一种愤怒的情感,既渲染了气氛,又有助于情感的表达。

◆ 指示手势语。运作简单,表达专一,基本上不带感情色彩,直接指示了演讲者要说的事物。

◆ 象形手势语。摹形状物,给听众一种形象的感觉。

(4) 手势动作。

手势动作是由朗诵者运用手掌、手指、拳和手臂的动作变化表达思想感情的一种语言。

手掌在整个手势的运用中居于首位,其基本方法和作用如下:

◆ 手心向上,胳膊微曲,手掌稍向前伸。这种手势,主要表示请求、承认、赞美、许诺、欢迎、诚实的意思。

◆ 手心向下,胳膊微曲,手掌向前伸。这种手势,主要表示神秘、压抑、否认、反对、制

止、不喜欢、不愿意的意思。

◆ 两手由合而分。这种手势,多表示空虚、失望、分散、消极的意思。

◆ 两手由分而合。这种手势主要表示团结、亲密、联合、会面、接洽、积极的意思。

手指的运用在朗诵中虽然较少,但它也有很强的表意作用,表现如下:

◆ 拇指,就是赞颂、崇敬、钦佩之意。

◆ 食指,指点事物或方向,表达斥责、命令的意思,表示数目。

◆ 拳,总体上看,拳在朗诵中的运用很少,常用在政治、法律、道德等内容方面的朗诵中。

(5) 手势的注意事项。

一忌指指画画,即随意地打手势,表现为一句话一个动作,手势不断地打出,甚至还十分夸张。

二忌机械重复,即生搬硬套地打手势,表现为单调、呆板、生硬地打出,甚至为了打出手势,重复朗诵内容。

三忌着意表演,即刻意地运用姿态手势动作,努力地"表演"自己话语的内涵。

四忌忽略态势,朗诵者在台上或握双手,或按讲台,形象拘谨,缺失态势语,显得不够自信、从容,对所讲内容缺乏灵活的把握和处理,影响朗诵效果。

总而言之,态势语言是朗诵、朗读表达的重要方式之一。它不仅能够有效地帮助朗诵、朗读者传情达意,使他们站在台上不至于太呆板,还能塑造个人形象,给听众留下深刻的印象,使朗诵、朗读者获得成功。

4. 体态

体态语,又称副语言,是人们用来辅助有声语言进行表情达意的有效手段,正确使用体态语,能够帮助听众理解朗诵内容,引发情感体验,取得好的朗诵效果。不能正确使用体态语或者体态语缺失,朗诵者在台上会显得不够灵活,从而影响朗诵效果。那么在朗诵艺术中应该如何使用体态语呢?

心理学家曾对交谈中言谈与行为传递信息的效果进行因素分析学的研究,研究结果表明,其中言语占7%,声音占38%,而体态占55%,我们的体态语在交流中的重要作用可见一斑。在朗诵中也是如此。

例如《军礼》中,一个战士被冻死了,军长怒问三遍"军需处长呢?"此时,警卫员哇的一声哭了出来:"报告军长,他就是刚任命的军需处长,棉衣不够了,每个人发的御寒辣椒他都没舍得吃一口。"在朗诵这句话时,朗诵者的表情应充满痛苦和不舍,眼神悲戚而惆怅,只有这样听众才能感受到表达者的真情实感,才能被打动、被震撼。

第一,体态语应同言语信息发出一致的信号。

拿眉毛的体态语来说,眉毛下拉或倒立是十分气恼的表示,眉毛上挑表示询问或疑惑,也可表示骄横、跋扈、傲慢,在表示骄横、跋扈、傲慢时还可以将头高高抬起,再辅之以眼睛向下斜视的姿态。皱眉则表示身处困窘、情感上不愉快、观点上不赞同等。以《军礼》为例,当朗诵到军长的话时,朗诵者的眉毛下拉或倒立以示军长的愤怒之情,而当朗诵到警卫员的话时,眉头紧蹙,眼神由下侧方向另一边缓慢游移,以示警卫员对军需处长离去的感伤和崇敬。以柯岩创作的诗歌《眼泪潭》中满脸奸险的大管家的话"老爷想收养你的弟弟妹妹,给你一升米外加两串钱!"为例,朗诵时将眉毛上挑,抬头,眼睛向下斜视,表现出无礼、蔑视一切的姿态,再用奸诈、傲慢的语气将这句话读出来,大管家刻薄、狡诈的形象就跃然眼前,达到了形象生动的朗诵效果。

如朱自清的《春》中"盼望着,盼望着,东风来了,春天的脚步近了"可以让人感受到作者明朗、喜悦的感情基调,那么我们如何应用面部的神态来表达这一感情基调呢?大家可以试一下:稍收下巴,轻轻地由鼻中吸气入胸,眉毛成弧形,眼睛充满渴盼、满足的神情,上扬嘴角,呈微笑状。当我们这样做时,生动活泼的气息就会从整张脸上洋溢出来。朗诵者体验作者对春的渴盼热爱,利用面部神态将其体现出来,并传递给听众,能够唤起听众情感的体验,让受众从朗诵者的身上由内及外地感受到喜悦之情,从而调动自身的情感,与之形成共鸣。

第二,体态语应切合内容,增加朗诵的直观性、可感性。

比如《将进酒》的前两句:"君不见黄河之水天上来,奔流到海不复回。"

朗诵开始时,目光可以投向高远处,在朗诵到"天上"时,可以侧举胳膊,展开手掌,在朗诵到"奔流"时胳膊由内而外、由上而下行进,眼神也相应地由上而下、由内而外地跟进。这一体态语的运用,可以使黄河之水由上游奔流到海的过程直观、形象化,增强朗诵的气势。

第三,体态语应结合语境,达到"此时无声胜有声"的效果。

比如艾青的诗歌《我爱这土地》结尾两句"为什么我的眼里常含泪水,因为我对这土地爱得深沉",在朗诵"为什么我的眼里常含泪水"以后,朗诵者可以将疑问的目光投向观众,环视观众席之后,稍做停顿,再用饱含深情、坚定的语气诵出"因为我对这土地爱得深沉"。停顿与环视,代替了简单的问与答,搭起了朗诵者与听众沟通的桥梁,使得朗诵者的情感表达更加丰满,更加动人。

再如徐志摩的诗歌《再别康桥》中"但我不能放歌,悄悄是别离的笙箫","但我不能放歌"下面要引出原因,这里可以稍做停顿,引发观众片刻的思虑,再诵出"悄悄是别离的笙箫",眼神由热烈转向落寞,并看向远方或看向下方,就能贴切地表现出作者深深的怀恋之情。

第四,体态语应突出语句,强化内容,起到振奋人心的作用。

在气势恢宏的朗诵中,为了加强语气、增强力度、烘托气氛,会运用较大幅度的手势体态语,如快速并且较大幅度地挥手、攥紧拳头等,配上掷地有声的言语,会给人以坚定有力之感。比如针对闻一多的《一句话》中"等到青天里一个霹雳,爆一声:咱们的中国!"朗诵者就可以向身体的侧前方较大幅度地挥手,给人以力量感;或者右臂向正上方高高举起,而后迅速有力地将五指分开的手掌猛地劈向前方。大幅度有力的体态语的运用,不光会带给听众力量,而且给人以信心,起到鼓舞、振奋人心的作用。

第五,体态语应注重手势、目光语的恰当运用。

人们常说眼睛是心灵的窗户,朗诵者要善于在朗诵过程中恰到好处地运用自己的目光语,眼睛直视,能够传达交流的热情、诚挚的期待,即使时间短促稍纵即逝,也能够显示出目光语的威力和魅力。专注的目光,可以直视前方,也可扫视全场,既可近看,也可远

观,但不要飘忽不定,闪烁无着,过度斜视,目光呆滞。

值得注意的是,目光专注不代表目光无变化,恰恰相反,目光要跟随文中具体情境的变化而灵活变化。以《眼泪潭》为例:

"去吧,姐姐养活不了你们!要好好干活别贪玩。黑漆大门沉重地关上了,锁住弟妹们两双血泪眼。地主的心哪个不是砒霜做,地主的心肠哪个不是阎罗殿!原来是那老举人暴病死去,需要一对殉葬的童男童女。"

这段话有两个层次,包含姐姐对弟妹无奈的嘱托和对旧社会悲戚的控诉。朗诵时眼神的转换至关重要,比如前段中眼神的表达要以无助、可怜的目光为主,在朗诵到"黑漆大门沉重地关上了"时,可以借助手势,左臂向侧前方延伸,带动身体也向侧前方稍倾斜,眼神空洞,如泣如诉,将眼睛睁睁地看着一对小弟妹被锁进旧社会牢笼里的悲哀和无奈尽情地表达出来。紧接着,"地主的心肠哪个不是阎罗殿!"引出对旧社会黑暗统治势力的控诉,此时宜较为快速地转移眼神,双眉紧蹙,辅以较快的语速,铿锵有力的语言,表达出心中的仇恨和愤怒。需注意的是眼神的转换要自然,可以中间抬一次头,也可以由一个方向转换到另一个方向。

在朗诵之前应认真设计手势,朗读到哪里,该用怎样的手势应做到心中有数。但不能拘泥于此,朗诵时绝不能"为了打手势而打手势",应遵循"因情而动"的原则。而且手势不宜太多,幅度不宜太大,更不能边读边舞,否则就会偏离朗诵活动的主旨,达不到应有的朗诵效果。

第六,体态语的综合运用要协调、自然,恰到好处。

体态语的运用,并非多多益善,它只是为了辅助有声语言的表达而加以使用的,过多过乱的体态语会干扰朗诵内容正常、准确的表达。

朗诵时,体态语的使用有两种误区:一是缺失体态语,自始至终身体正直,面无表情,两手紧紧贴着裤缝,目光注视前方或天花板;二是过多过滥地使用体态语,摇头晃脑,手时常从身体两侧伸出,与胳膊不断做着同样的动作,让人眼花缭乱,由于缺乏稳重的台风,给观众压不住场的感觉。那么,我们该如何走出误区,恰到好处地运用体态语呢?办法有三:

一是有意识的设计,包括开头、结尾使用什么样的体态语,中间大概使用几次体态语,力度与幅度的大小如何等。并力求使这些体态语的动作形态、节奏力度有所变化。

二是强制性的练习,不擅长运用体态语的朗诵者一定要按照事先的设计把动作做出来,多加练习,最好是在讲台上,面对众多的同学进行练习,力求动作自然和谐。而体态语运用过多过滥的朗诵者,则要强迫自己少用体态语,尽可能按照事先的设计使用体态语。

三是感觉性的迁移,调动手、眼、耳等多种感官,通过触觉、视觉、听觉的大量刺激,将情感与动作有机地结合起来,通过长时间的训练,使体态语与有声语言衔接起来,达到预期的朗诵效果。

为了达到良好的朗诵效果,朗诵者在综合运用体态语的同时,一定要注意体态语的和谐、统一。手势、眼神、身体的动作要彼此配合,要有默契度。否则,手举起来了,眼神呆滞无光,身体僵硬挺直,整个朗诵就会给人不协调的感觉。

> 礼仪是一种文化,教师礼仪修养是教师在从事教育教学活动、履行职务时所必须遵守的礼仪规范。对于朗诵者礼仪的学习,有助于同学们将来在课堂上展示教学礼仪,以自身良好的礼仪风范为学生树立榜样。教师资格考试的面试环节仪表、仪态中占10分,考生在考试中恰当地展示内在美与外在美的统一,动态美与静态美的和谐,会给评委留下良好的第一印象,为考试的成功奠定基础。

第三节　朗诵心理

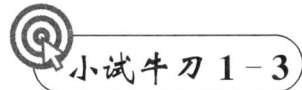

广告界精英人士梅东被母校邀请在学校大礼堂为学弟学妹们发表演讲,他在广告界打拼多年,经验丰富,业绩不俗,原本有很多亮点,可演讲并不成功,"我是茶壶里的饺子,看着下面黑压压的人和一双双眼睛,我手心直出汗,脑子总是开小差。那些精彩的案例,也说得索然无味,干脆照着稿子念了一遍。"梅东告诉记者,散会后,当他听见有人说他"水平不过如此"时,实在哭笑不得,因为平时大家在公司闲聊的时候,心情放松,他经常妙语连珠,下属们挺爱听他"上课"的。

你有过跟这个案例中的人物相似的经历吗?为什么一个平时妙语连珠的精英人士站在台前说话时却索然无味呢?你能谈谈产生这种情况的原因吗?

一、什么是朗诵心理

朗诵心理,是指朗诵者和听众在朗诵实践活动中产生的心理活动、经历的心理体验及其心理过程。就朗诵者而言,朗诵的目的是什么,如何选择题目,如何确立目标,如何实施目标,如何达成目标等,这些都是围绕朗诵而产生的心理活动。朗诵者上台之前怯场与否,上台以后紧张与否,朗诵中自我感觉如何,朗诵后自我评价如何等,这些都是朗诵者的心理体验,而心理活动和心理体验都有一定的过程,这个过程就是朗诵的心理过程。听众在参与朗诵者的朗诵过程中相应也会产生心理活动、经历心理体验、心理过程。因此,朗诵心理,既包括朗诵者的心理,也包括听众的心理。

听众是接收朗诵者信息、观点的主体,听众心理状态的好坏直接决定朗诵的成败。因此,准确认识和科学把握听众的心理,是朗诵者必备的素质之一。而听众心理特征有哪些呢?

1. 听众的选择心理

人们对所听到的信息并不是全盘接受,而是有所选择,听众就更是如此了,听众听朗诵是用听觉、视觉器官及大脑进行认识的一种综合心理活动。它是在已有经验、知识和心理期待的基础上进行的,因而具有极强的主观色彩和选择性。

听众听朗诵是在进行一种积极的认知活动,这种认知活动是在听众已有的知识、经验、修养基础上进行的。首先是选择性注意,即只注意那些他们已知、有兴趣、有关系或渴望了解的信息;其次是选择性记忆,即容易记住那些自己愿意记住的信息,忘记那些自己不喜欢的信息;再次是选择性接受,即愿意接受那些自己认同的信息。因此,我们做朗诵时要充分地考虑听众的选择性这一心理特点,尽量传达给听众一些他们感兴趣、容易接受的信息,也只有如此朗诵才能是最有效的。

2. 听众的相容心理

听众对朗诵的态度受自身的影响,态度是由认知、情感等心理因素构成的一种比较持久的心理状态,是人们认识事物的心理倾向。朗诵者要想取得朗诵成功,在内容和情感上必须能够打动听众,与听众产生共鸣,这种共鸣一定程度上体现了听众的相容心理。

对同一朗诵者的同一内容,听众由于社会地位、生活经历、文化水平及职业的不同,对朗诵的态度也不同。因此,在朗诵前,朗诵者要认真地去了解听众的情感需求、意愿和喜好,针对不同性别、年龄、层次的听众选择服饰、文稿、朗诵的方式等,使他们愿意听朗诵者的朗诵,愿意与朗诵者情感共鸣。

3. 听众的从众心理

人们在听朗诵、接收信息时存在一种从众心理,在朗诵时不容忽略。如果朗诵者的朗诵被权威人士、多数听众认可后,抱有从众心理的听众会随声附和,呈现赞许的心理态势,对朗诵的成功起到推波助澜的作用。如果朗诵者的朗诵被权威人士或多数听众否定后,抱有从众心理的听众也会随声附和,呈现批评的心理态势,加大朗诵者的心理压力,导致朗诵的失败。因此,面对听众的这种从众心理,朗诵者一定要保持镇定,一方面,要极力调动听众的积极情绪,营造有利于自己朗诵成功的氛围;另一方面,面对听众的乱起哄、鼓倒掌,朗诵者一定要冷静,要处乱不惊,将朗诵进行到底。

二、朗诵者的朗诵状态及其重要性

(一) 朗诵状态

这里所说的朗诵状态,特指朗诵者的舞台朗诵状态,而非录音室话筒前的朗诵状态。它是朗诵者在舞台上面对听众进行朗诵活动时,其生理和心理共同作用所呈现出来的个体综合状况形态。它大致可分为"良好""较好""较差""很差"四个档次。它伴随着朗诵活动的始终,且是发展变化着的,有可能一开始状态较差,随后越来越好;也可能开始状态良好,但越来越差;还有可能状态一直良好,或者一直很差。

(二) 朗诵状态对朗诵活动的作用

在某种程度上,我们可以认为朗诵状态直接决定着朗诵的成败。在对多个朗诵个体进行研究后发现,朗诵者在朗诵前虽然认真深入地分析了作品,且反复练习、熟练背诵、排练,在进行朗诵时,如果朗诵者状态不佳,朗诵效果就会"大打折扣",甚至"功亏一篑",导致一次原本可能成功的朗诵活动以失败告终。而当朗诵状态良好时,就为作品内容的有效诠释创造了良好的条件,促使朗诵者发挥出原有的水平,甚至超水平发挥。

(三) 影响朗诵状态的因素

朗诵者在朗诵时,舞台表现的正式感、竞技性、一次性呈现,现场大量观众的观演,演出平台规格的大小,灯光音响、嘉宾层次等多方面都会对朗诵者的心理、生理带来紧张、压力、强度、刺激等,这些就会影响到朗诵者的身心,导致朗诵者不同的朗诵状态。

◆ **良好的朗诵状态具有以下特征:**

(1) 生理方面:神清气爽,气息通畅,声音润泽饱满,富于弹性,高中低音层次分明等。

(2) 心理方面:自信坚定,大方自然,心情放松,淡定从容,激情四射,表达愿望强烈;注意力高度集中,全身心投入朗诵内容;声音舒展,操控自如;抗干扰能力强等。

◆ **不好的朗诵状态具有以下特征:**

(1) 生理方面:身体有疾,声带疲痹,气息阻滞,声音干涩,弹性差,低、中音区缺失,口舌不灵等。

(2) 心理方面:自信不足,胆怯心虚;心情紧张,慌乱无序;缺乏激情,表达愿望淡薄;注意力分散,游离于内容之外;声嘶力竭,情绪化表达;抗干扰能力弱等。

生理状态与心理状态之间会相互影响,共同构成朗诵状态。最好的朗诵状态,是生理和心理状态俱佳,最差的朗诵状态,是生理心理俱疲。心理状态好,会弥补生理状态的不足,而好的生理状态也会给欠佳的心理状态以一定的激发作用。

三、良好朗诵心理的具体表现

(一) 信心百倍

强大的自信心是拥有良好朗诵状态的核心。朗诵者在充分自信心的支撑下就会表现得神采飞扬,"气场强大"。朗诵者自信,在台上就会自然、自如、游刃有余;不自信,则胆怯、气虚、大脑空白,甚至忘词、放弃,直至朗诵失败。

朗诵者只要一上台,应当有"我就是我,独一无二"的霸气。曲艺界有这样的说法:"台下狡猾不成器,台上老实没有戏。"指的是演员一定要把台上台下分开。台下应当谦虚、诚恳,懂尊重、知敬畏。而台上,则必须是"目中无人",要觉得"我最行",要放得开,想方设法地将自己的表演发挥到极致。这样演员才能为观众呈现出精彩纷呈的表演,舞台上朗诵也同此理。当然,信心百倍基于对自身朗诵能力水平的充分认知;来自专家和观众对自己朗诵水准的广泛肯定;来自对作品的深入理解和分析,真切感受和体验;也来自丰富的舞台经验。

(二) 自然放松

朗诵时,面对众多观众(包括行业专家),朗诵者从心理到生理都不可避免地会紧张,尤其是大场面、高规格的演出,朗诵者更是"压力山大"。同时,朗诵者心理具有"一定要表现出最好水平"的强烈意识,促使其不自觉地在朗诵中"用力过猛",用声紧绷、僵硬,甚至会在朗诵中情绪化地分寸失当,声嘶力竭,脱离内容。因此,越是大型演出或重要的朗诵活动,朗诵者越要做到放松心态,松弛用声,收敛表达。古人云:"过犹不及。"戏曲表演上有"宁要99,不要101"的说法,就是这个道理。过于紧张的状态,导致失误频发,原来滚瓜烂熟的词,一下子一句也想不起来了,张口结舌,磕磕绊绊,头冒虚汗,面红耳赤,最后导致朗诵失败。

在舞台上的松弛状态,是十分难能可贵的,它是"山崩于前而色不变"的大将风范和"静如处子"的沉静从容。这种状态十分有利于朗诵表达,必然会有助于呈现出气息沉稳,声音有弹性,节奏抑扬顿挫,情感表达相得益彰,流畅自如的良好状态。

(三) 强烈愿望

即使朗诵者充分准备了稿件内容,也表现出十足的自信心,并且最大限度地投入朗诵内容,也难以很放松等,在正式朗诵之前,如果找不到强烈的朗诵愿望,朗诵也很难达到理想的效果。

朗诵愿望或称再创作激情的引发,是专业演员临上台前的必修课。朗诵(创作)愿望一般在安静候场默词时产生,也可能在观看其他演员演出中产生,还可能出自朗诵者个人对观众强烈的责任感,对朗诵艺术的使命感。尤其当朗诵者对所指定的朗诵内容无法产生原始的表达冲动或朗诵稿件水准较低的情况下,责任感和使命感所起的作用,更加突显。

当朗诵愿望被成功激发出来时,自信、投入、放开、松弛的状态就一下子被激活、点燃了。观众就会看到朗诵者意韵贯通,情感真挚,收放自如的朗诵。因此,朗诵者一定要全力在上台前找到这种强烈的表达欲望,要千方百计调动起"征服观众"的信念,尤其是对于内向慢热型朗诵者来说,迅速寻找到这种跃跃欲试、一吐为快的状态至关重要。

良好的朗诵状态的获得,是通过大量的演出实践锻炼,不断总结调整积淀而成的,是在经历多次失败的教训中总结出来的。所谓"台上一分钟,台下十年功",舞台上几分钟朗诵的良好状态,不是自然而然就拥有的,它是朗诵者综合业务能力和扎实基本功的体现和修炼磨砺的结果。朗诵者可以有针对性地一个问题一个问题地克服,在朗诵实践中逐步总结提高,使得以上所归纳的良好朗诵状态成为下意识的、稳定持久的习惯,不断消解不良内外因素,调动正向能量,为成功的朗诵提供强大的主观支撑。说到底,一名朗诵者真正绝佳的朗诵状态,除了生理状态较好,其心理状态应当是非常单纯的,就是在临上台的一刻,不去思东想西,没有条条框框,只有一个念头——"我想朗诵给你听",迅速调整进入状态,一段真诚、真挚、质朴、直击人心的朗诵,必然会呈现在舞台之上,进入观众的心田。

四、怯场心理及其克服方法

"美国曾有人进行了一次有趣的测验,题目是你最怕什么,对象是3 000名美国居民。测验统计的结果让人惊叹不已,人们最怕的竟是当众说话,至于死亡问题,只名列第六位。"①

---

① 韩斌生:《演讲与朗诵基础》,清华大学出版社,2016,第38页。

大多数人都不同程度地具有"害怕当众说话"这种心理。美国口才训练大师戴尔·卡耐基在《语言突破》中说,演讲课程刚开始的时候,百分之百的成人惧怕登台演讲。有关调查结果显示,在大学里,80%—90%的学生在开始上台朗诵时都有一定的恐惧感。一般情况下,一群人将目光集中在自己身上,容易使人焦虑和不安,感觉自己细微的动作、情态、声息都在众目睽睽之下,如果自身没有做好充分的准备,"当众说话"就成为一个难题。所以,朗诵者在最初的朗诵经历中往往会紧张害怕,手足无措,脸红冒汗;有的人甚至张口结舌,表情僵硬,手脚发抖,思维中断。这些都是怯场心理的具体表现。

怯场心理,是指朗诵者在朗诵中出现的胆怯害怕心理。怯场是一种常见的心理现象,一些著名的演讲家也不例外,例如英国首相丘吉尔第一次演讲就出现卡顿,曾一度说不出话来。那么,造成怯场的原因有哪些呢?

(一)怯场的原因

造成怯场的原因主要有如下几点:

1. 心理负担过重

在朗诵前,朗诵者往往会对朗诵效果、朗诵水平等产生焦虑和不安,有的担心朗诵的过程中出差错,有的担心朗诵状态出状况,有的担心朗诵结果不理想,有的担心音响出问题,等等。担忧会造成朗诵者沉重的心理负担,以致出现怯场心理。

2. 受听众影响

听众人数越多,社会地位越高,朗诵者的心理负担就会越重,内心对朗诵结果的期望值就会升高,就会因不自信、不适应等出现怯场现象。另外,朗诵者还受听众与自己熟悉程度高低的影响,一般来说,在一群陌生的听众面前进行朗诵更容易出现怯场心理。

3. 朗诵者准备的程度

朗诵者准备不充分,诸如稿子不熟悉、衣服穿着不当、对场地不熟悉等等,都会造成朗诵过程中出现紧张、怯场心理,从而影响朗诵者正常水平的发挥。

(二)克服怯场

怯场心理的克服方法如下:

1. 充分准备

"不打无准备之仗",即"充分准备"是夺取战役胜利的重要保障。同理,准备充分、反复打磨、千锤百炼,对朗诵的成功,一定具有良性的作用。

要做到临场沉着、冷静、正常发挥,就必须在朗诵之前做好充分的准备。准备不足就会带来临场的恐慌,如稿子不熟悉,就会心中无数,缺乏朗诵成功的信心,朗诵时就会担心忘词,越担心,越容易出错,一旦卡顿很难临场发挥,最终,朗诵必然失败。那么,如何做好朗诵前的充分准备呢?首先,朗诵者必须事前准备好自己的稿件和朗诵所需要的其他材料,深入理解分析朗诵稿件,了解作者的创作动机,感受作品内涵,真正读懂作者。其次,朗诵者要熟背稿子,只有熟背稿子,确定适当的表达处理手段,才能运用眼神和态势语言缓解怯场的心理状态,一旦将听众带入朗诵的情境中,听众专注听讲的神态就会带给朗诵者自信和勇气,为成功朗诵打下基础。再次,朗诵者要提前到场,熟悉和适应朗诵环境,进行赛前朗诵模拟。最后,朗诵者需了解听众的基本情况和心理需求,以便有的放矢。

2. 加强练习

俗话说:"台上十分钟,台下十年功。"最好的练习莫过于实际朗诵。常言道,熟能生巧。朗诵的次数足够多,对语气、语调、语节的处理才会得心应手,对作品的情感才能把握得恰到好处,正式朗诵时才能有效避免因为怯场而带来的卡顿等问题,即便出现一些问题,因为熟练也会机智应对。这就像教师授课一样,每讲授一门新课,由于对内容不熟悉,授课时会出现紧张情绪,但经过多次试讲后,内容已熟记于心,怯场心理自然消失。

练习的次数决定了放松的程度,练习次数越多,紧张程度就越低。因此,不断在相同规模的观众面前进行朗诵训练,是克服紧张感最行之有效的方法。只有多多历练,才能既感觉熟悉,又感到轻松,这就是关乎练习的普遍真理。每个朗诵、朗读高手甚至文化名人,在他们第一次上台时都有不同程度的紧张、恐惧心理,比如沈从文第一次走上讲台时,慕名前来听课的人很多,他竟紧张得不知说什么了,很久之后,他才慢慢平静下来,开始讲课。然而原本要讲授一个课时内容,被他三下五除二地 10 分钟就说完了,但经过多次练习,紧张、恐惧的情绪也就随之而去了。

3. 投入内容

朗诵好坏的重要指标是朗诵者投入的真切和其持续程度,因此,朗诵者要迅速集中自己的注意力投入稿件的基调、内容、情景当中。投入不了,或者时入时出,思想"跑偏",听众是能够感受到的,并会迅速做出反应,窃窃私语、交头接耳都会影响朗诵者的心理,带来心理焦虑,朗诵状态就会出问题,朗诵也就不能得到良好呈现。

一位著名的朗诵艺术家曾说:"只有'忘我',才能'有我'。"这就要求朗诵者一旦上台就应当迅速进入稿件内容,将自己和作品融为一体,或喜或悲,全凭作品本身决定。因此,我们说"瞬间入戏"是衡量朗诵者素养和能力的标准,朗诵者能否在朗诵过程中忘掉个人得失,忘记各种杂念,全身心投入朗诵内容当中,完整表达作品,从而感染观众,这是树立自己朗诵形象,展示朗诵者能力水准的关键,只有多次成功的朗诵,才能确立起朗诵者的专业地位。

4. 克服干扰

在朗诵过程中,许多突发状况都会成为干扰朗诵状态的不确定因素,如果处理不好,可能会造成朗诵者思绪紊乱,精力无法集中,"跑神儿",忘词儿。例如话筒无声或声音过小;配乐放不出来或放错,配乐声过大;灯光晃眼;现场嘈杂混乱,观众来回走动、喧哗;主持人报错节目,报错朗诵者;朗诵者在舞台上摔倒,合作者迟到、忘词、错词……朗诵者一定要牢固树立这样的信念:在舞台上,无论发生什么意外都要泰然处之。迅速排除干扰,将不良状况的影响削弱到最小,尽快回归朗诵状态,投入内容,认真演出,这才是一个朗诵者应当具备的专业素养。不要怨天尤人,更不能天真地认为各种干扰意外不可能发生在自己身上,一旦发生,就无法承受。朗诵者必须加强抗干扰和快速处置突发事故的能力,这样才能临危不乱,镇定自若地完成朗诵活动。

5. 降低效果标准

追求完美,没有错误,但是这会给朗诵者带来很大的压力。朗诵者要明确并非所有的朗诵都能取得成功,应不断提醒自己过程比结果更重要。在每次朗诵前都要求自己做到认真准备,投入演出,一旦结果差强人意,那么努力争取下次做得更好即可,切不可心理压力过重。其实朗诵者如能达到庄子所提倡的"无我"之境,完全忘记名利得失、成败荣辱,只将准备好的、应该讲的内容熟记于心,适当表达,朗诵效果可能会更好。

6. 把握首因效应

首因效应也称第一印象。对朗诵者来说,给听众留下好的第一印象是非常重要的。如大家在看《朗读者》这个节目时,吸引我们的不仅仅是朗读者的声音,他们得体的穿着、良好的气质形象同样令人赏心悦目。因此,朗诵者精神饱满、稳重大方,会给人以信心十足、胸有成竹之感,会给听众留下一个好的第一印象。这就要求朗诵者在进入会场时,步伐要稳健、沉着,要以亲切的目光迎向听众,进行感情交流。这样做不仅会使朗诵者与听众之间产生一种信任感,还能使整个会场产生一种友善的气氛。朗诵者走到舞台站定或落座后,要自然地扫视全场听众,尽量与听众的视线接触,进行感情交流,这些有助于朗诵者稳定情绪,避免怯场,为即将进行的朗诵做好铺垫。

7. 积极自我暗示

有的人由于把朗诵过于集中在自己的成败得失上,而忽略了朗诵的内容,正是这一原因导致了朗诵的失败。其实,有经验的朗诵者总是把自己的思想集中于朗诵的本身,从不让"个人得失"干扰自己的朗诵。

积极暗示可以起到缓解紧张情绪的作用,是克服怯场心理、增强自信心的一种行之有效的方法。初次参与朗诵的人,朗诵时难免会出现口干舌燥、喉咙发紧、出汗脸红等现象,这都是正常的反应,切不可慌乱,要用积极暗示法稳定自己的情绪。比如可以用"这是我生命中的最后一次朗诵,我一定能放开自己,认真投入""我已做好充分的准备,不会出错的""我是最棒的"等一系列话语暗示自己。

8. 做好练习放松

朗诵前,如果你感到紧张,下面几种方法有助于放松:

(1)深呼吸。做深呼吸的目的是帮助你在朗诵中更好地控制自己的声音。这里所讲的"呼吸"指的是腹呼吸而不是肺呼吸。歌唱家和演员们都知道腹呼吸在控制声音方面的重要性。

(2)肌力均衡运动。肌力均衡运动是指有意识地让身体某一部分肌肉有规律地紧张和放松。比如可以先握紧拳头,然后松开;也可以固定脚掌,做压腿动作,然后放松。做肌力均衡运动的目的在于让某部分肌肉紧张一段时间,这样不仅能够更好地放松那部分肌肉,而且能够更好地放松整个身心。

(3)转移注意力。朗诵前可以想些其他开心的事情,比如"朗诵后去吃什么?""和好朋友去哪里玩?"也可以听听音乐,唱唱歌,这样都可以暂时转移注意力,更好地放松身体和思想。

 教师絮语

怯场心理不仅仅在朗诵时会出现,在教师资格证考试、招教考试中都可能出现,克服怯场方法的习得,能够帮助我们在教师资格证考试中保持一颗平常心,克服干扰,保持良好的心理状态,镇定自若地确保顺利通过考试。

 实践活动

朗诵小赛场

一、活动目标

1. 掌握朗诵前的服装的搭配,仪态、仪表的运用。
2. 能够克服紧张的心理自如地站在讲台上进行朗诵训练。

二、活动内容

1. 选择服装。
2. 在镜子前面练习微笑和手势语。
3. 选择克服怯场心理方法中的2到3种,反复训练。
4. 背诵朗诵稿。
5. 制定朗诵评分细则。

三、活动要求

1. 面带微笑、眼睛注视前排同学脸部三角区域,以正确的走姿走向讲台。
2. 正确的站姿亮相并开始朗诵。
3. 朗诵过程中要注意表情和手势的运用。
4. 朗诵结束后致谢,以正确的走姿走下讲台。

第二章
朗诵的基本功

微信扫码
获取相关资源

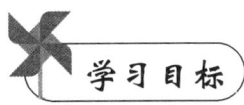

1. 了解人体发声与气息控制的基本原理。
2. 掌握发声方法与气息控制的技能技巧。
3. 通过气息和共鸣的训练,改善音色。

第一节 发声器官的构造与功能

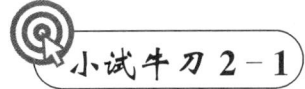

桃花源记

[晋]陶渊明

晋太元中,武陵人捕鱼为业。缘溪行,忘路之远近。忽逢桃花林,夹岸数百步,中无杂树,芳草鲜美,落英缤纷。渔人甚异之,复前行,欲穷其林。

林尽水源,便得一山,山有小口,仿佛若有光。便舍船,从口入。初极狭,才通人。复行数十步,豁然开朗。土地平旷,屋舍俨然,有良田、美池、桑竹之属。阡陌交通,鸡犬相闻。其中往来种作,男女衣着,悉如外人。黄发垂髫,并怡然自乐。

见渔人,乃大惊,问所从来。具答之。便要还家,设酒杀鸡作食。村中闻有此人,咸来问讯。自云先世避秦时乱,率妻子邑人来此绝境,不复出焉,遂与外人间隔。问今是何世,乃不知有汉,无论魏晋。此人一一为具言所闻,皆叹惋。余人各复延至其家,皆出酒食。停数日,辞去。此中人语云:"不足为外人道也。"

既出,得其船,便扶向路,处处志之。及郡下,诣太守,说如此。太守即遣人随其往,寻向所志,遂迷,不复得路。

南阳刘子骥,高尚士也,闻之,欣然规往。未果,寻病终。后遂无问津者。

读一读,感受哪些器官参与了发声以及身体的反应,发现朗读中有哪些问题与不足。

气者，人之本也。气，不仅是人体生命的根本，也是朗诵艺术中的根本。气息，是朗诵艺术中的一个重要动力来源。唐朝段安节所著《乐府杂录》记载："善歌者，必先调其气。"可见，气息及其运用在朗诵等艺术中的重要性。本章首先就人体发声器官的构造与功能给予介绍，在了解人体发声的基本原理与气息产生过程的基础上，结合气息的控制与运用方面的常识，以期使学生掌握正确的呼吸方式和气息控制方法，从而开展适宜的发声训练，最后，综合运用气息训练。吊嗓子、共鸣练习等，就音色的提升与美化问题，进行分析和讨论。

一、肺、胸廓、横膈膜的构造与功能

（一）肺及其功能

如图 2-1，2-2 所示，肺是由许多气泡样的弹性纤维组成的，状如海绵，有很强的弹性与伸展性，肺分左肺与右肺。肺的上端连接气管，接通口腔，外部是胸廓。肺的下部有一层能够上下活动的膈膜带体，当呼吸时它可以做上下运动。

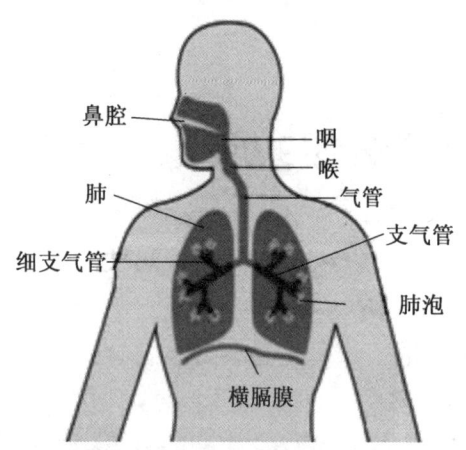

图 2-1　发声器官

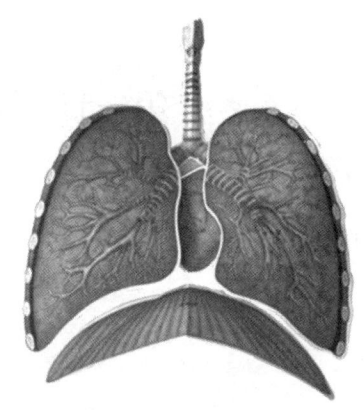

图 2-2　肺部特征

肺本身没有神经运动功能，它依靠肋间肌、横膈膜和腹肌的联合动作来运动。如图 2-3 所示，吸气时，肋间外肌收缩，肋骨上升，横膈膜下降，使得胸腔扩大，肺也因此扩张起来，此时肺里的气压比大气压低，空气被吸入肺里；呼气时，腹肌收缩，压迫内脏使得横膈膜上升，肋间肌收缩使肋骨下降，使得胸腔缩小，肺也随之收缩，此时，肺里的气压比大气压高，于是空气被排出来。

（二）胸腔及其功能

如图 2-4 所示，胸腔是一个由肋骨、肋软骨、胸骨、胸椎骨构成的骨支架，由十二对大体平行的弓状肋骨围罩着。肺在胸腔中，只有肺门由支气管

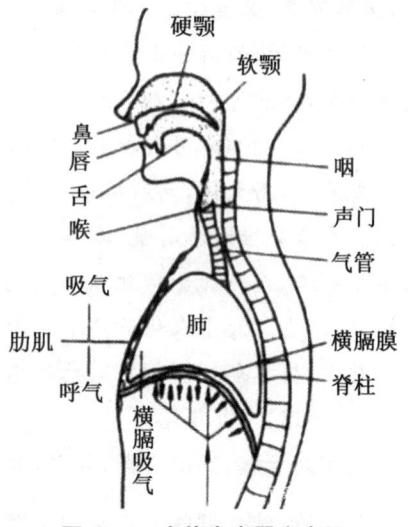

图 2-3　人体发声器官全图

和纵膈相连,肺表面的肺膜和胸腔内的肋膜并不相连,所以肺的运动是被动性的。①

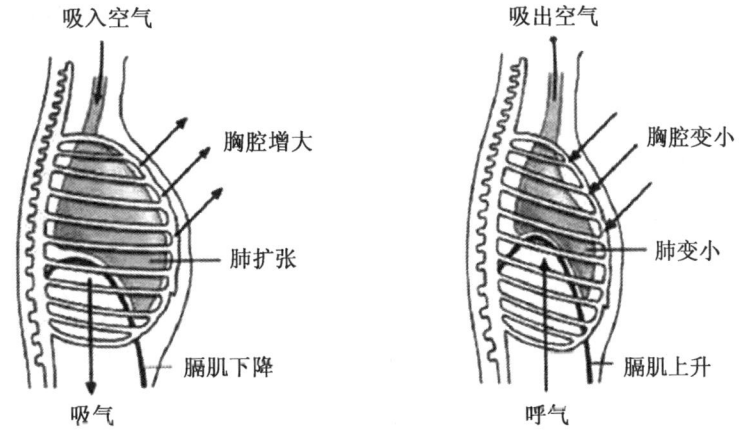

图 2-4　人体呼吸变化图

胸腔容积的扩大与缩小通过肋骨的运动来实现。肋骨的运动靠的是肋骨间的两层肌肉,外层的叫肋间外肌,吸气时外肌收缩,肋骨向外向上扩张;里层的是肋间内肌,呼气时肋间内肌收缩,肋骨又复回原位,如图 2-5 所示。所以,肋间内外肌是增大胸腔运动范围的关键,也是人们呼吸时最容易感觉到的肌肉。

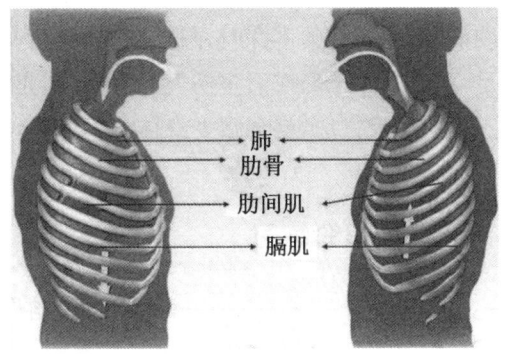

图 2-5　胸廓示意图

(三) 横膈膜及其功能

横膈膜,是横在肺的下部并可以上下运动的弹性膜,位于心脏和双侧肺的下面,肝脏、脾脏、胃的上方,其边缘与肋骨边缘相连,把胸腔和腹腔隔开。

如图 2-6 所示,横膈膜能帮助肺呼吸,它有两个弓起的部分,随着呼吸而上下运动。其顶端朝着肺部的底部,吸气时,膈膜下降,迫使腹腔的器官也随着一起下降,此时可以明显地感觉到腹部鼓起;呼气时膈膜恢复到原来的位置,可以感到腹部收缩。

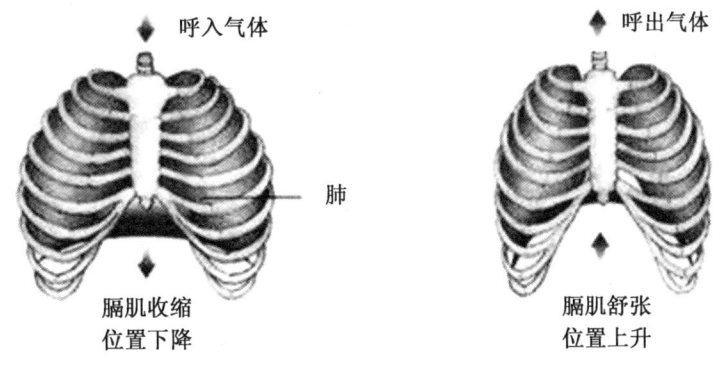

图 2-6　膈肌运动图

---

①　杜伟东:《普通话朗诵教程》,警官教育出版社,1999,第 2 页。

膈膜是改变胸腔容积,使胸腔扩张与收缩的重要的动力性肌肉。吸气时,横膈膜下降,向下挤压脏器,胸腔容积随之扩大;呼气时横膈膜上升,向上挤压肺底部,胸腔容积相应缩小。

(四)气息量与呼吸

相比自然呼吸的气息量,朗诵时要求的气息量较大。气息量的提升需要有相应的生理基础,即需要锻炼胸肌和膈肌的力量,锻炼时可结合膈肌锻炼法、气息锻炼法等有效地进行,目的是使胸肌的运动更加快速、灵活、有力。

与呼吸有关系的肌肉还有腹肌,腹肌在自然表达中似乎并不重要,在朗诵的发声中却是相当重要的。膈肌的上升、下降会使腹肌做出相应的协调性运动,有时会感到腹肌能配合胸肌的运动,特别在胸腹式联合呼吸时,腹肌运动就是整个呼吸过程的一部分。

人在心平气和时,呼气和吸气次数大致相等,但在朗诵发声时,需要用呼气作为动力,呼气和吸气的节奏发生变化,在一个呼吸周期内,呼气时间较长,吸气时间减少。即便不是朗诵时,比如教师讲课时,除了要提高声音,呼气和吸气的节奏也会被打破,如果气息量不足,就会有嗓子痛或话多伤气的感受,但是,如果经过专业的训练,气息量比较足,再配合正确的呼吸方法,就会减少身体的不适。

绕口令练习

单韵母练习

1. 坡上立着一只鹅,坡下就是一条河。宽宽的河,肥肥的鹅,鹅要过河,河要渡鹅,不知是鹅过河,还是河渡鹅。

2. 山上五棵树,架上五壶醋,林中五只鹿,箱里五条裤。伐了山上的树,搬下架上的醋,射死林中的鹿,取出箱中的裤。

3. 山前有只虎,山下有只猴。虎撵猴,猴斗虎;虎撵不上猴,猴斗不了虎。

复韵母练习

1. 磨坊磨墨,墨碎磨坊一磨墨;梅香添煤,煤爆梅香两眉灰。

2. 出南门,走六步,见着六叔和六舅,叫声六叔和六舅,借我六斗六升好绿豆;过了秋,打了豆,还我六叔六舅六十六斗六升好绿豆。

3. 哥挎瓜筐过宽沟,过沟筐漏瓜滚沟。隔沟挎筐瓜筐扣,瓜滚筐空哥怪沟。

鼻韵母练习

1. 扁担长,板凳宽,扁担没有板凳宽,板凳没有扁担长。扁担绑在板凳上,板凳不让扁担绑在板凳上,扁担偏要扁担绑在板凳上。

2. 一平盆面,烙一平盆饼,饼碰盆,盆碰饼。

3. 任命是任命,人名是人名,任命不能说成人名,人名也不能说成任命。

4. 山前有个严圆眼,山后有个严眼圆,二人山前来比眼,不知是严圆眼比严眼圆的眼圆,还是严眼圆比严圆眼的眼圆。

二、喉部、声带的构造与功能

喉咙,是咽喉和嗓子的统称,又称喉咽腔,包括咽和喉两部分。咽,是由肌肉和黏膜构成的管状体,又分喉咽、口咽和鼻咽;喉,是由甲状软骨、杓状软骨、环状软骨以及与它们相连的肌肉和韧带组成的,像个圆筒形的空腔。如图2-7所示,甲状软骨最大,通常称为喉结或喉头,男性突出,女性软平,声带就长在喉结内。

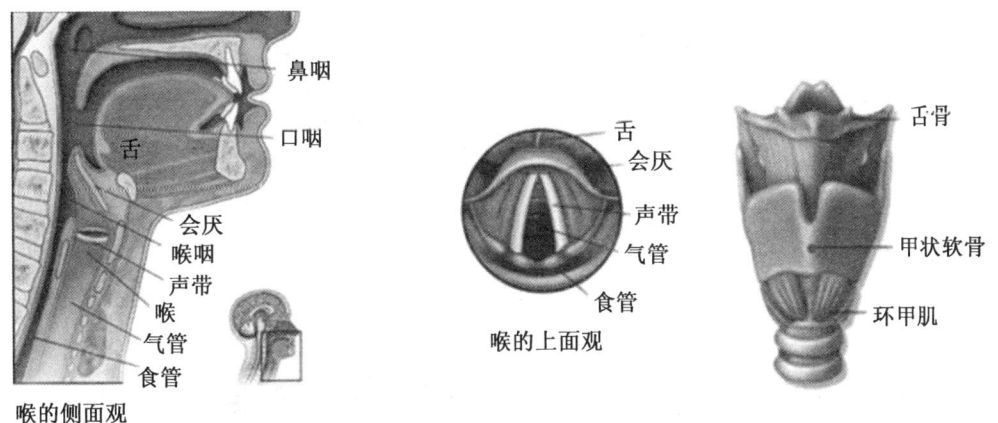

图2-7 喉部构造图

喉是声带的附着器和固定器,它作为振动器官中的一员,是声源的一个有机部分,其位置、状态的正确与否,会直接关系到其他发声器官能否正常运动,影响朗读的音质、音色、音量以及朗读技巧的发挥。

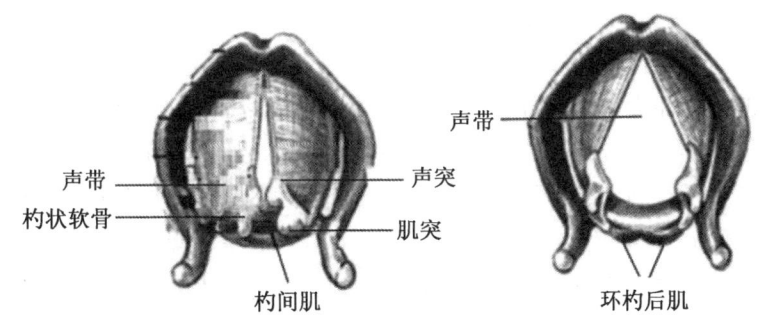

图2-8 声带构造图

如图2-8和2-9所示,声带横在喉部中央,像两片唇,它是两条对称的富有弹性的纤维质膜,性质相当于韧带。喉头当中有四片韧带,两两相对,上面一对是假声带,主要用于保护下面一对声带,下面一对是真声带。声带的前端固定在甲状软骨内面,后端分别附着在两条杓状软骨的声带突上,平时是分开的,呈V字形。杓状软骨活动时,牵动声带左右分合运动,使之拉紧、放松,拉紧时声带相对变薄,放松时相对变厚,有时还能使声带部分闭合,或使声带部分振动。

发气声或耳语时,前部的音声门靠拢,杓状软骨间有缝隙,强气息从后部的气声门摩擦出声,声带稍微颤动或不动,发出的是噪声。正常发音时,音声门和气声门完全闭拢,此时从肺部呼出的气流在声门下形成不断增高的压力,当气压超出了声带闭合的紧度时,气流会迫使声带向两侧分开而冲出。在气流冲出的刹那,声门下的气压降低,声门恢复到原来的闭合状态,接着又增高气压,冲开声带,声带又闭合。如此周而复始,声带在气流的冲击下周期性地开合,形成持续的颤动,把稳定的肺气流切成一股股急速的喷流,造成空气稠密与稀疏相间的震荡状态的声门波,听起来像蜂鸣一样,这就是声带音或嗓音。

声带是一对唇形的肌肉,由表层、过渡层和体层三部分构成,表层是黏膜覆盖层,受力最强,过渡层由黏膜层中的中间层和深层组成,体层是声带肌,负荷力最弱。声带的这种分层结构和各层负荷力的强弱不同,决定了声带总是由体层开始,波及过渡层,最后才是表层(见图2-9)。声带的这种构造也决定了言语波是带有许多振动频率的复合波。声带振动并不是左右简单开合的运动,而是由里向外的波及,这在物理上便产生了许多不同频率的复合波。

声带的振动虽然不能直接产生语音,但它对人的音色是至关重要

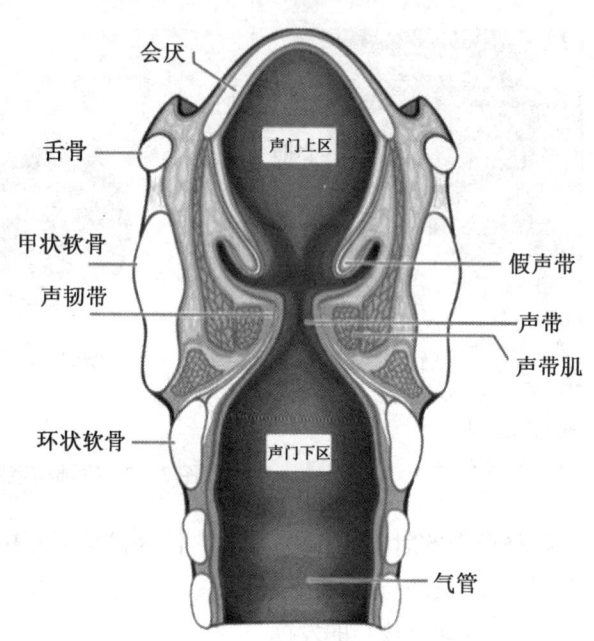

图 2-9　声带构造图

的。人在发声时,两侧声带拉紧,声门裂变窄甚至几乎关闭,从气管和肺冲出的气流不断冲击声带,引起振动而发声,在喉内肌肉协调作用的支配下,声门裂受到有规律性的控制。声带的长短、松紧和声门裂的大小,均能影响音高。成年男子声带长而宽,女子声带短而狭,所以女子比男子音高。除了性别差异,年龄不同,声带长短薄厚、喉头肌肉松紧状态不同,也会产生不同的音高,比如童声更细更高,老年人声音更粗更低。

声带的绷紧与放松,会产生不同的音高。当连接声带的构状骨的肌肉拉动构状软骨侧向转动时,声带被拉紧,气流冲击声带时颤动就快,声音就高;构状软骨反向转动,声带放松,颤动就慢,声音也就变低。这种控制能力对言语是相当重要的。声门不同的开合变化会产生不同质量的音色,音高与音色的组合又会形成丰富多彩的声音。每个人不同质的声带,还能造成不同的带有个性特色的音声,声源特质也就因人而异了。

三、共鸣腔的构造与功能

如图2-10和2-11所示,人的声腔包括头腔、鼻腔、口腔、咽腔、喉腔和胸腔等。由于声带发出的原始声波比较微弱,微弱的声波必须通过声腔的调节扩大后才能被人们听见,因此,无论是歌唱或朗诵,要想有高质量的声音,必须科学地运用声腔使之充分共鸣。

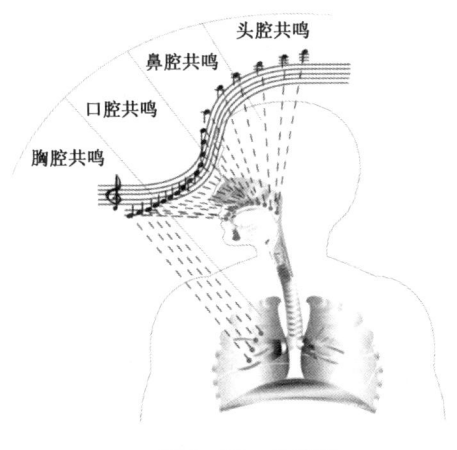
图2-10 共鸣腔

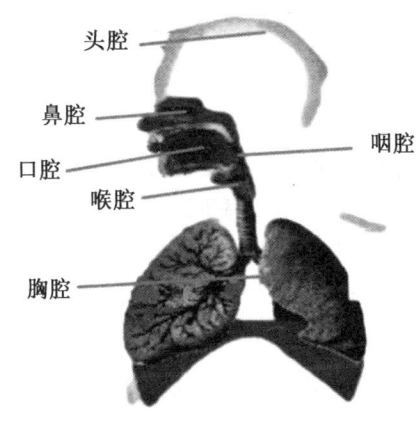
图2-11 共鸣器官

(一)喉腔与咽腔

喉腔在声带与假声带之间的喉室位于假声带上面的喉前庭部。喉口肌肉运动能扩大或缩小喉室,加强或减弱共鸣。喉室对声带发出的初始音波有一定的放大作用,如果压迫喉头,喉腔被挤压,声音在里面,就能产生喉腔共鸣。喉头可以做窄幅的上升与下降运动,降低时声道拉长,有利于共鸣,尽管共鸣是很有限的;升高时,声道变窄,共鸣减弱。发声时不能频繁地变换喉头的位置,以免影响发音。另外,放松喉头,使之充分共鸣也是发声的基本要求。

如图2-12所示,咽腔在声带和小舌之间,声带音首先在这里产生共鸣,咽腔可以通过管壁肌肉的运动使管壁发生变形,从而改变声音质量,所以咽腔与口腔一样是可变的共鸣腔。咽腔大体分为三个区域,鼻咽腔在最上端,软腭的升降可控制是否接通鼻腔的通

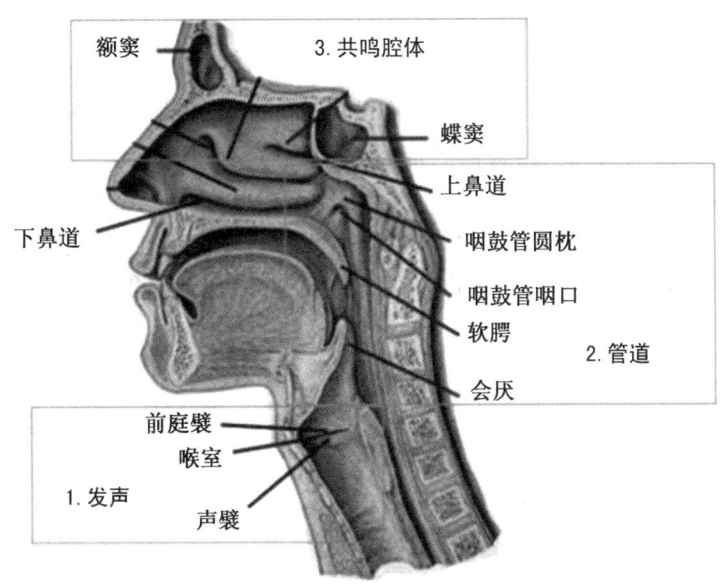
图2-12 人体发声管道剖面图

道,喉咽腔位于咽腔下部紧连声带的部位,口咽腔在中间,容积最大。

咽腔对发声共鸣的作用是显著的,作为语言艺术,朗诵与歌唱都有口咽腔达到圆、竖、立的需要,通过增大咽管长度,扩大咽管空间使上下贯通,目的是使口咽腔尽量扩大,充分打开,参与共鸣。

咽腔的重要作用在于对语音方面的影响,声学语音学、音系学等依据咽腔与口腔之间的关系,对元音做了不同的分类,如前 a 归属于前腔大、后腔(包括咽腔)小的类,喉咽腔还能通过咽壁肌肉的收缩等构成喉塞音等噪声,元音末尾的喉塞音会使元音有突发的感觉,在朗诵中据此把音句分为急起与缓起等。

口咽腔与鼻咽腔交汇处是咽管的弯头处,也是人们控制共鸣较为敏感的区域。如果软腭不下降,声波经过口咽腔进入口腔而成为口音,如果软腭下降打开鼻腔通路,声波从鼻腔通过,即可形成鼻音。朗诵中对口音的质量要求较高,对口咽腔方面的要求主要是调整好口咽腔的形状,一般要注意两点:一是软腭适当提起,使弯度适中,提过了头,弯道近于直角,会使声波堵塞在口咽腔的部位,提得不够,口咽腔与鼻咽腔会接通,形成鼻化音,这是发口音时应避免的;二是舌根勿后缩,后缩会使口咽腔的管道变细变窄,不利于共鸣,下巴放松有利于舌根下降,以避免舌根后缩。

(二) 口腔

口腔是发音机制中最重要的部分,是共鸣腔体中最复杂、最重要的腔体。口腔除了具有共鸣功能之外,还具有发音机制,发音器官复杂的构音活动都是在口腔中进行的。

口腔中的器官包括双唇、上下齿、舌、齿龈、软硬腭、颊等。这些器官在构音方面的作用:一是调节口腔的形状使声带音发生不同的共振,形成不同音色的元音、鼻音等;二是口腔的活动器官与固定器官以不同的接触方式构成一定的阻碍,使气流或爆发成声,或摩擦成声,从而形成噪声,构成辅音,阻碍的方式、部位不同,产生的辅音就不同。

口腔分为上下两部分,称为上、下腭。

上腭从前向后排列着上唇、上齿、上齿龈(上牙床)、硬腭、软腭和小舌。硬腭是上齿龈后面坚硬的部分,分为前腭、中腭和后腭。硬腭与舌面可构成辅音音素 j、q、x。软腭是硬腭后面与之连接的部分,能与舌根构成音素 g、k、h,也能上升抬起堵住鼻腔的通路,那就形成了口音,或者下降堵住口腔的通路而发出鼻音,如果软腭不升不降正好在中间,还能发出鼻化音(口鼻音)。再往里就是小舌,它随着软腭的升降而活动。

下腭从前往后依次是下唇、下齿和舌头。

舌头可分为舌尖、舌叶、舌面和舌根。辅音 j、q、x 即由舌面部位的参与而发出的,舌根即舌的根部,通常发元音时舌根是松弛的,发辅音时舌根是坚硬的。

口腔中双唇的作用也是很明显的,它不但可以直接发出双唇音,还可以撮圆、展扁、开大合小等,起到共同构音的作用,另外在表达言语信息和表情方面,双唇也有不可替代的作用。

 口腔操

练习提示:坚持每天练习;每个动作 10—50 次;视个人情况,动作可增减,要领供参考。

1. 开口:开口像打哈欠,打槽牙、挺软腭,闭口时如咬东西,松下巴。
2. 咀嚼:张口嚼,闭口嚼,交替进行。
3. 喷唇:双唇紧闭,堵住气流,突然放开发"po"音。
4. 咧唇:向嘴角两边用力伸展。
5. 撇唇:向左歪,向右歪,交替进行。
6. 绕唇:左转 360 度,右转 360 度,交替进行。
7. 伸舌:提颧,感觉鼻孔略张开一些,使劲外伸,再用力内缩。
8. 刮舌:舌尖抵住下齿背,舌体用力,用上门齿刮舌尖和舌面。
9. 弹舌:力量集中在舌尖,抵住上齿龈,堵住气流,突然打开发出"te"音。
10. 顶舌:闭唇,用舌尖顶左右内颊,交替进行。
11. 转舌:闭唇,把舌尖伸到齿唇的中间,向左右环绕 360 度,交替进行。
12. 提颧肌:两唇间保持一定间隙,用力向上提颧肌,像傻笑的样子。
13. 松下巴:手握拳,用手背顶住下巴,空咬东西,不要太用力。

(三) 鼻腔

鼻腔是容积较大的腔体,没有可以活动的发音器官。鼻腔被鼻中隔均分为左右两部分,下层是硬腭,表皮是鼻甲,前有鼻孔,后面延伸到鼻咽腔。鼻腔表面覆有黏膜,丰富的血管构成鼻甲海绵组织体。当声带音到达咽腔最上端与鼻腔相连的部分后,软腭下降,打开鼻腔通路,同时口腔中有一部分堵塞起来,此时气流通过鼻腔,形成共鸣,然后气流从鼻孔中出去,就是鼻音。

鼻腔在口腔上面,中间隔着硬腭,在鼻腔与口腔的后面,是一扇小门似的能够挺起和垂下的小舌,小舌的作用是帮助发出口音、鼻音与口鼻音。当小舌向后抵住后咽壁时,堵住了气流进入鼻腔的通路,气流从口腔通过,此种方式发出的声音是口音。当小舌放松垂下,口腔中又有阻碍时,气流便从咽腔冲入鼻腔,原来进入口腔的气流也折回咽腔,与冲入鼻腔的气流汇合,从鼻腔中通过,这样发出的声音是鼻音,如 m、n、ng 即是。当软腭牵动小舌悬在正中央,使咽部上、下、前三路都贯通时,从肺部出来的气流便会分流,分别从口腔、鼻腔流出,这种既有鼻音又有口音的声音就是鼻化元音,也称口鼻音。有些方言有此音,如山西方言等,在朗诵中塑造声音形象表达某种感情时也有此应用。

与鼻腔的共鸣较为密切的上部共鸣,主要是由鼻窦实现的,鼻窦包括额窦、蝶窦、上颌窦、筛窦等,是一些由鼻腔向周围的骨质膨胀出的含气的小腔体,各有一些大小不等的腔体与鼻腔连通,发高音时,这些窦体便发生共鸣作用,使人感到头部有振动感。从传导的角度讲,由鼻腔引起的小窦体的共振,主要是借助骨传导作用使骨质振动起来的。上部共

鸣或头腔共鸣的产生，就是利用了喉腔、咽腔和口腔的共振，经过鼻腔骨传导作用而强化了共鸣振动。言语音声的共鸣，有少量的鼻音色彩是有利的，不但听感浑柔，而且省力，但不可过重。

（四）胸腔

胸腔指胸腔的骨组织和胸壁支架本身。在声带充分振动，喉、咽、口腔充分共鸣的基础上，会引发胸腔的共鸣，这种共鸣也叫下部共鸣或低音共鸣。胸腔共鸣尽管不参加言语的制造，但对言语音声的质量影响较大，胸腔参与共鸣，能使声音浑厚、洪亮、深沉、有力。言语发音的特征便是以口腔、胸腔共鸣为主，所以胸腔是朗诵发声最重要的腔体。在朗诵时，中、低音的共鸣一刻也不能离开胸腔共鸣，就是在发高音时，也要有胸腔的配合，才能达到好的效果。胸腔还是保护肺部的外轮廓支架，参与呼吸的扩张与收缩，是呼吸、发声与共鸣的物质基础。

（五）共鸣腔的功能与分类

1. 共鸣腔的功能

声带发出的喉原音很微弱，主要靠喉以上的喉腔、咽腔、口腔、鼻腔、头腔共鸣，以及喉以下的胸腔为基础的声道共鸣后才得到扩大、美化，形成各种不同的音色。所以，掌握共鸣的调节，是提升发声效果、美化声音质量的重要环节。

一个人的发音器官是天生的，难以改变，共鸣的调节却是可以经后天训练而改善的。一个专业的朗诵家或歌唱家，他们用声、发音是不费力的，而且声音优美，又富于弹性，并且能根据需要变化自如，这都与他们熟练掌握了共鸣调节的方法有关。因此，共鸣控制的掌握和训练非常必要。当然，共鸣控制的掌握和训练也比较复杂，非朝夕之功。

2. 共鸣腔分类

根据高中低三个常用音部，共鸣腔也可以分为三个共鸣区。

（1）高音共鸣区。

高音共鸣区，指硬、软腭以上，即鼻腔共鸣。鼻腔共鸣作用最有效，我们发高音主要靠鼻，使声音带有高亢、明亮的色彩。比如模仿年轻的少女说话，多用鼻腔共鸣。

（2）中音共鸣区。

中音共鸣区，是指硬、软腭以下，胸腔以上的部位，即口腔。中音共鸣是最常用的共鸣区，比如模仿青年男子、中年妇女说话，就可以使用中音口腔共鸣，使声音结实，字音圆润清晰。因不同字音是在口腔内形成的，只有结合吐字运用口腔共鸣，才能保证字音清晰、字正腔圆。

（3）低音共鸣区。

中音共鸣区，主要指胸腔，使用胸腔共鸣声音听起来洪亮浑厚而有力。所以女声模仿男声时，多用胸腔共鸣。当然使用时要根据作品的情节，要适当，不可过分。胸腔共鸣使用过多会使声音沉闷，比如模仿老爷爷、老奶奶的声音就可以多用胸腔共鸣。

发声器官是人体的一部分,认识发声器官的构造与功能,也是认识自我的一部分。了解人体声音产生的过程,可以让自己的声音越来越有魅力,让自己越来越具备传递美好、利于他人的能力。

第二节 气息的控制与运用

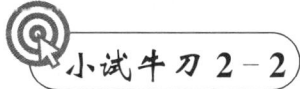

口 技

[清]林嗣环

京中有善口技者。会宾客大宴,于厅事之东北角,施八尺屏障,口技人坐屏障中,一桌、一椅、一扇、一抚尺而已。众宾团坐。少顷,但闻屏障中抚尺一下,满坐寂然,无敢哗者。

遥闻深巷中犬吠,便有妇人惊觉欠伸,其夫呓语。既而儿醒,大啼。夫亦醒。妇抚儿乳,儿含乳啼,妇拍而呜之。又一大儿醒,絮絮不止。当是时,妇手拍儿声,口中呜声,儿含乳啼声,大儿初醒声,夫叱大儿声,一时齐发,众妙毕备。满坐宾客无不伸颈,侧目,微笑,默叹,以为妙绝。

未几,夫鼾声起,妇拍儿亦渐拍渐止。微闻有鼠作作索索,盆器倾侧,妇梦中咳嗽。宾客意少舒,稍稍正坐。

忽一人大呼:"火起",夫起大呼,妇亦起大呼。两儿齐哭。俄而百千人大呼,百千儿哭,百千犬吠。中间力拉崩倒之声,火爆声,呼呼风声,百千齐作;又夹百千求救声,曳屋许许声,抢夺声,泼水声。凡所应有,无所不有。虽人有百手,手有百指,不能指其一端;人有百口,口有百舌,不能名其一处也。于是宾客无不变色离席,奋袖出臂,两股战战,几欲先走。

忽然抚尺一下,群响毕绝。撤屏视之,一人、一桌、一椅、一扇、一抚尺而已。

读一读,感受自己的呼吸方式及身体反应,气息是否充足,气息是如何调整的?

一、呼吸类型

前面讲到仅声带发出的声音音量是有限的,咽腔、喉腔等腔体的共鸣,放大了声带的源声波,才使我们的音声丰满起来。但是不经过专门的训练,光靠自然言语的音声习惯,还是不能适应朗诵的需要。如果胸腔共鸣不好,就没有充实的底音;如果鼻腔共鸣不好,高音区就苍白。怎样才能练好共鸣呢？俗话说"练声先练气"，要先从呼吸法讲起。

科学的呼吸方法历来深受重视，就算一个人天生具备一副好嗓子，但是，如果不经过严格的专业训练，不掌握正确的呼吸方法，也难以成为一个很有造诣的艺术家。朗诵也属于艺术发声，在用气量上均超过平时说话的限度，只使用胸式呼吸或腹式呼吸是不能满足需要的，因此，朗诵必须运用胸腹式呼吸，因为只有这种呼吸方法，发声器官才能保持充分的弹性和自然的状态，并保证气息量的需要。下面简述几种不同的呼吸方法以便参考。

（一）胸式呼吸

胸式呼吸，仅靠肋骨的侧向扩张来吸气，用肋间外肌上举肋骨以扩大胸廓。这种呼吸又可分为锁骨呼吸、上胸部呼吸和下胸部（肋或腰窝）呼吸。比如，锁骨呼吸，吸气时双肩上抬，消耗力气大，气息较浅，不好控制，还会造成颈部肌肉紧张。上胸部和下胸部呼吸，较锁骨呼吸肌肉用力小，肋骨和胸腔也会不同程度地向两侧扩张，但气息都不深。

总之，胸式呼吸法所呼出的气流浅而弱，气流在上胸部飘着，平时，我们也能体会到声音不实，有飘着的感觉。这种呼吸方法，会造成声带紧张，声音虚而不实，没有底气，如果发高音，会出现上气不接下气的现象。朗诵时一般不使用这种呼吸方法，除非有对个别特殊声音的塑造需求。

（二）腹式呼吸

腹式呼吸，吸气时，腹部肌肉鼓起；呼气时，放松肌肉到正常状态。腹式呼吸由膈肌和腹肌完成，吸气时，腹肌鼓起，膈肌收缩呈下降状态，胸腔、腹腔相应向下移动；呼气时腹肌收缩，膈肌松弛向上移动，恢复原位。

图 2-13　腹式呼吸法

腹式呼吸用力很小。平时说话使用这种呼吸法很占优势。这种呼吸方式，比胸式呼吸气流强，但是，当使用强气流发声时还是不够用。另外，使用这种呼吸法会影响嗓音的持久性。

平时讲话，我们可以随时换气，胸式呼吸或腹式呼吸，基本都能够满足需要。然而，朗诵时需要更充足的气息，也需要强气声的支撑，甚至需要超出平时讲话音量几倍的重音、强重音，只用这两种呼吸方法是不够的。

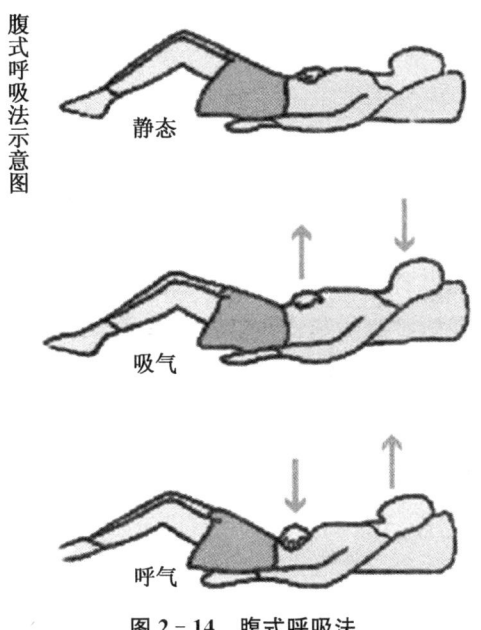

图 2-14 腹式呼吸法

(三) 胸腹联合呼吸

胸腹联合呼吸,也叫胸膈呼吸法,是靠肋骨和横膈膜共同运动来实现的,是胸式呼吸和腹式呼吸的联合应用。这种方法是靠胸腔、横膈肌、腹膈肌联合控制气息。这种呼吸活动范围大、伸缩性强,它可以操纵和支持声音的能力,为气息均衡、平稳地呼出提供了条件。

胸腹联合呼吸,在吸气的最后一刻,即在呼气前,轻轻将下腹内收,提供所谓的"支持"作用,此时,腹肌收缩,将吸入的空气推向胸腔下部,这时横膈膜下降,使胸廓扩大并且稳定不动。这个过程就是吸—沉—呼。气吸满后,腹部鼓起,这时,不着急往外呼,而是让气在"丹田"(脐下横三指)位置停留数秒,再往外慢慢呼出。这个动作即腹腔前壁内收,此"内收"活动使胸式和腹式两种呼吸方式达到了很好的联合。

胸腹联合呼吸使得胸腔大幅度扩大,呼吸量可以得到最大限度的扩充。这种呼吸法气息量大,气息柔软且富有弹性,这样的气息量,不仅能满足朗诵发声的需要,而且能够使声音更加饱满并富于变化,因此,这才是适合朗诵的呼吸方法。

 **呼吸训练**

1. 练习内容:胸式呼吸、腹式呼吸、胸腹式联合呼吸。
2. 练习要求:坐姿或站姿,保持全身放松,身体中正,体会三种呼吸方式的差异。

二、气息控制训练

朗诵时一般人不仅会存在气息不足的情况,在呼吸的过程中,也很难自如地控制气息

以达到朗诵所需的效果,因此,需要进行相应的气息控制训练。具体练习方法列举如下:

(一)平躺法与坐式法

1. 平躺法

平躺在一个舒适的地方,全身肌肉放松,体会两肋扩张,呼吸肌群自然、均匀、深入地吸气和呼气的感觉。

2. 坐式法

安静地坐着,背部自然挺直,两肩放平,身体放松,双手轻轻放在肋骨位置,自然呼吸。吸气时,体会两肋缓缓向两侧扩张的感觉,小腹逐渐收紧,保持一两秒钟,再缓缓呼出。

用这两种方法呼气时,都可以缓缓地吹或发"si"的音,要求气息均匀而缓慢地流出,呼气时间要求持续30秒。反复做这个动作,练习次数逐渐增加。

(二)慢跑法与下蹲法

1. 慢跑法

慢跑不仅能增强体质,还可以练气。在跑步中必然要深呼吸,这样既练习了呼吸,使呼吸肌肉灵活有力,又锻炼了身体。开始慢跑,自然呼吸,不必急着练呼吸,跑到一段时间,体质增强,感觉身体很轻松之后,再结合呼吸训练。要求深吸一口气,慢慢呼出能持续30秒。配合呼吸训练的慢跑,从开始每天10分钟,逐步延长至一小时或更久,每天坚持,经年累月,呼吸会越来越深,身体也会越来越好。

2. 下蹲法

下蹲动作,可以很好地锻炼腹肌。腹肌是控制呼吸的关键肌肉,必须把腹肌锻炼得强有力,才能更好地控制呼吸。女性腹肌一般都没有力量,更要加强训练。女性还可以通过做仰卧起坐来锻炼腹肌。下蹲的动作很简单,一蹲一立,两臂平伸或高举都可以。建议每天10—15分钟完成200次,刚开始,从10个开始,逐渐增加。

(三)闻香法与吹蜡烛法

1. 闻香法

如果有条件,可在面前放一束香味浓郁的鲜花或一盘味道鲜美的水果,集中注意力,用鼻子慢慢地吸入香气,想象气体从鼻腔经过胸腔到腹部的过程,然后再缓缓呼出,如此反复地训练,注意"吸—控—呼"的节奏,体会自然、平静、均匀的深吸气的感觉,如果没有实物,想象着练习也可以。

2. 吹蜡烛法

吹蜡烛法,主要是练习呼气,是练习中声区的均、稳、控的有效方法,结合闻香法一起练习最佳,先采用闻香法吸气,呼气时,就像吹蜡烛一样,缓缓而细长地呼出。

(四)哈欠法与叹气法

1. 哈欠法

主动打哈欠,重点体会头顶虚空向上打开的力量,喉部连体一起沉降,腰围膨胀,全身的腔体张开,有一种深吸气的感觉,然后从胸腔底部胸窝处开始叹气,通过共鸣管子从口叹出。每天练习几十次,以能一直保持在微笑的状态下完成最佳。

2. 叹气法

叹气法，全身放松，吸入一口气，然后痛快、舒服地长叹出来，练习中低音。哈欠法配合叹气法，是很好的一呼一吸的结合。

(五) 喘气法

喘气法，又称快吸快呼法，如狗喘气法。练习时，由慢至快、由弱至强，口鼻同时快吸快吐。偶尔剧烈运动时，我们会张开嘴，沉住喉咙急促地喘气，就是这种方法可以充分锻炼横膈膜肌肉群的伸缩和弹跳能力，这也是练习呼吸肌群力量、弹性、柔韧性、速度变化控制最好的方法，有助于美好声音的保持，以及声音强弱、气息高低的控制。

无论哪种方法，都重在训练找到吸气和控制气息的感觉。平常用心体会，养成习惯，诸如上颚打开、头顶虚空、喉头下沉、下颚放松、两肋扩充、肺部、胸部扩张等感觉，这些动作保证有足够的气息供给发声，然后，体会气息从呼入到呼出的变化过程，有意识地让气下沉，达到自如地控制或调控。练气的方法有很多，选择适合自己的1—2种，坚持长期训练。

气息训练

1. 训练内容：(1) 闻香法结合吹蜡烛法；(2) 哈欠法结合叹气法；(3) 喘气法。
2. 训练要求：采取坐式或站式，结合胸腹联合呼吸，体会完整的一呼一吸。

三、气息调整方式

气息的把握与运用，是表现人物情态最有力的手段。根据气息调整方式的差异，张筠英教授将调整气息的方式归纳为偷气、深吸气、舒气、托气、憋气、提气、喘气等。①

(一) 偷气、深吸气与舒气

偷气，朗诵过程中急需换气时，在不让观众感觉到的情况下就迅速把气换完。偷气多用于朗诵大段台词，节奏较为紧凑，声情起伏较大，气势连贯，不容有明显的动作。偷气时，不要出现气流摩擦声，偷气的顿歇时间不能拖长，不能把气全部用完再去偷，否则会破坏内容的连贯性。

深吸气，为了表达或抒发某种激荡而又深沉的感情，内容的节奏需要大幅度的变化时，朗诵者可使用深吸气。它要求朗诵者把气吸得饱满，吸得深，吸气的动作比较夸张，时间也较长。吸气动作和气流摩擦声可以让观众清清楚楚地感觉到。

舒气，紧接在深吸气之后，吐气的同时，把内容按舒展的节奏说出。

(二) 托气、憋气与提气

托气，朗诵者在说话的过程中，运用"丹田"把气托住，不进也不出，保持停气不动或声

---

① 李明学：《朗诵名家谈朗诵艺术技巧》，中国国际广播出版社，1992，第28页。

断意不断的状态,类似"屏住呼吸"的感觉,但不要把气吸得过于饱满而憋在胸中。利用托气,可以生动、细腻地刻画出人物的心理状态。还可以配合内容来渲染气氛,加强悬念,以产生强烈的艺术效果。

憋气,在感情积累到一定程度,突然爆发前,或是克制自己不忍说而又不得不说的时刻,可使用憋气方法。运用时,可在某一两个重要的字说出之前先憋足一口气,待把气运好,以强力把字弹出。

提气,由于外界事物的影响和刺激,引起判断或在判断过程中形成思考状态时,把气轻轻提起,而后有瞬间的停歇,以促使注意力的集中,这就构成了提气。提气,还可用于表现人们的高傲或矜持态度,或用于表现精神的振奋。动作加大,形成大提气,还可以用以表现人们哭泣时的某种情态等。

(三) 喘气、鼓气与嘘气

喘气,这是由于内心的冲击或形体的激烈运动而形成的急促呼吸方式。按其表现的不同,可以分为大喘气、急喘气和喘息三种类型,这三种情况在日常生活中都比较常见。

鼓气,人在受到刺激、产生对抗性情绪时会出现这种气息状态,其呼吸速度很慢,但胸部内在力量很大,起伏很鲜明,由于感情和气息的冲动,往往在胸部、肩部以至所连带的部位形成明显的颤抖,以此来表现人物的不满、生气、妒忌、极力克制以及愤怒前后的精神状态。

嘘气,为保持心情平静和稳定而产生的一种气息调整方式。嘘气时呼吸的速度可以很慢,动作很清楚,气吸进之后经过控制从嘴里轻轻吹出来。它常用来表现对事物轻度的克制与容忍,或表现对事物的冷淡、傲慢、不礼貌的态度,或表现出一种疲劳感。

(四) 缓气、哼气与抽气

缓气,这种气息正好和鼓气相反,呼吸的速度和起伏变化是不断递减,慢慢变弱的,胸部逐渐塌陷,直至呼吸平稳,使感情恢复到正常状态。这种气息用在激烈的矛盾冲突之后,感情的缓冲时刻。

哼气,自然吸气后,口唇闭合,把气通过鼻腔哼出,可带轻微声音,也可不带声音。这种气息用来表现人们对事物的鄙弃、藐视或不满意。还可以结合一点轻度的笑声,表示对事物的讥讽、轻视或不在乎的情态。

抽气,一般是在哭泣之后,由于心情极度悲伤,或心里觉得委屈、憋闷,胸腔感到压抑,想控制也难以控制,因而形成这样一种特殊的气息动作。抽气,是靠气的抽动来完成的,可能连续抽动数次再吸满一口气,也可能有节拍地一吸一抽。

作品练习

少年中国说(节选)

梁启超

今日之责任,不在他人,而全在我少年。少年智则国智,少年富则国富;少年强则国强,少年独立则国独立;少年自由则国自由;少年进步则国进步;少年胜于欧洲,则国胜于欧洲;少年雄于地球,则国雄于地球。红日初升,其道大光。河出伏流,一泻汪洋。潜龙腾渊,鳞爪飞扬。乳虎啸谷,百兽震惶。鹰隼试翼,风尘翕张。奇花初胎,矞矞皇皇。干将发硎,有作其芒。天戴其苍,地履其黄。纵有千古,横有八荒。前途似海,来日方长。美哉我少年中国,与天不老!壮哉我中国少年,与国无疆!

四、气息的运用

(一) 气息与声情结合

气息的运用在台词艺术中占有重要的位置,但孤立地运用它是不行的。要刻画人物形象,就得把气息同声音、言语、思想、感情紧密地结合在一起,做到"气欲动,言欲出",必先有所思,先有其情。气动言出,就要表情达理。只有把这些相互关联的因素组成一个完整的能够表达人物思想和精神世界的有机体,才能真正显示其作用,即完成刻画人物形象的任务。

气息的控制与运用,是练好声音的基本功,也是朗诵者能自如地表情达意,让声音极具力度且丰富多彩的重要基础。气息是发声的动力,气息的速度、流量、压力大小,直接影响声音的强、弱、高、低、长、短,以及共鸣状况。这些都关系到声音的响亮度、清晰度,音色的优美、圆润,嗓音的持久,情绪的饱满、充沛。气息不仅是声音的支柱,而且是发音技巧中的基础。

朗诵作品不论长短,都是二次创作,都是把书面的文字变成立体的"艺术品"。它要求声音自始至终保持一定力度,从容镇定。朗诵时常见到这样的情况,开始气比较足,压力较大,到后面就弱下来,甚至明显气不够用,出现吃力的情况。因此,在运用气息时,要根据作品风格定调,根据内容调整气息压力,气多时一定要把气"按"住,不要让它随意往上冲,让它听从感情的调遣。

 作品练习

假如你不够快乐

汪国真

假如你不够快乐

也不要把眉头深锁

人生本来短暂

为什么还要栽培苦涩

打开尘封的门窗

让阳光雨露洒遍每个角落

走向生命的原野

让风儿熨平前额

博大可以稀释忧愁

深色能够覆盖浅色

(二)气息与声音化妆

声音化妆是声音美学的一个重要手段。朗诵中的声音化妆,主要是指朗诵者声音在自然美的基础上,应具有准确、丰富、自如的声音模仿技巧和表情达意的表现技巧,使声音柔似细水涓涓,刚似洪钟铿锵,高如长笛之清远,低似大提琴之沉实;模仿童音的尖亮,老声的浑厚,女声的清脆,男声的雄壮;表达风的微拂,鸟的喧鸣,自然的多彩景致,人的万千情感。通过这些精心"化过妆"的声音,使朗诵内容和人物形象活生生地出现在听众的脑海里,展现在听众的视野中。

声音化妆离不开气息的控制和运用,比如通过气息的控制,使声音富于弹性。所谓声音的弹性,指声音对于所表达的、流动的、变化着的思想感情的适应力。声音的这种适应力强,就能给人以美的感受,使作品的再创造具有很强的艺术感染力。富有弹性的声音的变化与控制是受感情变化控制的。气息的强、弱,快、慢的弹性变化来源于感情的运动,感情的运动是推动气息变化的内在动力。以感情为统率,调节气息的运动变化,是气息控制的高级阶段。

要想驾驭声音达到以情带声,达到声音化妆的目的,就必须要求气息控制达到高级阶段。如此,对朗诵者就提出了更高的要求,不仅要有深度的呼吸作为基础,还要有保持气息稳定和持久的控制力。此外,还要做到吸气自然无声。否则,面对灵敏度高的话筒,吸气的杂音会削弱艺术美感。在保证这些的基础上,才能达到声音化妆的最佳效果。

 作品练习

黄帝颂

天地玄黄,东方曙光,文明始祖,中华炎黄。

薪火相传,盛世未央,华夏各族,中原家乡。

和平天下,同运兴昌,和睦百姓,社稷安康。

新郑拜祖,弥之高仰,同根同源,龙族荣光。

大风起兮云飞扬,吾土吾心吾欢畅。

四海之内皆和谐,吾思吾梦吾向往。

祈福九州,祥和无疆,风调雨顺,百业兴旺。

护佑中华,盛世运昌,护佑子孙,永继辉煌。

大风起兮云飞扬,吾土吾心吾欢畅。

四海之内皆和谐,吾思吾梦吾向往。

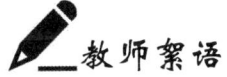 教师絮语

> 保持正确的呼吸方式,坚持气息控制与调整的训练,日日吐故,天天纳新。气息训练,身心放松。调整心肺,气息绵长,久久为功,必有成效。如此,它回馈我们的将不仅是一副好嗓子,还有一个更加健康的身心。这对我们从事教育教学工作裨益良多。

第三节 音色特征与训练

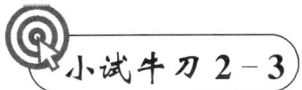 小试牛刀 2-3

白杨礼赞(节选)

茅 盾

那是力争上游的一种树,笔直的干,笔直的枝。它的干呢,通常是丈把高,像是加以人工似的,一丈以内,绝无旁枝;它所有的丫枝呢,一律向上,而且紧紧靠拢,也像是加以人工似的,成为一束,绝无横斜逸出;它的宽大的叶子也是片片向上,几乎没有斜生的,更不用说倒垂了;它的皮,光滑而有银色的晕圈,微微泛出淡青色。这是虽在北方的风雪的压迫下却保持着倔强挺立的一种树!哪怕只有碗来粗细罢,它却努力向上发展,高到丈许,二丈,参天耸立,不折不挠,对抗着西北风。

这就是白杨树,西北极普通的一种树,然而决不是平凡的树!

互相听一听,体会自己和他人的音色的差异,感受影响音色的因素有哪些?

一、声带对音色的影响

声带的生理差异是造成个人音色不同的重要因素。前面讲过,声带是一种分层的结构体,是一对唇形的肌肉,可分为表层、过渡层和体层。表层负荷最强,体层最弱,声带的这种分层结构和各层负荷力的强弱不同,使得声带的振动总是由体层开始,然后波及过渡层,再到表层。声带发声振动时,由于发声时各层组织动作特性的不同,产生的声波包含着许多不同频率,这种综合频率的复合波,就是人的声源,个体差异很大。

语音高低是音色的区别特征之一,声带与语音高低也有着密切的关系。通常,琴弦越紧,声音越高,琴弦越细,声音越高,语音的高低也是如此,也受声带的松紧、厚薄、长短等的影响。儿童的声带较短较薄,所以童声高且尖;成年后,男性喉腔较儿童时期增大了约1.5倍,而女性喉腔增大约1/3,同时女性声带要比男性声带薄一些,声音只比童声降低了

约3度。[①]

好的音色,经常被形容为像银铃、像流水、像十五的月亮,朗润极了等。我们还经常听到一些播音员或主持人的声音,男声浑厚、响亮,女声亲切、热情,这都与音声高低和声带的薄厚有关。知晓了这些,就可以在自己声带允许的条件下,发展自己有个性的音色,如音调偏高的人,应多练一些中低音,使声音更加饱满、浑实;而音调偏低的人,可加强头腔共鸣,使音色明亮一些。

一个人,既可以保持自己的音色,同时又可以发出高低不同的声音,在朗诵中可以自由地驾驭各种高低升降的复杂声调和语音,这是因为我们的生理机制有绷紧与放松声带的能力。当杓状软骨侧向和反向转动,拉紧或放松声带时,声带或被拉紧,气流冲来,颤动就快,声音就高;或被放松,颤动就慢,声音就低。发声器官这种控制声音高低的能力对朗诵极其重要。

二、共鸣对音色的影响

前面讲的呼吸非常重要,因为正确的呼吸是共鸣的基础,靠充足的气息支撑才能充分共鸣。相比自然发声,朗诵发声时,任何一个音都要求共鸣腔的参与度更充分一些,如果用自然音朗诵,声音会显得比较干瘪、苍白等,但是,有了共鸣强的高度参与,不仅能扩大声音,还能改善音色。当然,由于腔体参与共鸣的程度不同,放大后的声带音都会具有明显的个人特色,即使两个人发同样的音,也能分辨出不同的音色。

(一) 口腔共鸣

声带颤动的声波在经过喉腔、咽腔的放大后,就到了口腔。口腔不但是声波必经的通道,也是声波的放大器,更主要的是口腔可开可合、舌头可高可低、能伸能缩,使得口腔可以调节为不同形状的腔体,产生极具区别性的声音。

口腔共鸣训练

1. "a"音练习,深吸一口气,缓缓呼出,体会声音在口腔的共鸣感。
2. 自然发音,体会自然发音时的口腔状态及音色感觉。
3. 高音练习,在自然发音的基础上,适度扩大口腔,可以通过压低舌根,打开后牙槽等方式扩大共鸣腔。
4. 低音练习,在高音发声的基础上,适度缩小口腔,保持口腔肌肉均衡紧张,控制气流以形成适度的声响。

(二) 鼻腔共鸣

鼻腔共鸣,属于上部共鸣、高音共鸣。当使用高音区时,上部共鸣非常必要,它能使音色更加丰满。鼻腔共鸣是高音的基础,也能提升中低音的饱和度。

---

① 杜伟东:《普通话朗诵教程》,警官教育出版社,1999,第19-20页。

鼻腔共鸣不同于发鼻音,发鼻音如"m""n"时,口腔通道关闭,气息不从口腔出来;但使用鼻腔共鸣时,在保证咽喉到鼻腔的通道畅通的情况下,声波通过口腔传入鼻腔形成共鸣。

 鼻腔共鸣训练

1. 鼻音练习:发"m""n"音,闭上嘴巴,体会气流从鼻腔流出的感觉。
2. 鼻腔共鸣练习:发"ng"音,小声哼哼,体会咽喉到鼻腔的通道打开、软腭后面震动的感觉。

(三) 头腔共鸣

朗诵发声以口腔共鸣为主,以胸腔为基础,头腔共鸣使用不多,只有在情绪激昂、声音高亢等感情色彩特别强的情况下才会使用,这时会感觉声音不是从嘴里发出的,而是从眉心发出的。

 头腔共鸣训练

1. "i、a"滑音练习。
2. 自然发音,体会口腔、头腔的状态及音色感觉。
3. 高音练习,感受头腔共鸣。

(四) 胸腔共鸣

胸腔共鸣,又称低音共鸣。对声音的放大作用非常明显,可以增加声音的厚度,尤其能使男声能形成浑厚、铿锵、有力的质感,为音色增辉不少。

 胸腔共鸣训练

1. "u"音练习。深吸一口气,缓缓呼出,体会声音在胸腔的共鸣感。
2. 自然发音,体会自然发音时,胸腔的状态及音色感觉。
3. 低音练习,在自然发音的基础上,把声音下压,体会气息下沉,声音越来越低的感觉。开始不熟悉,会有刻意的感觉,但实际上,胸腔的共鸣是自然的。

三、"喊嗓"对音色的促进

"喊嗓"是一种练声的方法,目的是提升音高、拓宽音域。其做法是对声带、共鸣和呼吸等方面单独进行练习。我们偶尔会听到有人在僻静的地方用"螺旋式上升"的方式喊a、i等元音,就是采用了这种练声方式。

普通话中有a、o、e、ê、i、u、ü七个元音,研究发现,可以有选择地合并几个,把a、o合并、e、ê 合并，i、ü 合并，只需用 i、u、a、e 即可，i 代表前高元音，u 代表后高元音，a 代表后低元音，e 代表中元音。这样各个部位的舌高点都有了。

进行喊嗓练习时，口腔状态要随着声音的高低而变化，找到每个音适合的共鸣点，把舌肌和口腔肌肉锻炼得坚韧有力，才是目的。发高音时，口腔肌肉紧张，需要扩大口腔容量，否则会引起声带紧张。发低音时，声带放松，口腔要缩小，如果口腔容量过大，声带会更松，音量会更小，字音会更模糊。进行喊嗓练习时，扩大口腔容量的做法必须掌握，就是打开下巴，舌身略向前推，舌根略向下压。

 **喊嗓练习**

1. 练习内容：i、u、a、e。
练习要求：在自然音的基础上，拔高声音练习，循序渐进。
2. 练习内容：高音 i、u。
练习要求：口腔开度大于自然发音，扩大口腔容量，增强共鸣。
3. 练习内容：低音 a、e。
练习要求：口腔开度比发高音时小。
4. 练习内容：从高音 i、u 到低音 a、e，再从低音 a、e 到高音 i、u。
练习要求：高音、低音练习有一定基础后，练习从高音滑到低音，再从低音滑到高音。

四、"吊嗓"对音色的促进

"吊嗓"与"喊嗓"并不是截然分开的，在"喊嗓"阶段就可以"吊嗓"，故有"喊""吊"结合的说法。"吊嗓"是在"喊嗓"的基础上进行的，没有"喊嗓"喊出的高低音运用自如与响亮圆润的音色，"吊嗓"也就失去了声音上的保证。

"吊嗓"的主要目的是锻炼嗓子的持久性和声音在高低强弱上的运用，使声带坚韧有力，稳健可靠，适应各种腔调的表达。

"吊嗓"时，应注意声音的表现、音声和感情方面的结合，注意表达人物细腻的内心活动与思想内容。但是，重点还是要放在对声音的运用上，最好只靠声音，不加外部表情，就能把体验到的情感表达出来，这是"吊嗓"的最终目的。

"吊嗓"练习过程中，常见的是个别韵母的共鸣问题。寻找共鸣点的办法是反复变化口腔内部的形状，把口腔开大些或闭小些，舌位靠前些、后些、高些或低些，在不超出普通话语音特点的范围内，什么状态下声音最响、最亮，嗓子最省力，那就是这个音最好的共鸣状态。

开始"吊嗓"时，以 15 分钟到 30 分钟为宜，可选择一些朗朗上口的朗诵材料，如古诗词、现代诗词等用作"吊嗓"材料。原则是不宜使嗓子过度疲劳，有一定基础后，适当增加"吊嗓"时间。普通话朗诵的"吊嗓"，应以说为主，同时辅以适当的唱歌和戏曲材料。

 **吊嗓练习**

1. 练习内容:《诗经·关雎》。
2. 练习要求:吟的方式,说的方式,拉长字音练习。

关 雎

关关雎鸠,在河之洲。窈窕淑女,君子好逑。
参差荇菜,左右流之。窈窕淑女,寤寐求之。
求之不得,寤寐思服。悠哉悠哉,辗转反侧。
参差荇菜,左右采之。窈窕淑女,琴瑟友之。
参差荇菜,左右芼之。窈窕淑女,钟鼓乐之。

教师絮语

音色之美固有先天的影响,但后天的"雕饰"也不容忽视。玉不琢,不成器,哪怕是美玉,也离不开后天的雕琢,音色也是如此。本节的学习让我们认识到,共鸣训练、喊嗓与吊嗓训练,不是歌唱家、朗诵家的专属,而是每一位教育工作者应该重视并加以训练的,它可以使我们的从教生活变得更加轻松愉悦。

 实践活动

朗诵小赛场

一、活动目标

1. 运用胸腹联合呼吸。
2. 把握气息的控制。
3. 锻炼共鸣腔的运用。

二、活动内容

朗诵《小蝌蚪找妈妈》。

三、活动要求

1. 区分长短句,控制气息变化。
2. 正确发声,找到最佳音色。
3. 划出对话部分,有感情地朗读。

附:

小蝌蚪找妈妈

池塘里有一群小蝌蚪,大大的脑袋,黑灰色的身子,甩着长长的尾巴,快活地游来

游去。

小蝌蚪游哇游,过了几天,长出两条后腿。他们看见鲤鱼妈妈在教小鲤鱼捕食,就迎上去,问:"鲤鱼阿姨,我们的妈妈在哪里?"鲤鱼妈妈说:"你们的妈妈有四条腿,宽嘴巴。你们到那边去找吧!"

小蝌蚪游哇游,过了几天,长出两条前腿。他们看见一只乌龟摆动着四条腿在水里游,连忙追上去,叫着:"妈妈,妈妈!"乌龟笑着说:"我不是你们的妈妈。你们的妈妈头顶上有两只大眼睛,披着绿衣裳。你们到那边去找吧!"

小蝌蚪游哇游,过了几天,尾巴变短了。他们游到荷花旁边,看见荷叶上蹲着一只大青蛙,披着碧绿的衣裳,露着雪白的肚皮,鼓着一对大眼睛。

小蝌蚪游过去,叫着:"妈妈,妈妈!"青蛙妈妈低头一看,笑着说:"好孩子,你们已经长成青蛙了,快跳上来吧!"他们后腿一蹬,向前一跳,蹦到了荷叶上。

不知什么时候,小青蛙的尾巴已经不见了。他们跟着妈妈,天天去捉害虫。

第三章
朗诵的基本素养

微信扫码
获取相关资源

1. 认识并掌握朗诵的基本素养。
2. 合理训练以提升朗诵的基本素养。
3. 能够在作品朗读中展现朗诵的基本素养。

第一节　朗诵的基调

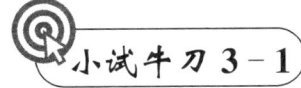

荷　花

叶圣陶

清早,我到公园去玩,一进门就闻到一阵清香。我赶紧往荷花池边跑去。

荷花已经开了不少了。荷叶挨挨挤挤的,像一个个碧绿的大圆盘。白荷花在这些大圆盘之间冒出来。有的才展开两三片花瓣儿。有的花瓣儿全展开了,露出嫩黄色的小莲蓬。有的还是花骨朵儿,看起来饱胀得马上要破裂似的。

这么多的白荷花,一朵有一朵的姿势。看看这一朵,很美;看看那一朵,也很美。如果把眼前的一池荷花看作一大幅活的画,那画家的本领可真了不起。

我忽然觉得自己仿佛就是一朵荷花,穿着雪白的衣裳,站在阳光里。一阵微风吹来,我就翩翩起舞,雪白的衣裳随风飘动。不光是我一朵,一池的荷花都在舞蹈。风过了,我停止了舞蹈,静静地站在那儿。蜻蜓飞过来,告诉我清早飞行的快乐。小鱼在脚下游过,告诉我昨夜做的好梦……

过了一会儿,我才记起我不是荷花,我是在看荷花呢。

读一读,感受作品的结构与基调,体会朗读中的问题与不足。

朗诵作为一种艺术的表达形式,不仅需要生理上发声方面专业化的训练与支持,而且

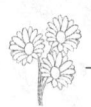

需要丰富而敏锐的心理上的感知与协调。朗诵作品,作为一种文字的呈现,是链接朗诵者与作者情感的桥梁,朗诵者对作品的把握,首先取决于其对朗读基调的把握,以及对作品立意、结构和情感的理解,在此基础上,还需要通过特定的语气、语调、音色等予以呈现,通过朗读者发挥自身的专业实力进行再创作的过程,使其与作品本身的思想情感达到高度的和谐与融合,使作品所展示的情景与意境再现,进而传递作品穿越时空的内涵与韵味。

一、朗诵基调的特征与作用

基调,是作品总体思想感情色彩和作者态度的体现,也是朗诵者在朗诵准备过程中首先要考虑并准确解决的问题。基调不是简单地指音调的高低,而是文章总体的感情色彩和立场态度,人的情感大致有喜、怒、哀、乐、悲、恐、惧七种,态度和立场有肯定、否定、赞扬、批评等,当然,不同的情感与态度还有程度与分寸的区别。

基调的体现不是空洞的,而是特定的语调、语气不断地出现,形成特有的感情色彩,构成每篇作品不同的基调。一部作品除了有其整体基调和总体特征外,还会有段落的基调、句子的基调、人物的基调等。因此,只是把全篇的基调定好,还是不够的,每一章节的基调也需要加以确定。但是,也不能因为照顾个别段落、句子和人物的基调而影响作品的总体基调。这涉及整体和局部的关系,需要朗诵者妥善处理。

在写文章时,作者会面对"写什么,为谁写,怎么写"的问题,同样,作为朗读者,也要面对类似的"读什么,为谁读,怎么读"的问题。基调的把握可以解决"如何读"的问题,但也是在基于前二者的基础上,此三者是有机的统一。划分层次、概括主题的目的是把握文章内容"是什么",联系背景、明确目的是弄清"为谁读"和"为什么读",分清主次和把握基调就是解决"怎么读"的问题。这些共同形成一个有机的整体,帮助朗诵者搭起从理解到表达的桥梁。

二、朗诵基调的把握

(一)明确文章立意

立意是一篇文章的灵魂所在,写文章时,立意是首先要明确的,理解文章也是如此,抓住立意,也就抓住了朗诵时的主要矛盾。拿到一篇作品时,作为朗诵者,首先要仔细体会这篇文章的主旨或用意,明确文章里面都蕴藏着什么样的思想感情,朗诵的时候,才能把相应的思想感情通过合适的声音、气息等表现出来,从而把握朗诵的主动权。

基调的把握在朗诵中非常重要。基调的确立要忠实于作者的创作主旨,也要综合考虑文中多方面的因素。因为朗诵是运用有声语言把作者的思想感情传达给听众的,因此,理解作品是朗诵创作的第一步,其次才是采用适当的方法来表达。只有先正确透彻理解作品,才有坚实可靠的表达基础,才谈得上恰当而完善的表达。否则,非但不能正确地传达文章的立意,甚至还会出现误解文章立意,违背作者立意的情况。

(二)把握文章结构

在朗诵作品中,常见的文学形式有诗歌、散文、记叙文、议论文、寓言等。无论哪种体裁,都有各自特殊的结构,有作者思想发展的轨迹。如果说立意是文章的灵魂,结构就是文章的骨架,完美的结构形式,能将文章的主旨与语言串起来,形成一个有机的、血肉丰满的作品。因此,理清结构、把握文脉就是不可忽视的重要工作。这是作品的创作者需要明确的,也是朗读者在二次创作时需要把握的。

就记叙文而言,需要理清文章结构,通过熟悉事件的发生、发展、高潮、结束,把握文章思想脉络以及回环往复的发展过程,体会作者在组织文章、编写故事时的思路与情感变化,把自己置身于事件之中,对各个环节做到了然于心。如此,就能确定表达与朗诵时的重点。

就议论文而言,文章的结构相对固定,一般是通过提出问题、分析问题、解决问题的步骤来完成的,这一过程的逻辑非常严谨,各个部分层层递进,环环相扣。朗诵时,理清文章结构就是要把握这个脉络,熟悉作者提出问题、分析问题、解决问题的过程和方法。

对作品基调的把握能力,是一种纵观全局的能力,也是一种小中见大、见微知著的能力,这种能力的培养,是个人综合能力素养的提升,这种能力的获得是可以令人终身受益的。生活中,难免会有很多难以预料的临危受命情况,无不需要这种敏锐的观察力和洞察力。

第二节　朗诵的感受

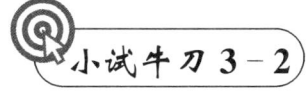

水调歌头

[宋]苏　轼

明月几时有?把酒问青天。不知天上宫阙,今夕是何年。我欲乘风归去,又恐琼楼玉宇,高处不胜寒。起舞弄清影,何似在人间。

转朱阁,低绮户,照无眠。不应有恨,何事长向别时圆?人有悲欢离合,月有阴晴圆缺,此事古难全。但愿人长久,千里共婵娟。

作品中涉及了哪些逻辑关系和形象描述,通过自己的朗读,这些感受是否得到了充分的表达?

一、感受的特征与培养

(一)认识感受的特征

感受,在朗诵中是指通过词句的概念及其运动的刺激,引起我们对客观事物的感知、体会的过程。它包括眼、耳、鼻、舌、身等感觉器官对客观事物的感觉和对时间、空间、运动方面的知觉。这些感知觉,对朗诵者来说,都不是直接的客观外界刺激的结果,而是由视觉对于文字的刺激进行反映,进而对大脑皮层发生第二信号系统的作用力,使人发出语言机制的思维信息,从而产生概念的运动。概念及其运动成为外界各类客观事物(包括客体的心理变化、思维活动)的代替符号,只是这符号的替代对象对人产生间接的刺激。朗诵者间接地接受这种刺激,从而引起感知觉,"感之于外,受之于心"这个过程,我们称之为感受。①

在朗诵过程中,如果说理解是基础,表达是统帅的话,那么,感受就应该是从理解到表达的关键环节了。② 由于朗诵中的感受是透过文字进行的,这种感受被称为间接感受。因此,如何透过文字来感受,不但要求朗诵者能准确把握字句的含义,还要能细腻地感受语言文字的具体色彩。

生活中,对同一个事物,每个人的感知觉是有差异的,有的人比较敏感,有的人相对迟钝。甚至对同一个问题,也是千人千面,感受的强弱以及感知到的点也不一样。个体感受的丰富性使朗诵者对于同一篇材料会产生不同的反应,这些感受,在正确理解文稿的前提下,可以有个体差异或个人特色,因此,同一篇作品,不同的朗诵者带给人的感受是不同的。

(二)感受能力的训练

感受在朗诵中如此重要,生活中,可以通过以下几方面进行训练。

第一,加强对语言文字敏感性的培养,汉字的特点是音形义的结合,通过字形,朗诵者可以加强对文字声音和字义的体会。在中国的汉字中,象形文字占很大一部分,这些字本身就有很强的画面感,可以直接带给我们一定的感官刺激,比如竹林、树木、山水、花鸟、芬芳等。

第二,深入生活,丰富体验。所有的文学作品都源于生活,其中的自然景物、人物故事和内心情感等,无一例外。作为朗诵者,也要深入生活,善于观察,丰富自己的情感和生活体验。这样,在看到一些文字的情景或场景的描述时,能调动自己近似的体验或记忆,产生共鸣或同情,让自己与作品融为一体。如果朗诵者的内心缺乏情景再现的感受,或者缺少情感调动的过程,其声情也难打动人。

第三,加强对联想与想象力的培养。在丰富生活体验的基础上,难免还有一些场景或心理体验是我们不具备的,这就要靠我们丰富的联想与想象。当然,联想的基础是文字所描述的情境,而想象的基础依然源于我们丰富的生活体验。

二、感受技巧的把握

朗诵的感受技巧通常从逻辑感受、形象感受、情感感受三方面着手训练,情感感受方面,主要是把握作品的感情线索,确定感情基调,与观众产生情感共鸣,这部分内容在朗诵

---

① 张颂:《朗读学》,中国传媒大学出版社,2010,第31页。
② 王宇红:《朗读技巧》,中国广播电视出版社,2013,第61页。

的基调部分有所涉及,不予赘述。在此,仅就逻辑感受和形象感受方面给予参考。

(一)逻辑感受的把握

任何一部优秀的朗诵作品,都非常讲究"起、承、转、合",而逻辑就是决定文章"起、承、转、合"关系的内在依据,体现出来就是清晰的文章脉络,优美的文章结构。文章中的逻辑关系可谓无处不在,大到谋篇布局,整篇的结构,段落之间,小到上句与下句之间,都有严谨的内在联系。

前面讲对朗诵的基调把握时,提到要明确文章立意,把握文章结构,这是确定基调的需要。这里讲理清文章结构,把握内在联系,不仅要更加透彻全面地理解,而且要将其层次逻辑在头脑中图像化、情景化。无论是时间顺序、空间顺序、论证顺序,还是情节、矛盾、问题的连绵起伏,都应在朗诵者的头脑中形成强烈的感受,通过一种无形的感受将其内在逻辑贯穿起来。

作品的逻辑关系主要是指文章结构的安排和构思,把握文章的逻辑关系,首先看段落之间的层次与关系,其次是句群之间的起承转合,并列、递进、因果或转折关系等。在此,虚词起着非常重要的提示作用,应多给予关注,另外,还可以从实词以及修辞等的运用方面来感受作品的逻辑。

在文字层面,逻辑的体现主要有几种关系,比如主次、并列、递进、总分、转折、对比等,比如并列关系的内容,在朗读者的头脑中,就要形成一种强烈的画面感,其他关系亦是,需要在头脑中建立清晰的链条感。因此,在逻辑感受的把握与表达方面,朗诵者应重点训练文字背后所彰显的主次感、并列感、递进感、总括感、转折感、对比感等,以帮助提升朗诵的感受力。

作品练习

岳阳楼记

[宋]范仲淹

庆历四年春,滕子京谪守巴陵郡。越明年,政通人和,百废具兴。乃重修岳阳楼,增其旧制,刻唐贤今人诗赋于其上。属予作文以记之。

予观夫巴陵胜状,在洞庭一湖。衔远山,吞长江,浩浩汤汤,横无际涯;朝晖夕阴,气象万千。此则岳阳楼之大观也。前人之述备矣。然则北通巫峡,南极潇湘,迁客骚人,多会于此,览物之情,得无异乎?

若夫淫雨霏霏,连月不开;阴风怒号,浊浪排空;日星隐曜,山岳潜形;商旅不行,樯倾楫摧;薄暮冥冥,虎啸猿啼。登斯楼也,则有去国怀乡,忧谗畏讥,满目萧然,感极而悲者矣。

至若春和景明,波澜不惊,上下天光,一碧万顷;沙鸥翔集,锦鳞游泳,岸芷汀兰,郁郁青青。而或长烟一空,皓月千里,浮光跃金,静影沉璧;渔歌互答,此乐何极!登斯楼也,则有心旷神怡,宠辱偕忘,把酒临风,其喜洋洋者矣。

嗟夫!予尝求古仁人之心,或异二者之为,何哉?不以物喜,不以己悲;居庙堂之高则忧其民;处江湖之远则忧其君。是进亦忧,退亦忧。然则何时而乐耶?其必曰:"先天下之忧而忧,后天下之乐而乐"乎!噫!微斯人,吾谁与归?

(二) 形象感受的把握

作品中的形象主要有人物、事件、场景等,这些鲜活的形象存在于文字描述中,是静态的。朗读者的任务是调动起自身对这些静态形象的感受,并通过自己的音声表达等去感染听众。

我们的感知,无非从眼、耳、鼻、舌、身、意几个方面产生相应的视觉、听觉、嗅觉、味觉、触觉和心理感受。从感受事物的类型来看,包含诸如对色彩、时间、空间、运动等的感知觉等。因此,生活中,可以有意识地训练自己对某个感官方面的感知力,也可以有意识地训练对某一事物的感知力,或者根据朗诵的需要,发现自己的优势或劣势,再进行特定的训练。下面以视觉、听觉、嗅觉为例给予简要介绍。

1. 视觉想象

好的朗诵者能够"看到"文字作品中所描写、叙述的对象,使人产生"如见其人,如闻其声"的感受,朗诵者的这种"看到"其实就是基于内心的想象与联想,这种视觉想象来源于朗读者在生活中的观察与积淀。比如我们所熟悉的成语"胸有成竹",相信大家都有体会,在做事之前,想要做的事情或将要展现的情景,已经在自己的内心宛然呈现,在实际情景未发生的情况下,内心那种预先的主观创造能力,就可以演变为当我们看到文字构建场景的那种视觉感知力。如杜甫的《归雁》、刘禹锡的《浪淘沙》。

作品练习

作品一

归雁二首
〔唐〕杜甫

万里衡阳雁,今年又北归。双双瞻客上,一一背人飞。
云里相呼疾,沙边自宿稀。系书元浪语,愁寂故山薇。

欲雪违胡地,先花别楚云。却过清渭影,高起洞庭群。
塞北春阴暮,江南日色曛。伤弓流落羽,行断不堪闻。

作品二

浪淘沙
〔唐〕刘禹锡

九曲黄河万里沙,浪淘风簸自天涯。
如今直上银河去,同到牵牛织女家。

2. 听觉想象

从文字作品的描写、叙述中"听到"某些声音,是属于听觉想象的范畴,这是获取听觉感受的途径。当我们看到文字时,似乎能听到文字在说话,它们是有声的。比如"走在幽静的小路上,听着潺潺的流水声,心中无比舒畅"这句中的"潺潺的流水声",当我们看到文字的瞬间,似乎"潺潺的流水声"就在耳边回响,当朗诵者能切身感受到时,就能把这种感受通过轻柔的、缓缓的声音和语气读出来,从而传递给观众,让观众获得一种听觉享受。如苏轼的《有美堂暴雨》。

   作品练习

有美堂暴雨

[宋]苏　轼

游人脚底一声雷,满座顽云拨不开。
天外黑风吹海立,浙东飞雨过江来。
十分潋滟金樽凸,千杖敲铿羯鼓催。
唤起谪仙泉洒面,倒倾鲛室泻琼瑰。

3. 嗅觉想象

在朗诵作品中,表达嗅觉的文字也很常见,当然,嗅觉的感受也很丰富。好的嗅觉体验包括种种香,比如花香、酒香、檀香等,但是,也有一些让人不适的嗅觉体验,比如臭味、烟味、刺鼻的药品味等。朗诵时,这些嗅觉体验就需要通过读者的音声、语气以及身体语言表达出来,比如"迟日江山丽,春风花草香"一句,字里行间,不仅蕴藏着春日美景的视觉想象,还有满园飘香的嗅觉想象,这种嗅觉体验就需要通过朗诵者幸福的、轻柔的、和缓的声音和语气表达出来,同时,还可以辅以巧妙的肢体动作,从而传递给听众一种身临其境的嗅觉享受。

   作品练习

作品一

绝句二首

[唐]杜甫

迟日江山丽,春风花草香。
泥融飞燕子,沙暖睡鸳鸯。
江碧鸟逾白,山青花欲燃。
今春看又过,何日是归年。

作品二

金陵酒肆留别

[唐]李白

风吹柳花满店香,吴姬压酒唤客尝。
金陵子弟来相送,欲行不行各尽觞。
请君试问东流水,别意与之谁短长。

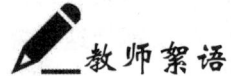

> 感受,是一种对生活的深度融入,是眼、耳、鼻、舌、身、意这些感官于生活方方面面的敏锐体察,这是一个保持自我开放、心灵敞开的状态。这种深刻的感受力,彰显的是生命的灵动性与体验的丰富性,这不仅是朗诵中需要的,更是每一位优秀的教师在工作上不可或缺的。

第三节 朗诵的语气

沁园春

[清]郑 燮

花亦无知,月亦无聊,酒亦无灵。把夭桃斫断,煞他风景;鹦哥煮熟,佐我杯羹。焚砚烧书,椎琴裂画,毁尽文章抹尽名。荥阳郑,有慕歌家世,乞食风情。

单寒骨相难更,笑席帽青衫太瘦生。看蓬门秋草,年年破巷,疏窗细雨,夜夜孤灯。难道天公,还箝恨口,不许长吁一两声?癫狂甚,取乌丝百幅,细写凄清。

通过朗读感受作品的基调,体会朗读时的语气和语调,分析其中的问题与不足。

一、语气特点及类型

(一)语气的特点

"语气"一词,由"语"和"气"两部分合成。朗诵时,文字内容被转化成有声语言,称为语,同时,又有支撑有声语言的气息状态,称为气。朗诵的语气里既有内在的思想感情的色彩和分量,又有外在的高低、强弱、快慢、虚实的声音形式的变化。

具体来说,语,指有声语言或通过声音传递出来的语句。气,是外在的声音形式,是表达时的气息状态,是语句中间流露出来的气韵,不同的气息状态决定了表达时会用不同的声音形式。语气就是文字内容和声音形式具体结合后产生的充满活力的文字。

语气,让文字充满活力。在实际运用时,朗诵者必须用心体会,巧妙构思,加强训练。这里的"气",不但有语意,而且有情思;不但动于衷,而且流于外;不但音随意转,气随情动,而且因情用气,以情带声;不但以气托声,而且以声、气传情。

事实上,语气概念的外延很大,它在朗诵中起到的作用也很大。它包括了语法范畴的"式",语音范畴的"调",也包括了逻辑范畴的"因果""条件""归纳""演绎"等"理",修辞范畴的"比""代""黏"等"采",更包括了发声范畴的"声""气""共鸣"等"色",还包括了感受、态度、体验、感动等"情"。语气把"式""调""理""采""色""情"这些熔于一炉,融为一体。

比如"你过来一下"这句话,同样一句话,可以用很多种语气读出来,比如亲切的语气、责备的语气、愤怒的语气、商量的语气、命令的语气等等,语气不同,气息不同,声音不同,效果也不同,比如用亲切的语气来表达时,气息平缓自然,声音柔和动听,听的人也会感觉舒适,有安全感,相反,如果以生气的语气来表达,气息就比较急促,声音会比较粗犷、紧张,听的人也会感受到担心与恐惧。

(二) 语势的分类

语气的声音形式,又称语势,即语言的发展趋向与态势,指朗读时声音的升降平曲、高低起伏的变化形式,它是通过控制声带的松紧来实现的。语调先平后降,低沉持重,称为"抑";语调由平升高,高亢激昂,称为"扬";语调缺少变化,平缓舒展,称为"平";语调升降频繁,起伏不定,称为"曲"。

根据语气声音形式的变化,大体可将其分为五类:波峰类、波谷类、起潮类、落潮类、半起类。这五种声音形式包括了朗读中的高低、轻重、快慢、虚实、明暗等等,基本上包涵了语气声音形式的各个方面。① 但是,在实际运用中,需要注意法无定法,语无定势。

(1) 波峰类与波谷类。前者是先扬后抑,后者是先抑后扬,二者语言运动态势刚好相反。

如:军长一震,急步向前跑去。

如:你们穷人总是不懂得怎么留神。

(2) 起潮类与落潮类。前者是上扬调,后者是降抑调,二者语言运动态势刚好相反。

如:军长愣住了,他望着雕像般的军需处长,眼泪成串成串地流了下来。

如:人们不知道这位军需处长的名字,可是永远也忘不了他留给我们的那只鲜红的辣椒。

(3) 半起类。一般来说像疑问句、有分节号的句子等为半起类。

如:小朋友,你的学校在哪里?

类似这样的句子,起了一半,加上后面的答话才完成了这个句子。

朗诵中,使用语势的总原则就是要从文章的具体内容出发,以具体的思想感情作为依据。也就是说,语气的声音形式是由特定的内容、语句及其思想感情决定的,也意味着朗诵中的语势是丰富多变的,其根本特征是曲折性、多变性。

也就是说,对任何一种情感的表达,都没有固定的语势,而是根据思想感情的运动状态灵活把握,不能追求某种固定的模式或腔调。因此,朗诵者在把握大原则的情况下,需要积极开发自身的积极性、感受能力、表达能力,而不是陷入固定或单一的腔调里。

二、语气的色彩和分量

在不同的文章中,表现出来的语气的色彩和分量是不同的,朗诵的时候,要想读得好,

---

① 王宇红:《朗读技巧》,中国广播电视出版社,2013,第242页。

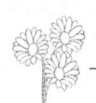

读得准,就要从具体的思想感情出发,从具体的语言内容出发,要善于体会,善于感受。

(一) 语气的色彩

1. 语气色彩的类型

朗诵时,文章的总基调确定后,还要分辨每一句话的语气,即每个句子的色彩,因为朗诵是要逐字逐句地读下去的,因此也要逐字逐句地体会每一句的感情色彩。语气的色彩并非朗诵者随心所欲的涂抹,它是语句内在的具体思想感情的积极运动的显露,这显露当然就体现在声音气息的变化上。

2. 语气色彩的把握

(1) 分辨句中的感情色彩。

如表 3-1 所示,句子中是有喜、怒、哀、乐的,我们必须首先区别具体的思想感情,这是语气色彩的根据和灵魂。为了区别具体的思想感情,我们一定要抓住语句内容的是非和爱憎。这里面就存在着判断和感受的问题,要辨别这句话的感情是好的还是不好的。

表 3-1　语气色彩的类型表

情感类别	气声特点	语气色彩	发声特点
喜	气满声高	跳跃感	口腔似千里轻舟,气息似不绝清流
怒	气粗声重	震动感	口腔如鼓,气息如椽
悲	气沉声缓	迟滞感	口腔如负重,气息如尽竭
爱	气徐声柔	温和感	口腔宽松,气息深长
憎	气足声硬	挤压感	口腔紧窄,气息猛塞

(2) 明晰句子里的态度分寸。

在对文章态度的处理上,分寸的把握,可以帮助我们把握朗诵中的语气变化,进而表达出相应的情感与思想。因此,在弄清楚句子中的感情色彩之后,还要确定的是我们朗诵者对这些事情的态度分寸。朗诵不是见字发声的机械式运动,任何文章在朗诵的过程中都会加入朗诵者的一些是非判断,这些是非判断在朗诵的过程中一定要明确地表露出来,而不能含糊。其中,对事情的描述,常见的语气有肯定或否定、严肃或亲切、祈求或命令、客观或直露、坚定或犹豫。

作品练习

作品一

喜闻捷报

毛泽东

秋风度河上,大野入苍穹。
佳令随人至,明月傍云生。
故里鸿音绝,妻儿信未通。
满宇频翘望,凯歌奏边城。

（注：一九四七年中秋步运河上,闻西北野战军收复蟠龙作。）

作品二

满江红

[宋]岳 飞

怒发冲冠,凭栏处、潇潇雨歇。抬望眼,仰天长啸,壮怀激烈。三十功名尘与土,八千里路云和月。莫等闲,白了少年头,空悲切!

靖康耻,犹未雪。臣子恨,何时灭!驾长车,踏破贺兰山缺。壮志饥餐胡虏肉,笑谈渴饮匈奴血。待从头、收拾旧山河,朝天阙。

（注：栏,通"阑"。壮志：又作壮士。贺兰山缺：又作贺兰山阙。）

作品三

雨霖铃

[宋]柳 永

寒蝉凄切,对长亭晚,骤雨初歇。都门帐饮无绪,留恋处,兰舟催发。执手相看泪眼,竟无语凝噎。念去去,千里烟波,暮霭沉沉楚天阔。

多情自古伤离别,更那堪,冷落清秋节!今宵酒醒何处？杨柳岸,晓风残月。此去经年,应是良辰美景虚设。便纵有千种风情,更与何人说？

(二) 语气的分量

语气,除了色彩,还有分量问题。所谓语气的分量,是指这句话表达的思想感情的轻重程度,关乎这句话在作品中的位置和作用。语气的分量可以分为重度、中度和轻度三种。

重度分量的语句,作品中的主要语句、核心语句、关键语句都属于这个范围。表达时用较长的停顿、较突出的重音和较鲜明的色彩来表达。

中度分量的语句,作品中比较重要的语句都属于这个范围。表达时用稍长的停顿、稍突出的重音和稍鲜明的色彩显示出来。

轻度分量的语句,作品中次要的语句属于这个范围。表达时用较短的停顿、较清楚的重音和较淡薄的色彩显示出来。

对于相邻的语句,语气的分量要看主次关系,给予相应的轻重处理。对语气轻重分量的处理,在明确句子在文中的位置和分量后,就是对加重或削弱、突出或弱化的技巧的把握。

作品练习

1. 练习内容：《孟子·滕文公下(节选)》。
2. 练习要求：分析这一段文字,区分语气分量,并反复练习,体会语气分量的应用及朗读效果。

孟子·滕文公下(节选)

景春曰:"公孙衍、张仪岂不诚大丈夫哉?一怒而诸侯惧,安居而天下熄。"孟子曰:"是焉得为大丈夫乎?子未学礼乎?丈夫之冠也,父命之;女子之嫁也,母命之。往送之门,戒之曰:'往之女家,必敬必戒,无违夫子!'以顺为正者,妾妇之道也。居天下之广居,立天下之正位,行天下之大道;得志与民由之,不得志独行其道。富贵不能淫,贫贱不能移,威武不能屈,此之谓大丈夫。"

语气在朗诵中非常重要,生活中也不例外,人人都喜欢充满爱意的、欢喜的话语,可见,语气在表达中起着非常关键的作用。因此,语气的训练与改善,哪怕及轻微的调整,都会起到如虎添翼的效果。一定可以让我们的工作与生活更加愉悦、自如、高效。

朗诵小赛场

一、活动目标
1. 把握作品基调。
2. 把握作品的逻辑和形象感受。
3. 注意语气变化和语气色彩。

二、活动内容
朗诵《泉水》。

三、活动要求
1. 明确作品基调。
2. 突出语气变化。
3. 读出形象感受。

附:

泉　水

叮咚!叮咚!你听,是谁在山上弹琴?

你瞧,是一股清泉从石缝里冲出来了。多高的山啊!可它压不住这一股泉水。泉水在岩石下拼命地冲啊,冲啊,努力寻找出路,终于从石缝里冲了出来。它胜利了,来到这阳光灿烂的世界,快活地跳起来,晶莹的水珠洒落下来,像洒下幸福的热泪。

它要把自己献给美好的生活。

泉水流进一弯水池,山里的姐姐顶着瓦罐来汲水。泉水说:"来吧!来吧!我这儿的水很多很多,泉眼里就像有一座天然水塔。"

泉水流到一块平地,火红的杜鹃花照见了自己美丽的身影。泉水说:"照吧!照吧!我这儿的水很清很清,像一面明亮的镜子。"

泉水流下碧绿的山坡,满坡的果树正想喝水。泉水说:"喝吧!喝吧!我这儿的水很甜很甜,喝饱了能结出更大更鲜美的果子。"

泉水流过静静的山谷,百灵鸟正在山间唱歌。泉水说:"唱吧!唱吧!我这儿的琴声很美很美,正为你清脆的歌声伴奏哩。"

叮咚!叮咚!叮咚!

欢快的泉水弹着琴跑下山去。跑呀,跑呀,一路上,它遇到了好多飞流的泉水。它们互相问候:"你好,你好!"它们还互相约定:"大海里见,大海里见!"

叮咚!叮咚!叮咚……

第四章
朗诵的表达技巧

微信扫码
获取相关资源

1. 正确认识节奏、停连、重音等表达技巧。
2. 合理训练节奏、停连、重音等表达技巧。
3. 熟练运用节奏、停连、重音等表达技巧。

第一节 朗诵的节奏

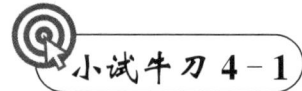

陋室铭

[唐]刘禹锡

山不在高,有仙则名。水不在深,有龙则灵。斯是陋室,惟吾德馨。苔痕上阶绿,草色入帘青。谈笑有鸿儒,往来无白丁。可以调素琴,阅金经。无丝竹之乱耳,无案牍之劳形。南阳诸葛庐,西蜀子云亭。孔子云:何陋之有?

感受作品的节奏特点,分析节奏的体现形式,尝试表达作品的节奏感。

相对于偏向生理层面的朗诵基础和心理层面的基本素养而言,节奏、停连和重音,是相对容易把握的一些朗诵技巧,对非专业的学习者而言,也是容易入手并取得成效的。但是,更高境界的提升,就离不开前者的支持。朗诵就像歌唱,作品好比歌词,其中的节奏、停连与重音变化,使静态的文字变得生动活泼,并赋予其一定的生命力。如果缺少丰富的节奏、恰如其分的停连以及适当的重音修饰,朗诵就略显单调,不能以美打动人,也不能称之为艺术。当然,朗诵的节奏、停连与重音的体现,也不能脱离作品本身,甚至一些特殊思想情感的表达,还有赖于精深的专业素养和基本功方能完成。

一、认识节奏

节奏,是作品思想感情起伏变化的结果,没有节奏就表达不出发自内心的声音,其核心是作品内在起伏跌宕的思想情感。任何一种艺术形式都要靠对比来突出它的表现力,朗诵时,主要靠节奏的对比来感染观众,其实质是用鲜明的语言节奏传递作品丰富的内在情感。

节奏,是朗诵过程中所运用的一种重要的表现形式和表达技巧。从表现形式来看,节奏就是有声语言所呈现出来的那种抑扬顿挫、轻重缓急的回环往复,是作品内在思想感情运动状态的外部呈现。从表达技巧来讲,具体落实到语气衔接及感情色彩分量的分配上,体现在声音高低、语气转换、停连、重音等的对比变化上。

节奏,是一种美的体现,是作品内在美与朗诵外在美的有机结合。好的朗诵者,不仅善于发现美、感受美,而且善于传递美、分享美。就作品而言,其情感之美,或豪放,或婉约,或高雅,或通俗,或深沉,或轻盈,不一而足,就作品的形式而言,思路清晰,逻辑严谨,层层递进,无不是美的体现。因此,朗诵者首先要善于感受作品的美,品味文字的美。同时,也要善于通过美的声音、节奏等表现形式传递美。

二、节奏的体现

(一) 节奏的体现形式

1. 多重音节的匀称美

汉字是一个字一个音节,因此,既有单音词,又有双音词,还有三音节、四音节的词或词组。如果能注意到它们之间的相互配合,就可以产生朗朗上口的节奏感。这种音节的匀称美,在楹联和诗句中体现得尤为明显。

作品练习

作品一

水水山山处处明明秀秀
晴晴雨雨时时好好奇奇

绿绿红红处处莺莺燕燕
花花草草年年暮暮朝朝

重重迭迭山,曲曲环环路
叮叮咚咚泉,高高下下树

作品二

秋闺仿　刘青田叠字叠句

[明]卢象升

相思相盼何时已,闲把闲愁理。玉人人倚玉阑杆,新月新秋新怯寒。日阴阴,夜深深,漏更更。叶叶声声响到明。梦儿成不成。

作品三

戏效叠字体
[明]卢若腾

隐隐藏春坞,明明映水霞;一声声语鸟,万朵朵飞花。

酒茗朝朝馆,笙歌夜夜衙;谁知愁怨筑,户户又家家。

2. 长短句的交替美

在作品中,句子有长短之分。短句,词语较少,结构简单,长句,词语较多,结构复杂。前者急促有力,简洁明快;后者舒缓起伏,严密周详。长短句的交替使用,使语气显得有急有缓,有张有弛,形成鲜明的节奏感,如王羲之的《兰亭集序》。

 **作品练习**

兰亭集序
[东晋]王羲之

永和九年,岁在癸丑,暮春之初,会于会稽山阴之兰亭,修禊事也。群贤毕至,少长咸集。此地有崇山峻岭,茂林修竹,又有清流激湍,映带左右,引以为流觞曲水,列坐其次。虽无丝竹管弦之盛,一觞一咏,亦足以畅叙幽情。是日也,天朗气清,惠风和畅。仰观宇宙之大,俯察品类之盛,所以游目骋怀,足以极视听之娱,信可乐也。夫人之相与,俯仰一世。或取诸怀抱,晤言一室之内;或因寄所托,放浪形骸之外。虽趣舍万殊,静躁不同,当其欣于所遇,暂得于己,快然自足,不知老之将至;及其所之既倦,情随事迁,感慨系之矣。向之所欣,俯仰之间,已为陈迹,犹不能不以之兴怀,况修短随化,终期于尽!古人云:"死生亦大矣",岂不痛哉!每览昔人兴感之由,若合一契,未尝不临文嗟悼,不能喻之于怀。固知一死生为虚诞,齐彭殇为妄作。后之视今,亦犹今之视昔,悲夫!故列叙时人,录其所述,虽世殊事异,所以兴怀,其致一也。后之览者,亦将有感于斯文。

3. 整散句的序列美

整句,如排列整齐的对偶句、排比句,整齐匀称,读起来美感很足。散句,字数不一,长短不齐,但是轻盈活泼,节奏鲜明。整句和散句并用,兼二者之美,不仅使文章读起来气势贯通,朗朗上口,还不失鲜明的节奏感和轻盈感,如周敦颐的《爱莲说》。

 **作品练习**

爱莲说
[宋]周敦颐

水陆草木之花,可爱者甚蕃。晋陶渊明独爱菊。自李唐来,世人甚爱牡丹。予独爱莲之出淤泥而不染,濯清涟而不妖,中通外直,不蔓不枝,香远益清,亭亭净植,可远观而不可亵玩焉。

予谓菊,花之隐逸者也;牡丹,花之富贵者也;莲,花之君子者也。噫! 菊之爱,陶后鲜有闻。莲之爱,同予者何人? 牡丹之爱,宜乎众矣。

4. 反复吟咏的回旋美

语言反复吟咏的回旋美,在诗歌中的体现非常突出。这种反复与回旋,是体现节奏的重要方式。节奏是诗歌的生命,或者说,反复吟咏的回旋美是诗歌的生命。对诗歌的朗诵,朗诵者更要善于捕捉意境,创造画面感,并在韵律上细细品味与把握,这样才能读出诗的意境。① 如《诗经·蒹葭》。

 作品练习

蒹 葭

蒹葭苍苍,白露为霜。所谓伊人,在水一方。
溯洄从之,道阻且长。溯游从之,宛在水中央。
蒹葭萋萋,白露未晞。所谓伊人,在水之湄。
溯洄从之,道阻且跻。溯游从之,宛在水中坻。
蒹葭采采,白露未已。所谓伊人,在水之涘。
溯洄从之,道阻且右。溯游从之,宛在水中沚。

5. 层层递进的拓展美

在诗歌或散文中,围绕某个主题,作者采用层层递进的方式,不断升华主题,通过这种形式上的不断深入与拓展,给人以节奏上的美感和情感上的震撼,如张若虚的《春江花月夜》。

 作品练习

春江花月夜

[唐]张若虚

春江潮水连海平,海上明月共潮生。
滟滟随波千万里,何处春江无月明!
江流宛转绕芳甸,月照花林皆似霰。
空里流霜不觉飞,汀上白沙看不见。
江天一色无纤尘,皎皎空中孤月轮。
江畔何人初见月? 江月何年初照人?
人生代代无穷已,江月年年望相似。
不知江月待何人,但见长江送流水。

---

① 曾致:《朗诵艺术指要(第二版)》,中国传媒大学出版社,2002,第29-31页。

白云一片去悠悠,青枫浦上不胜愁。
谁家今夜扁舟子?何处相思明月楼?
可怜楼上月徘徊,应照离人妆镜台。
玉户帘中卷不去,捣衣砧上拂还来。
此时相望不相闻,愿逐月华流照君。
鸿雁长飞光不度,鱼龙潜跃水成文。
昨夜闲潭梦落花,可怜春半不还家。
江水流春去欲尽,江潭落月复西斜。
斜月沉沉藏海雾,碣石潇湘无限路。
不知乘月几人归,落月摇情满江树。

(注:望相似,又作只相似;落月,又作落花。)

(二)节奏的表达形式

节奏的表达形式,在句中的体现主要有字音的长短,句中的停顿,轻重音的对比,声音的高低,共鸣的位置等。

1. 长短

根据下面例句,体会正常字音与拖长字音两种不同的节奏所表达的心情与意思差别。

 例句练习

正常字音:
① 开会了。
② 你怎么会这样呢?
③ 你能完成这个任务吗?

拖长字音:
① 开——会——了。
② 你——怎么会这样呢?
③ 你——能完成这个任务吗?

2. 停顿

朗诵中,为了表达某种特定的感情,亦可以在没有标点的地方停顿,如例句"我错了",体会在"我"字后停顿所表达的特定情感。

 例句练习

正常:我错了!

停顿:我——错了!

注意停顿时的技巧。首先,这里的停顿加重了语气,朗诵者要调动起自己的思想情

感,有种万般悔恨无从说起的感受。其次,这里的停顿绝不是一个空白,屏住呼吸,要有"此时无声胜有声"的效果。

 **作品练习**

礼运大同篇

大道之行也,天下为公,选贤与能,讲信修睦。故人不独亲其亲,不独子其子。使老有所终,壮有所用,幼有所长,鳏寡孤独废疾者,皆有所养。男有分,女有归,货恶其弃于地也,不必藏于己,力恶其不出于身也,不必为己,是故谋闭而不兴,盗窃乱贼而不作。故外户而不闭,是谓大同。

3. 轻重音

有了重音就有了强与弱的对比,重音位置变化,强调的字不同,表达的感情也随之改变。根据下面例句,体会不同的重音位置所产生的情感差异。

 **例句练习**

我想你。
体会重音分别在三个字上的朗读效果
我想你;我想你;我想你。

4. 快慢

节奏的快慢用来表现情节与气氛的变化。一般来说,加快节奏对应急切、紧张的情境,放慢节奏对应低沉、平静的情境。

 例句练习

小明,起床了,起床了。
体会正常节奏、慢节奏、快节奏三种表达方式的差异。

5. 高低

声音的高低也是节奏的重要体现,比如,老人声音低沉,孩子声音响亮,男性声音浑厚有力,女性声音柔美亲切,尤其是在同一篇文字中有多个人物出现时,不同人物声音的高低形成鲜明的对比,更能凸显节奏感。

作品练习

作品一

两小儿辩日
[先秦]列御寇

孔子东游,见两小儿辩斗,问其故。

一儿曰:"我以日始出时去人近,而日中时远也。"

一儿曰:"我以日初出远,而日中时近也。"

一儿曰:"日初出大如车盖,及日中则如盘盂,此不为远者小而近者大乎?"

一儿曰:"日初出沧沧凉凉,及其日中如探汤,此不为近者热而远者凉乎?"

孔子不能决也。

两小儿笑曰:"孰为汝多知乎?"

(注:辩斗,一作辩日)

作品二

老船夫即刻把船拉过来,一面拉船,一面哑声儿喊问:"翠翠,翠翠,是不是你?"翠翠不理会祖父,口中却轻轻地说:"不是翠翠,不是翠翠,翠翠早被河里的大鲤鱼吃去了。"

——沈从文《边城》

作品三

破晓前天很冷,老头抵着木头取暖。他想鱼能支持多久我也能支持多久。他用温柔的语调大声说:"鱼啊,只要我不死就要同你周旋到底。"太阳升起后,老头发觉鱼还没有疲倦,只是钓丝的斜度显示鱼可能要跳起来,这正是他求之不得的事。他说:"鱼啊,我爱你,而且十分尊敬你。可是今天天黑以前我一定要把你弄死。"鱼开始不安分了,它突然把小船扯得晃荡了一下。老头用右手去摸钓丝,发现那只手正在流血。过了一会他的左手又抽起筋来,但他仍竭力坚持。他吃了几片金枪鱼肉好增加点力气来对付那条大鱼。

——海明威《老人与海》

6. 共鸣

正确的共鸣位置,能够使声音更加纯正优美,增强有表现力的节奏感。如毛泽东的《七律·长征》,注意"红军不怕远征难"这几个字的共鸣位置,共鸣位置对了,发出的声音会更加纯正,自然提升文字的音韵美,进而增强朗诵的节奏感和艺术感。

作品练习

七律·长征
毛泽东

红军不怕远征难,万水千山只等闲。

五岭逶迤腾细浪,乌蒙磅礴走泥丸。

金沙水拍云崖暖,大渡桥横铁索寒。

更喜岷山千里雪,三军过后尽开颜。

三、节奏的类型与把握

节奏的类型不是单一的,也不是固定不变的,根据节奏的声音形式及其内在特点,通常分为六种,分别是轻快型、凝重型、低沉型、高亢型、舒缓型、紧张型,具体分述如下。

(一) 节奏的类型

1. 轻快型

此类作品读起来有一定的跳跃感,主要是因为扬多抑少,顿挫较少,语速较快,色彩轻巧明丽,比如朱自清的《春》。

作品练习

春
朱自清

盼望着,盼望着,东风来了,春天的脚步近了。

一切都像刚睡醒的样子,欣欣然张开了眼。山朗润起来了,水涨起来了,太阳的脸红起来了。

小草偷偷地从土里钻出来,嫩嫩的,绿绿的。园子里,田野里,瞧去,一大片一大片满是的。坐着,躺着,打两个滚,踢几脚球,赛几趟跑,捉几回迷藏。风轻悄悄的,草软绵绵的。

桃树、杏树、梨树,你不让我,我不让你,都开满了花赶趟儿。红的像火,粉的像霞,白的像雪。花里带着甜味儿;闭了眼,树上仿佛已经满是桃儿、杏儿、梨儿。花下成千成百的蜜蜂嗡嗡地闹着,大小的蝴蝶飞来飞去。野花遍地是:杂样儿,有名字的,没名字的,散在草丛里,像眼睛,像星星,还眨呀眨的。

"吹面不寒杨柳风",不错的,像母亲的手抚摸着你。风里带来些新翻的泥土的气息,混着青草味儿,还有各种花的香,都在微微润湿的空气里酝酿。鸟儿将巢安在繁花嫩叶当中,高兴起来了,呼朋引伴地卖弄清脆的喉咙,唱出宛转的曲子,跟清风流水应和着。牛背上牧童的短笛,这时候也成天嘹亮地响着。

雨是最寻常的,一下就是两三天。可别恼。看,像牛毛,像花针,像细丝,密密地斜织着,人家屋顶上全笼着一层薄烟。树叶儿却绿得发亮,小草儿也青得逼你的眼。傍晚时候,上灯了,一点点黄晕的光,烘托出一片安静而和平的夜。在乡下,小路上,石桥边,有撑起伞慢慢走着的人,地里还有工作的农民,披着蓑戴着笠。他们的房屋,稀稀疏疏的,在雨里静默着。

天上风筝渐渐多了,地上孩子也多了。城里乡下,家家户户,老老小小,也赶趟儿似的,一个个都出来了。舒活舒活筋骨,抖擞抖擞精神,各做各的一份儿事去。"一年之计在

于春",刚起头儿,有的是工夫,有的是希望。

春天像刚落地的娃娃,从头到脚都是新的,它生长着。

春天像小姑娘,花枝招展的,笑着,走着。

春天像健壮的青年,有铁一般的胳膊和腰脚,领着我们上前去。

2. 凝重型

此类作品多是基调凝重,色彩浓厚,读起来语气平稳,语速偏慢,其特点是多抑少扬,多重少轻,顿挫较多,如臧克家的《有的人》。

 作品练习

有的人
——纪念鲁迅有感

臧克家

有的人活着
他已经死了;
有的人死了
他还活着。

有的人
骑在人民头上:"呵,我多伟大!"
有的人
俯下身子给人民当牛马。

有的人
把名字刻入石头,想"不朽";
有的人
情愿作野草,等着地下的火烧。

有的人
他活着别人就不能活;
有的人
他活着为了多数人更好地活。

骑在人民头上的
人民把他摔垮;
给人民作牛马的
人民永远记住他!

把名字刻入石头的
名字比尸首烂得更早;
只要春风吹到的地方
到处是青春的野草。

他活着别人就不能活的人,
他的下场可以看到;
他活着为了多数人更好地活着的人,
群众把他抬举得很高,很高。

3. 低沉型

此类作品描写的主题多与战争、灾难、丧亡、追思等有关,表达的情感多是痛楚、哀怨、沉重的,朗诵时声音偏于暗沉,语速较缓,语势多为落潮,句尾多显沉重,如杜甫的《兵车行》。

 作品练习

兵车行

[唐]杜甫

车辚辚,马萧萧,行人弓箭各在腰。
耶娘妻子走相送,尘埃不见咸阳桥。
牵衣顿足拦道哭,哭声直上干云霄。
道旁过者问行人,行人但云点行频。
或从十五北防河,便至四十西营田。
去时里正与裹头,归来头白还戍边。
边庭流血成海水,武皇开边意未已。
君不闻,汉家山东二百州,千村万落生荆杞。
纵有健妇把锄犁,禾生陇亩无东西。
况复秦兵耐苦战,被驱不异犬与鸡。
长者虽有问,役夫敢申恨?
且如今年冬,未休关西卒。
县官急索租,租税从何出?
信知生男恶,反是生女好。
生女犹得嫁比邻,生男埋没随百草。
君不见,青海头,古来白骨无人收。
新鬼烦冤旧鬼哭,天阴雨湿声啾啾!

(注:耶娘,又作爷娘)

4. 高亢型

此类作品的核心基调、语气、转换多带有积极昂扬的特点。读起来语速偏快,声音明亮,语势多为起潮类,峰峰相连,扬而更扬,势不可遏,如塞缪尔·厄尔曼的《青春》。

青 春

塞缪尔·厄尔曼

青春不是年华,而是心境;青春不是桃面、丹唇、柔膝,而是深沉的意志,恢宏的想象,炽热的感情;青春是生命的源泉在不息地涌流。

青春气贯长虹,勇锐盖过怯懦,进取压倒苟安。如此锐气,弱冠后生有之,耳顺之年,则亦多见,年岁有加,并非垂老;理想丢弃,方堕暮年。

岁月悠悠,衰微只及肌肤,热忱抛却,颓唐必至灵魂。忧烦、惶恐,丧失自信,定使心灵扭曲,意气如灰。

无论年届古稀,抑或二八芳龄,心中皆有生命之欢乐,奇迹之诱惑,孩童般天真久盛不衰。人人心中皆深植一片追求,只要你从天上、人间追求美好,希望、欢乐、勇气和力量,你就青春永驻,风华长存。

一旦追求消失,锐气如同冰雪覆盖,玩世不恭,自暴自弃油然而生,即使年方二十,实已老矣。然坚持追求,你就有望在百岁高龄告别尘寰时仍觉年轻。

5. 舒缓型

此类作品主题轻柔舒展,读起来声音明朗,略高但不着力,语势有跌宕但很舒缓,语速也比较缓和,如老舍的《济南的冬天》。

 作品练习

济南的冬天

老 舍

对于一个在北平住惯的人,像我,冬天要是不刮风,便觉得是奇迹;济南的冬天是没有风声的。对于一个刚由伦敦回来的人,像我,冬天要能看得见日光,便觉得是怪事;济南的冬天是响晴的。自然,在热带的地方,日光是永远那么毒,响亮的天气,反有点叫人害怕。可是,在北中国的冬天,而能有温晴的天气,济南真得算个宝地。

设若单单是有阳光,那也算不了出奇。请闭上眼睛想:一个老城,有山有水,全在天底下晒着阳光,暖和安适地睡着,只等春风来把它们唤醒,这是不是个理想的境界?小山整把济南围了个圈儿,只有北边缺着点口儿。这一圈小山在冬天特别可爱,好像是把济南放在一个小摇篮里,它们安静不动地低声地说:"你们放心吧,这儿准保暖和。"真的,济南的人们在冬天是面上含笑的。他们一看那些小山,心中便觉得有了着落,有了依靠。他们由天上看到山上,便不知不觉地想起:"明天也许就是春天了吧?这样的温暖,今天夜里山草

也许就绿起来了吧?"就是这点幻想不能一时实现,他们也并不着急,因为有这样慈善的冬天,干啥还希望别的呢!

最妙的是下点小雪呀。看吧,山上的矮松越发的青黑,树尖上顶着一髻儿白花,好像日本看护妇。山尖全白了,给蓝天镶上一道银边。山坡上,有的地方雪厚点,有的地方草色还露着;这样,一道儿白,一道儿暗黄,给山们穿上一件带水纹的花衣;看着看着,这件花衣好像被风儿吹动,叫你希望看见一点更美的山的肌肤。等到快日落的时候,微黄的阳光斜射在山腰上,那点薄雪好像忽然害了羞,微微露出点粉色。就是下小雪吧,济南是受不住大雪的,那些小山太秀气!

古老的济南,城里那么狭窄,城外又那么宽敞,山坡上卧着些小村庄,小村庄的房顶上卧着点雪,对,这是张小水墨画,也许是唐代的名手画的吧。

那水呢,不但不结冰,倒反在绿萍上冒着点热气,水藻真绿,把终年贮蓄的绿色全拿出来了。天儿越晴,水藻越绿,就凭这些绿的精神,水也不忍得冻上,况且那些长枝的垂柳还要在水里照个影儿呢!看吧,由澄清的河水慢慢往上看吧,空中,半空中,天上,自上而下全是那么清亮,那么蓝汪汪的,整个的是块空灵的蓝水晶。这块水晶里,包着红屋顶,黄草山,像地毯上的小团花的小灰色树影。这就是冬天的济南。

6. 紧张型

此类作品的特征是语言密度大,语气紧张急促,语速快,声音多扬少抑,多重少轻,顿挫短暂,如高尔基的《海燕》。

作品练习

海 燕
高尔基

在苍茫的大海上,狂风卷集着乌云。在乌云和大海之间,海燕像黑色的闪电,在高傲地飞翔。

一会儿翅膀碰着波浪,一会儿箭一般地直冲向乌云,它叫喊着,——就在这鸟儿勇敢的叫喊声里,乌云听出了欢乐。

在这叫喊声里——充满着对暴风雨的渴望!在这叫喊声里,乌云听出了愤怒的力量,热情的火焰和胜利的信心。

海鸥在暴风雨来临之前呻吟着,——呻吟着,它们在大海上飞窜,想把自己对暴风雨的恐惧,掩藏到大海深处。

海鸭也在呻吟着,——它们这些海鸭啊,享受不了生活的战斗的欢乐:轰隆隆的雷声就把它们吓坏了。

蠢笨的企鹅,胆怯地把肥胖的身体躲藏在悬崖底下……只有那高傲的海燕,勇敢地,自由自在地,在泛起白沫的大海上飞翔!

乌云越来越暗,越来越低,向海面直压下来,而波浪一边唱歌,一边冲向高空,去迎接那雷声。

雷声轰响。波浪在愤怒的飞沫中呼叫，跟狂风争鸣。看吧，狂风紧紧抱起一层层巨浪，恶狠狠地将它们甩到悬崖上，把这些大块的翡翠摔成尘雾和碎末。

看吧，它飞舞着，像个精灵，——高傲的、黑色的暴风雨的精灵，——它在大笑，它又在嚎叫……它笑那些乌云，它因为欢乐而嚎叫！

从雷声的震怒里——这个敏感的精灵——它早就听出了困乏，它深信，乌云遮不住太阳——是的，遮不住的！

狂风吼叫……雷声轰响……

一堆堆乌云，像黑色的火焰，在无底的大海上燃烧。大海抓住闪电的箭光，把它们熄灭在自己的深渊里。这些闪电的影子，活像一条条火蛇，在大海里蜿蜒游动，一晃就消失了。

"暴风雨！暴风雨就要来啦！"

这是勇敢的海燕，在怒吼的大海上，在闪电中间，高傲地飞翔；这是胜利的预言家在叫喊：

"让暴风雨来得更猛烈些吧！……"

（二）节奏的把握

把握节奏，首先要引发读者的思想感情，使之处于运动状态，也就是调动读者内心的节奏。其次是把握有声语言的变化，这个变化不同于停连、重音，也不同于语气，而是要着眼于抑扬顿挫、轻重缓急等有规律的回环往复。① 针对一篇作品，在具体操作的过程中，大致可分四步。

第一步：划分层次。

划分层次，可以使我们更加清楚地了解文章的结构，从而为明确朗诵目的、确定表达重点打下坚实的基础。划分层次，涉及作品结构及其内在的起承转合，大到长篇作品中多个自然段的合并，小到每个自然段前后句的关系，对此，朗读者都要做到心中有数。

第二步：概括主题。

概括主题，就是概括文章的中心思想。概括主题时不能就事论事，要准确、具体、有思想上的升华，要透过现象看本质。

第三步：联系背景。

联系背景，可以让朗诵或朗读者有种身临其境的感觉，体会作者想要表达的心情，感受作者所处的创作情境，调动读者内心想要表达或诉说的欲求，使读者与作者融为一体，变成读者在表达和诉说。

第四步：明确目的。

明确目的，就是明确朗诵的意义，明确朗诵者自身在扮演什么角色，明确朗诵者在传递什么信息。当然，这个目的是在朗诵者深入理解、用心感受作品的过程中觉察出来的。

---

① 付程等：《实用播音教程——语言表达》，中国传媒大学出版社，2002，第251页。

 作品练习

师　说
[唐]韩愈

古之学者必有师。师者,所以传道、受业、解惑也。人非生而知之者,孰能无惑?惑而不从师,其为惑也,终不解矣。

生乎吾前,其闻道也固先乎吾,吾从而师之。生乎吾后,其闻道也亦先乎吾,吾从而师之。吾师道也,夫庸知其年之先后生于吾乎!是故无贵无贱,无长无少,道之所存,师之所存也。

嗟乎!师道之不传也久矣,欲人之无惑也难矣。古之圣人,其出人也远矣,犹且从师而问焉。今之众人,其下圣人也亦远矣,而耻学于师。是故圣益圣,愚益愚。圣人之所以为圣,愚人之所以为愚,其皆出于此乎?

爱其子,择师而教之,于其身也,则耻师焉,惑矣!彼童子之师,授之书而习其句读(dòu)者,非吾所谓传其道解其惑者也。句读之不知,惑之不解,或师焉,或不焉,小学而大遗,吾未见其明也。

巫医乐师百工之人,不耻相师。士大夫之族,曰师曰弟子云者,则群聚而笑之。问之,则曰:"彼与彼年相若也,道相似也,位卑则足羞,官盛则近谀"。呜呼!师道之不复,可知矣。巫医乐师百工之人,君子不齿,今其智乃反不能及,其可怪也欤!

圣人无常师。孔子师郯子、苌弘、师襄、老聃。郯子之徒,其贤不及孔子。孔子曰:"三人行,必有我师。"是故弟子不必不如师,师不必贤于弟子。闻道有先后,术业有专攻,如是而已。

李氏子蟠,年十七,好古文,六艺经传皆通习之,不拘于时,学于余。余嘉其能行古道,作《师说》以贻之。

 教师絮语

> 　　节奏,是一种美的体现。培养对节奏的认识,也是在培养对美的一种深度感知。朗诵的艺术离不开节奏美,生活中的艺术同样离不开节奏美。作为教师,小到一篇作品的范读,大到每节课,甚至年复一年的教学过程,无不蕴含着对节奏的把握。

第二节 朗诵的停连

◆ 练习提示：把握作品情感，尝试以不同的停连方式来读，体会停连对朗诵的影响，探索最佳的停连方式。

作品

塞鸿秋

[元]佚名

爱他时似爱初生月，喜他时似喜看梅梢月，想他时道几首西江月，盼他时似盼辰勾月。当初意儿别，今日相抛撇，要相逢似水底捞明月。

一、停连的含义

停连，包括停顿和连接，是朗诵语流中声音的中断和延续。朗诵时，在章节、段落、词组之间，甚至字与字之间，都可能出现声音的中断或延续，其中，声音中断处就是停顿，声音延续处就是连接。

停连，是朗诵中重要的表达技巧。在书面语言里，标点符号是不可缺少的辅助工具，它可以帮助读者理清结构，辨明语气，明确主旨。但是，朗诵时，不能念出标点符号，停连就可以起到标点符号的作用。

但是，标点符号并不能完全解决朗读者和听众对语意的理解问题，也不足以满足朗诵者表达的需要，因为许多言外之意仅靠标点符号是无法完全表达的。因此，朗诵中的停连，并不局限于有标点的地方。

停连的位置不同，将直接影响到对语句内容的理解。断句地方不同，语义也不一样，还有可能引起误解、歧义，甚至笑话。就算是在现代汉语里，有标点作为辅助，也存在断句差异问题。

比如：下雨天留客天天留我不留。

断句1.下雨天，留客天，天留我不留。

断句2.下雨天，留客天，天留我不？留。

断句3.下雨天留客，天留我不留。

二、停连的作用

（一）停连是气息调节的需要

朗诵需要气息的支撑，但气息量是有限的，因此，对于长一点的句子或段落，不能一口气读完，中间就需要通过适当的停连来调节气息。此外，如果有特殊表达的情况，还需要对气息的强弱进行控制和调节。这时,朗诵者所找的那个位置,就是停连的位置。但是,也不能频繁调气,否则会破坏文意和美感。这就需要停中有连,做到语意贯通。

 作品练习

心之力(节选)
毛泽东

宇宙即我心,我心即宇宙。细微至发梢,宏大至天地。世界、宇宙乃至万物皆为思维心力所驱使。博古观今,尤知人类之所以为世间万物之灵长,实为天地间心力最致力于进化者也。夫中华悠悠古国,人文始祖,之所以为万国文明正义道德之始作俑者,实为尘世诸国中最致力于人类与天地万物精神相互养塑者也。盖神州中华,之所以为地球优雅文明之发祥渊源,实为诸人种之最致力于人与社会、天地间公德良知依存共和之道者也。古中华历代先贤道法自然,文武兼备,运筹天下,何等之挥洒自如,何等之英杰伟伦。

(二) 停连有助于突出作品脉络

朗诵,是朗诵者根据作品的思想脉络,对书面文字进行创造式重组的过程。朗诵者的思想感情是与作品高度融合的,朗诵者要把自己对作品的理解、感受,以及对作品的态度感情融于表达技巧中。此外,涉及人物对话的内容,停连还可以通过语气等的变化创造情景,帮助听众更好地领会作品。

 作品练习

山中访友
李汉荣

走出门,就与微风撞了个满怀,风中含着露水和栀子花的气息。早晨,好清爽!

不坐车,不邀游伴,也不带什么礼物,就带着满怀的好心情,踏一条幽径,独自去访问我的朋友。

那座古桥,是我要拜访的第一个老朋友。啊,老桥,你如一位德高望重的老人,在这涧水上站了几百年了吧?你把多少人马渡过对岸,滚滚河水流向远方,你弓着腰,俯身凝望着那水中的人影、鱼影、月影。岁月悠悠,波光明灭,泡沫聚散,唯有你依然如旧。

走进这片树林,鸟儿呼唤我的名字,露珠与我交换眼神。每一棵树都是我的知己,它们迎面送来无边的青翠,每一棵树都在望着我。我靠在一棵树上,静静地,仿佛自己也是一棵树。我脚下长出的根须,深深扎进泥土和岩层;头发长成树冠,胳膊变成树枝,血液变成树的汁液,在年轮里旋转、流淌。

这山中的一切,哪个不是我的朋友?我热切地跟他们打招呼:你好,清凉的山泉!你捧出一面明镜,是要我重新梳妆吗?你好,汩汩的溪流!你吟诵着一首首小诗,是邀我与你唱和吗?你好,飞流的瀑布!你天生的金嗓子,雄浑的男高音多么有气势。你好,陡峭

的悬崖！深深的峡谷衬托着你挺拔的身躯，你高高的额头上仿佛刻满了智慧。你好，悠悠的白云！你洁白的身影，让天空充满宁静，变得更加湛蓝。喂，淘气的云雀，叽叽喳喳地在谈些什么呢？我猜你们津津乐道的，是飞行中看到的好风景。

捡起一朵落花，捧在手中，我嗅到了大自然的芬芳清香；拾一片落叶，细数精致的纹理，我看到了它蕴含的生命的奥秘，在它们走向泥土的途中，我加入了这短暂而别有深意的仪式；捧起一块石头，轻轻敲击，我听见远古火山爆发的声浪，听见时间隆隆的回声。

忽然，雷阵雨来了，像有一千个侠客在天上吼叫，又像有一千个醉酒的诗人在云头吟咏。满世界都是雨，头顶的岩石像为我撑起的巨伞。我站立之处成了看雨的好地方，谁能说这不是天地给我的恩泽？

雨停了，幽谷里传出几声犬吠，云岭上掠过一群归鸟。我该回家了。我轻轻地挥手，告别山里的朋友，带回了满怀的好心情、好记忆，还带回一路月色。

（三）停连符合听众身心的需要

停连，是作品文意和结构的需要，是朗诵者气息调节的需要，也是听众生理和心理的需要，不当的停连，太快太慢的语速都会让听众身心不适，太过单一的节奏也不能传递给听众美的享受，如中国寓言故事《大鹏与焦冥》。

作品练习

大鹏与焦冥

晏子是齐国有名的贤相。晏子很有学问，足智多谋，善于讽喻又敢于直谏，他经常跟齐王一起议论国家大事或谈论学问。

有一天，齐景公和晏子坐在一起聊天。

齐景公问晏子说："天下有极大的东西吗？"

晏子回答说："有哇。大王想要我说给您听吗？"

齐景公说："我想知道天底下最大的生灵是什么？"

晏子说："在北方的大海上，有个叫大鹏的鸟，它的脚游动在云彩之中，背部高耸入青天，而尾巴则横卧在天边。大鹏在北海中跳跃着啄食，它的头和尾就充塞在天和地之间。它的两个阔大的翅膀一伸展，就无边无际看不到尽头。"

齐景公惊奇地说："真是不可想象！不可想象！那么，天下有没有极小的生灵呢？"

晏子回答说："当然有。东海边有一种小虫，它小到可以在蚊子的眼睫毛上筑巢。这种小虫子在巢里一代一代地繁衍生息。它们经常在蚊子的眼皮底下飞来飞去，可是蚊子连丝毫的感觉也没有。"

齐景公说："太妙了，我从来没有听说过这种新奇的事，那是什么虫子呀？"

晏子说："我也不知道它确切的名字叫什么，只听说东海边有些渔民称这种虫子为'焦冥'。"

齐景公十分感慨地说："世界之大，真是无奇不有啊！"

(四) 停连有助于提升艺术美

朗诵是一门语言艺术,艺术效果取决于朗诵者纯正的音色、优美的节奏等等。在节奏美的创造方面,停连发挥着重要作用。停连的艺术可以给听众带来愉悦的精神享受。

 **作品练习**

孟子·滕文公下(节选)

景春曰:"公孙衍、张仪岂不诚大丈夫哉? 一怒而诸侯惧,安居而天下熄。"孟子曰:"是焉得为大丈夫乎? 子未学礼乎? 丈夫之冠也,父命之;女子之嫁也,母命之。往送之门,戒之曰:'往之女家,必敬必戒,无违夫子!'以顺为正者,妾妇之道也。居天下之广居,立天下之正位,行天下之大道;得志与民由之,不得志独行其道。富贵不能淫,贫贱不能移,威武不能屈,此之谓大丈夫。"

三、停连的类型

有学者认为,停顿可分为四种:结构停顿、强调停顿、心理停顿和生理停顿。① 类似地,停连也可分为四类,一是结构性停连,满足语法和句子结构的需要;二是强调性停连,为了突出某个字词句而进行的停连;三是生理性停连,满足因某种生理变化而产生的需要;四是心理性停连,主要满足态度和情感方面的需要。

(一) 结构性停连

朗诵作品,根据语法和句子结构的特点,需要一些停连,比如并列关系、呼应关系、转折关系、总分关系等,这些统称为结构性停连。

 **作品练习**

作品一

有田不耕仓廪虚,有书不读子孙愚。
仓廪虚兮岁月乏,子孙愚兮礼仪疏。

——《增广贤文》

作品二

学记(节选)

善学者,师逸而功倍,又从而庸之。不善学者,师勤而功半,又从而怨之。善问者如攻坚木,先其易者,后其节目,及其久也,相说(通悦)以解。不善问者反此。善待问者如撞钟,叩之以小者则小鸣,叩之以大者则大鸣,待其从容,然后尽其声。不善答问者反此。此皆进学之道也。

---

① 乔丽华:《语言艺术的魅力——朗诵技能技巧》,立信会计出版社,2016,第90页。

(二)强调性停连

在句子之间、词组或词之间,为了强调某个句子、词组或词,就在其前边或后边,以至前后同时进行停顿,使所强调的部分突显出来,其他不强调的部分,有停顿处也相对缩短一些时间,这就是强调性停连。

 作品练习

行路难
[唐]李白

金樽清酒斗十千,玉盘珍羞直万钱。
停杯投箸不能食,拔剑四顾心茫然。
欲渡黄河冰塞川,将登太行雪满山。
闲来垂钓碧溪上,忽复乘舟梦日边。
行路难,行路难,多歧路,今安在?
长风破浪会有时,直挂云帆济沧海。

(注:1.羞,同馐;2.直,同值;3.雪满山,又作雪暗天;4.碧,又作坐)

(三)生理性停连

生理性停连,指由于某种生理变化而产生的停连,比如语噎、哽咽、气喘吁吁、口吃、生命垂危时的叮咛等。在朗诵中,这些情况只给予必要的、象征性的表现,而不强调夸张的呼气和吸气声音。

 作品练习

哭尹师鲁
[宋]曾巩

众人生死如尘泥,一贤废死千载悲。汉初董生不大用,厥政自此惭隆姬。
至今董生没虽久,语者为汉常嗟欷。尹公素志任天下,众亦共望齐皋伊。
文章气节盖当世,尚在功德如豪氂。安知蔓草蔽原野,雪霰先折青松枝。
百身可赎世岂惜,讦告四夫人犹疑。悲公尚至千载后,况复悲者同其时。
非公生平旧相识,跂向北极陈斯诗。

(四)心理性停连

心理性停连,是表示思考、判断、想象、回味等态度、情感时所需要的停连。通常前边那个音节拖长一些,停顿的时间视思索、判断的心理过程而定。有时,读完一个词、词组或句子,要给听众想象、回味的时间,对此进行的停顿都属于心理性停连。

 作品练习

鸟鸣涧
［唐］王维
人闲桂花落,夜静春山空。
月出惊山鸟,时鸣春涧中。

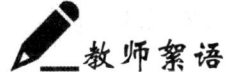 教师絮语

> 停连,是作品情感表达的需要,是朗诵者和听众的身心需要,也是体现艺术美的需要。对文字间停连的训练与感悟,也是在训练我们体察自我与他者之间微妙的关系。无论是日常表达,还是公众讲话,停连的艺术都可以起到润物细无声的作用,作为教师,这种作用的意义更是不可估量。

第三节 朗诵的重音

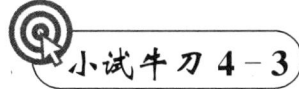 小试牛刀 4-3

练习提示:体会自己的朗诵是否有重音,重音在何处,重音的表达方式及表达效果如何?

作品

狐假虎威

在茂密的森林里,有一只老虎正在寻找食物。一只狐狸从老虎身边窜过。老虎扑过去,把狐狸逮住了。

狐狸眼珠子骨碌一转,扯着嗓子问老虎:"你敢吃我?"

"为什么不敢?"老虎一愣。

"老天爷派我来管你们百兽,你吃了我,就是违抗了老天爷的命令。我看你有多大的胆子!"

老虎被蒙住了,松开了爪子。

狐狸摇了摇尾巴,说:"我带你到百兽面前走一趟,让你看看我的威风。"

老虎跟着狐狸朝森林深处走去。狐狸神气活现,摇头摆尾;老虎半信半疑,东张西望。

森林里的野猪啦,小鹿啦,兔子啦,看见狐狸大摇大摆地走过来,跟往常很不一样,都很纳闷。再往狐狸身后一看,呀,一只大老虎!大大小小的野兽吓得撒腿就跑。

老虎受骗了。原来,狐狸是借着老虎的威风把百兽吓跑的。

一、重音的特点

重音,是朗诵时需要强调或突出的词或词组,甚至某个音节,其实质是词或词组在句子里面的主次关系。重音也是一个重要的表达技巧,它要解决的是作品内容、词语关系的主次问题。掌握重音的要点是对文意的正确理解,因为重音是为表达目的服务的,它是语法、逻辑、感情、心理诸方面的综合。通常来说,句子理解正确了,重音就容易找对。

从内容上看,重音,是语言表达意图的需要。重音的位置,是作者在一句话里强调的地方。从形式上看,重音的位置与语气有着很大的联系,不同的重音位置可以体现出不同的语气,表达不同的情感态度。重音的位置是多变的,根据表达的需要,不同的重音位置可以传递不同的语意。

任何一个句子都有重音,可以说,没有重音就没有真切的语言目的。在一个句子中,主要的词或词组为主重音,次要的词或词组为次重音,不需要突出强调的为非重音。如果一个句子里有两个以上的重音,就要分清主次等。有时,同上下句比较,某个句子似乎没有重音,但也要注意这个句子里的词或词组之间的主次关系,不能因为这个句子的重音不及上下句中的非重音的强调程度,就认为这个句子没有重音。

二、重音的类型

根据作品遣词造句的需要,归纳起来,大致有十类重音:并列性重音、对比性重音、呼应性重音、递进性重音、转折性重音、强调性重音、比喻性重音、拟声性重音、肯定性重音、反义性重音。①

1. 并列性重音

并列性重音用于表示一些并列关系的段落、语句、词语中,用重音来突出、强调这种关系。

例句练习

① 积土成山,风雨兴焉;积水成渊,蛟龙生焉;积善成德,而神明自得,圣心备焉。

——《荀子·劝学》

② 夫君子之行,静以修身,俭以养德,非淡泊无以明志,非宁静无以致远。

——诸葛亮《诫子书》

③ 就是这同一的生命,从大地的尘土里快乐地伸放出无数片的芳草,迸发出繁花密叶的波纹。就是这同一的生命,在潮汐里摇动着生和死的大海的摇篮。

——[印]泰戈尔《吉檀迦利》

2. 对比性重音

对比性重音用于表示对比关系的句子中,突出语言目的,加强形象,明确观点,渲染气

---

① 张颂:《朗读学》,中国传媒大学出版社,2010。

氛,显露曲折,直陈态度,深化情感等。

例句练习

① 积善之家必有余庆,积不善之家必有余殃。　　　　　　　——《易经·坤卦》
② 子曰:"君子周而不比,小人比而不周。"　　　　　　——《论语·为政第二》
③ 善气迎人,亲如弟兄;恶气迎人,害于戈兵。　　　　　　——《管子·心术下》
④ 德者,本也,财者,末也。　　　　　　　　　　　　　　　　——《大学》
⑤ 上士忘名,中士立名,下士窃名。上士闭心,中士闭口,下士闭门。

——《格言联璧》

3. 呼应性重音

呼应性重音是表明文章中呼应关系的重音,通过重音突出前后的呼应。

例句练习

① 曾子曰:"吾日三省吾身:为人谋而不忠乎? 与朋友交而不信乎? 传不习乎?"

——《论语·学而第一》

② 最是人间留不住,朱颜辞镜花辞树。

——王国维《蝶恋花·阅尽天涯离别苦》

③ 安莫安于知足,危莫危于多言;贵莫贵于无求,贱莫贱于多欲;乐莫乐于好善,苦莫苦于多贪;长莫长于博识,短莫短于自恃;明莫明于体物,暗莫暗于昧几。

——《格言联璧》

4. 递进性重音

递进性重音,即能够体现句子中递进关系的重音。

例句练习

① 道之所存,师之所存也。

——韩愈《师说》

② 护体面,不如重廉耻。求医药,不如养性情。立党羽,不如昭信义。作威福,不如笃至诚。多言语,不如慎隐微。博声名,不如正心术。恣豪华,不如乐名教。广田宅,不如教义方。

——《格言联璧》

5. 转折性重音

相比递进性重音,转折性重音正好相反,它揭示的内容是朝相反方向发展的。

 **例句练习**

① 一个人的价值,是看他为社会贡献了什么,而不是看他从社会获取了什么。
② 尽管他历经磨难,但依然心系天下,初心不改。
③ 既以为人己愈有,既以与人己愈多。

——《老子·第八十一章》

④ 君子胸中所常体,不是人情是天理。君子口中所常道,不是人伦是世教。君子身中所常行,不是规矩是准绳。

——《格言联璧》

6. 强调性重音

在作品中,为了区别某种程度、突出某个范围等,在措辞上也会用一些表达突出、强调色彩的词语,如"谁也""非常""也""一定"等,这些都称为强调重音。

 例句练习

① 他做事非常认真,一点都不含糊。
② 谁也说服不了他。
③ 是非终有日,不听自然无。宁可正而不足,不可邪而有余。宁可信其有,不可信其无。

——《增广贤文》

④ 勿吐无益身心之语,勿为无益身心之事,勿近无益身心之人,勿入无益身心之境,勿展无益身心之书。

——《格言联璧》

7. 比喻性重音

比喻,可以让抽象的内容具体化、形象化,让不熟悉的内容生活化、生动化。朗诵时,比喻的那些词语是需要重点突出的。比喻句有明喻、暗喻、隐喻三种,在运用时尤其要注意后两种。

 例句练习

① 火红的枫叶像火花一样纷纷地飘落下来。
② 荷花,是出淤泥而不染的佼佼者。
③ 度量如海涵春育,应接如流水行云。操存如青天白日,威仪如丹凤祥麟。言论如敲金戛石,持身如玉洁冰清。襟抱如光风霁月,气概如乔岳泰山。

——《格言联璧》

④ 学者如禾如稻,不学如草如蒿。

——《增广贤文》

8. 拟声性重音

拟声,指对声音的模拟。拟声词,又称象声词、摹声词、状声词。如呼呼的风声,潺潺的水声,这些象声词在文中可起到传神的作用,朗诵时可通过重音很好地发挥它们的作用。

 例句练习

① 虫子在草窝里吱吱地叫着,江水哗哗地向东流,对岸传来汪汪的狗叫声。渡江战役马上就要开始了。

② 教室里静悄悄的,只听见笔在纸上唰唰地写字的声音。忽然。门砰的一声开了,大家不约而同地抬头望着走进来的老师。

9. 肯定性重音

在作品中,表示肯定判断的字词有,"不""是""不是""没""有""没有"等。

根据上下文,往往被肯定的对象已经出现,后面只是再次强调。因此,这些词要作为肯定性重音来读。

 例句练习

① 祖国是什么? 它是孔子、老子、庄子的思考,是屈原、李白、陆游的诗,是韩愈、柳宗元、苏轼的散文,是李煜、李清照、辛弃疾的词,是八大山人、郑板桥、齐白石的画,是米芾、黄山谷、林散之的书法,是我们先辈中那些最智慧的人的创作,是我最尊崇的那些大师们的劳绩。

② 子曰:"君子谋道不谋食。耕也,馁在其中矣;学也,禄在其中矣。君子忧道不忧贫。"

——《论语·卫灵公第十五》

10. 反义性重音

一些具有褒贬特征的词语,存在褒义贬用、贬义褒用的情况,为了突出其相反的含义,就把它们作为重音,即为反义性重音。

 例句练习

① 你可真聪明啊,砸了玻璃还赖在别人身上。
② 小明妈妈说:"你这傻孩子,又给我送礼物"
③ 小草偷偷地从土里钻出来,嫩嫩的,绿绿的。

④ 我用儿童的狡猾的眼光察觉,她爱我们,并没有存心要打的意思。

三、重音的读法

重音的表现方式通常有四种,分别是加强音量(重音重读)、重音轻读、拖长音节、停顿强调。① 前两者可归为强弱法,后两者可归为快慢法。

(一)强弱法

1. 重音重读,提高音量

朗诵中遇到需要强调的地方,可以通过重读,加大音量,甚至加快节奏来读,这是常见的一种表现方式。

作品练习

小儿语
[明]吕近溪

一切言动	都要安详	十差九错	只为慌张	沉静立身	从容说话	不要轻薄
惹人笑骂	先学耐烦	快休使气	性躁心粗	一生不济	能有几句	见人胡讲
洪钟无声	满瓶不响	自家过失	不须遮掩	遮掩不得	又添一短	无心之失
说开罢手	一差半错	哪个没有	须好认错	休要说谎	教人识破	谁肯作养
要成好人	须寻好友	引酵若酸	哪得甜酒	与人讲话	看人面色	意不相投
不须强说	当面证人	惹祸最大	是与不是	尽他说罢	造言起事	谁不怕你
也要提防	王法天理	我打人还	自打几下	我骂人还	换口自骂	既做生人
便有生理	个个安闲	谁养活你	世间艺业	要会一件	有时贫穷	救你患难
饱食足衣	乱说闲耍	终日昏昏	不如牛马	担头车尾	穷汉营生	日求升合
休与相争	兄弟分家	含糊相让	子孙争家	厮打告状	强取巧图	只嫌不够
横来之物	要你承受					

2. 重音轻读,放低音量

除了重音重读外,还有一种强调的方式,那就是"此时无声胜有声"的效果,放低音量,放慢语速,出其不意,起到意料之外的强调效果。

作品练习

五字鉴·三皇纪(节选)
[明]李廷机

乾坤初开张,天地人三皇。天形如卵白,地形如卵黄。五行生万物,六合运三光。

---

① 韩斌生:《演讲与朗诵基础》,清华大学出版社,北京,2016,第131页。

天皇十二子,地皇十一郎。无为而自化,岁起摄提纲。人皇九兄弟,寿命最延长。各万八千岁,一人兴一邦。分长九州地,发育无边疆。有巢氏以出,食果始为粮。构木为巢室,袭叶为衣裳。燧人氏以出,世事相迷茫。钻木始取火,衣食无所妨。结绳记其事,年代难考详。

(二) 快慢法

1. 拖长音节,引起注意

这是通过延长音节突出重音的一种表达方式。

 作品练习

三字经(节选)
[宋]王应麟

人之初,性本善。性相近,习相远。苟不教,性乃迁。教之道,贵以专。昔孟母,择邻处。子不学,断机杼。窦燕山,有义方。教五子,名俱扬。养不教,父之过。教不严,师之惰。子不学,非所宜。幼不学,老何为。玉不琢,不成器。人不学,不知义。为人子,方少时。亲师友,习礼仪。香九龄,能温席。孝于亲,所当执。融四岁,能让梨。弟于长,宜先知。

2. 停顿强调,引起重视

在强调的词后面有意停顿。

 作品练习

周易·系辞(节选)

天尊地卑,乾坤定矣。卑高以陈,贵贱位矣。动静有常,刚柔断矣。方以类聚,物以群分,吉凶生矣。在天成象,在地成形,变化见矣。是故刚柔相摩,八卦相荡。鼓之以雷霆,润之以风雨。日月运行,一寒一暑,乾道成男,坤道成女。乾知大始,坤作成物。乾以易知,坤以简能。易则易知,简则易从。易知则有亲,易从则有功。有亲则可久,有功则可大。可久则贤人之德,可大则贤人之业。易简而天下之理得矣。天下之理得,而成位乎其中矣。

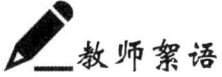 教师絮语

重音,看似对语气、音量轻重的区分与把握,其是对字里行间复杂关系的觉察与判断,它们或并列,或对比,或转折,或递进等等,也是对人物内心情感的细腻捕捉,或深沉,或凝重,或明快,或幽暗,等等。如此用心地咀嚼、品味作品的过程,也是自身与作品一次次融合的过程,是一个生命与另一个生命心与心交流的过程。

 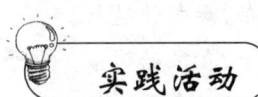

实践活动

朗诵小赛场

一、活动目标

1. 把握作品节奏
2. 把握关键处的停连
3. 明确重音位置及表达方式

二、活动内容

朗诵《沁园春·长沙》

三、活动要求

1. 读出作品的节奏感
2. 体会关键处的停连
3. 突出重音并恰当表达

作品

沁园春·长沙

毛泽东

独立寒秋,湘江北去,橘子洲头。
看万山红遍,层林尽染;漫江碧透,百舸争流。
鹰击长空,鱼翔浅底,万类霜天竞自由。
怅寥廓,问苍茫大地,谁主沉浮?
携来百侣曾游,忆往昔峥嵘岁月稠。
恰同学少年,风华正茂;书生意气,挥斥方遒。
指点江山,激扬文字,粪土当年万户侯。
曾记否,到中流击水,浪遏飞舟?

第五章
不同文体朗诵实训

微信扫码
获取相关资源

1. 能够选用适合自己的文本进行朗诵。
2. 不同文本朗诵时应注意的事项。
3. 掌握不同文本朗诵的技巧和方法。

第一节 诗歌的朗诵

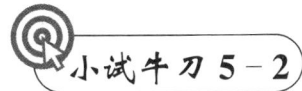

请扫描本章二维码,获取诗歌朗诵音频,仔细听完朗诵后,你能谈谈对诗歌朗诵的认识吗?

诗歌是文学体裁的一种,形式较为多样化,可以吟诵、朗诵。诗歌朗诵就是朗诵者用清晰的语言,响亮的声音,优美的体态把原诗歌、作品有感情地向听众表达出来,以传达诗歌的思想内容,以引起听众的共鸣。

一、诗歌的起源

古代信息技术不发达,人们从这一个地区到那一个地区传递信息都非常不方便,于是他们将写好的诗编成歌,而诗歌就从人们的口中传递。诗歌是最古老也是最具有文学特质的文学样式,它起源于上古的社会生活,是因劳动生产、两性相恋、原始宗教等而产生的一种有韵律、富有感情色彩的语言形式。诗歌原是诗与歌的总称,诗和音乐、舞蹈结合在一起,统称为诗歌。中国诗歌具有悠久的历史和丰富的遗产,如《诗经》《楚辞》、汉乐府以及无数诗人的作品。

二、诗歌的特点

我国现代诗人、文学评论家何其芳曾说:"诗是一种最集中地反映社会生活的文学样式,它饱含着丰富的想象和感情,常常以直接抒情的方式来表现,而且在精练与和谐的程度上,特别是在节奏的鲜明上,它的语言有别于散文的语言。"这个定义性的说明,概括了诗歌的三个基本特点:第一,社会生活的概括性;第二,想象和感情的丰富性;第三,语言的音乐性。

(一) 文字的概括性

因为受体裁的限制,用最简练的文字来传递思想成为诗歌表达的常见形式,中国的文字博大精深,不同的文字表达的意思大相径庭,朗诵节奏上就会有长短、轻重的变化。比如大家熟悉的"僧敲月下门",假如诗人用"推"字的话,在表达的过程中,就要还原推的场景,诵读"推"时语言要长而轻;如果是"敲"的话,就要把"敲"字发得短而轻一些,把"敲"的跳跃感表现出来。无论是哪一个字,诗人所要表达的情景一定要能通过语言的节奏表现出来。

(二) 情感的丰富性

诗歌是通过某个最富意义的生活片段和自然场景来抒发情感的。诗人需要借助高度概括的文字将强烈的情感和丰富的想象表现出来,所以,明显的感情过渡和承接是不可能存在的,这就要求朗诵者通过大幅度的停连来表现感情的转换及思考的空间。朗诵者注意诗歌的每一个层次,体会潜藏在诗歌文字背后的丰富的情感就显得尤为重要。感受得越细,情感越真实、自然。比如《乡愁》每一段的感情都是不同的,究竟是递进还是波峰波谷式变换,需要朗诵者认真推敲、充分理解之后才能上口表达。切记不能以乱吼乱叫作为感情的宣泄方式,应依托文本释放内心真正的情感。

(三) 语言的音乐性

诗歌的音乐性主要体现在它的节奏和音韵上,诗歌的感情起伏强烈,因此要求声调和句势的幅度都要拉开,将汉语声调语言的美感表现出来,这种美感会强化听众的情绪。比如《喊黄河》当中的"山,看下去是河;河,站起来是山"这一句,句式上有对偶的特点,声调上又恰好构成一个波谷,同时又顺应了文中本应有的形象感。①

诗歌的音调主要是借助平仄组织起来的。平仄是字音声调的区别,平仄有规律的交替和重复造成音调的和谐。和谐的音调对于思想内容的表达,无疑会在一定程度上增添艺术的力量。诗歌的朗诵一定要注意声调的运用,主要通过拉开调值、虚实结合、错落停连表现出来。

三、诗歌朗诵的基本要点

(一) 读准字音

汉字有读音、语音、异读词、多音多义字的区别,比较复杂,还有一些姓名、古代国名、地名等专有名词常常有特别的念法,一不注意就难免出错,造成笑话。读准字音,必须做

---

① 乔丽华:《语言艺术的魅力——朗诵技能技巧》,立信会计出版社,2016,第112页。

到勤查字典、词典,不要妄自揣摩读音。

(二) 读懂内容

朗诵者一定要读懂、弄通诗歌所诵的内容,解决字词上的问题后,一定要默读诗歌,掌握诗意,领会诗情,只有这样,才能将朗诵的目的性充分体现出来,为朗诵时的思想感情变换找到一条正确的表达路径,只有解诗意,才能懂诗情,才能诵出诗的意味,对于朗诵初学者而言这一点尤为重要。

(三) 找准基调

要使朗诵具有感染力,传达出自己的感受,传达出作品的神,关键的一点,是要把握好作品的感情基调。如果不了解白居易《琵琶行》中感伤的情感基调,就无法把离别之愁、琵琶声之悲、身世之悲、同病相怜之悲、触动自身坎坷之痛之悲,一层一层传达出来。朗诵者进入诗境中后,要以作者之心化解作品之情,找准感情基调,有条不紊,前后呼应,沉得住气,做到一层一层地递进情感,感染听众,产生共鸣。

(四) 把握风格

诗歌因时代不同、作者不同,或同一作者所处的时期不同,都会呈现出不同的风格特征:或清新明快,或含蓄委婉;或平实质朴,或华美绚丽;或朦胧隐晦,或雄浑豪放……朗诵时要注意对作品的风格加以仔细地体会,更好地演绎作品,传达出作品的神韵。

(五) 掌握节奏

诗歌的朗诵,节奏的停顿尤其重要,节奏停顿要注意连而不断,并且要注意为加强语气、阐明观点、表达感情做逻辑的停顿。语速的快慢安排要依情节发展与感情的表达灵活处理。一般来说,情节紧张、情绪欢快昂扬时快;情节舒缓、情绪忧郁悲伤时慢。重音的处理,要结合句子找出规律,以更好地表情达意。如谓语动词、表性状程度的状语、表性状强调的定语、表达结果或程度的补语、疑问代词、指示代词等要重读。至于语气语调,只要理解作品中祈使、陈述、疑问和感叹句的使用,灵活处理,一定会为诵读添彩。

四、技巧运用

自由诗的朗诵要深入心灵,激起诗情,运用技巧表现诗情

(一) 技巧

1. 朗诵的前提是身份定位。
2. 朗诵的生命是节奏。
3. 朗诵要突出语气、停顿、重音。
4. 朗诵要感受诗歌的情感。

(二) 具体方法

1. 政治诗歌富有政治性,内容严肃认真,朗诵时要有激情,声音要饱满,音高、音值、音强要丰富,用层层推进的方式宣泄内心的激情。
2. 爱情诗歌富有憧憬性,内容浪漫多情,朗诵时要声音柔美、情感细腻、声音不要

过高。

3. 哲理诗歌富有启发性，内容含蓄深刻，声音对比幅度不要太大，语速要慢，多停顿，给大家回味思考的时间。

4. 叙事诗歌富有生活性，内容真实自然，语气要真挚。

（三）朗诵步骤

1. 熟读诗

通过熟读，厘清作者的创作理念及构思。

2. 详解诗

有人认为，解诗就是照着诗字面上的意义分析一下，其实不然，我们不仅要分析字面的意思，了解作者的思想感情，还要以自己的思想感情做基础，挖掘出作者的创作意图和动机，再去分析每段、每句甚至每个字的内在意义。唐代诗人白居易在《与元九书》中曾谈到对诗抒情性的认识，"诗者：根情，苗言，华声，实义。"意思是说，感情是诗的根，内容是诗的苗，声音是诗的花，意义是诗的果实。所以，只有详解诗，才能把诗内所蕴含的思想情感，逐渐演变成自己的思想情感，有感而发的朗诵，才能触动人心，感染听众。

3. 握基调

基调就是朗诵时整首诗的主题意识、主题呈现的整体方式，诗的基调可能是忧伤的、励志的，也可能是愉快的、奋进的等等。它贯穿于朗诵的始终，烘托出朗诵的情境氛围。

4. 深入诗

朗诵者应深刻理解诗句而深受诗意感动，而后借助丰富且适切的声情表达方式，在表达上，首先要找到一个合理的感情生发和表达的逻辑关系，也就是要有理性共鸣。其次是要找到诗的题眼，找到诗人最有力表现的句子，也就是找到表达当中的感性刺激和形象依托。最后就是要分析诗的形式，能够做到把握节奏，合乎音律。感动自己，继而感动听者，双双进入诗境之中。

五、诗歌作品赏析

（一）古诗

敕勒歌

［南北朝］佚名

敕勒川，阴山下。天似穹庐，笼盖四野。
天苍苍，野茫茫。风吹草低见牛羊。

朗诵指导

读诗：熟读整首诗，注意"敕勒""穹庐"的发音。诗的前六句写平川，写大山，写天空，写四野，涵盖上下四方，意境极其阔大恢宏，勾画出一幅辽阔的草原静态画面。一句"风吹草低见牛羊"打破幽静略显沉闷的画面，将人们带入另一幅画面：置身茫茫大草原中，一阵清风吹过，草浪动荡起伏，在牧草低伏下去的地方，牛羊闪现出来。有黄的牛，白的羊，它

们东一群,西一群,忽隐忽现,到处都是,整个草原变得多彩多姿,充满勃勃生机,连那穹庐似的天空也为之生色。在熟读诗歌的过程中,我们可以感受到这首民歌的感情走向,诗人用短短的诗句,勾勒出了北国草原壮丽富饶的风光,抒写敕勒人热爱家乡、热爱生活的豪情,境界开阔,音调雄壮,语言明白如话,艺术概括力极强。

解诗:"敕勒川,阴山下",说出敕勒川的地理位置。阴山是绵亘塞外的大山,草原以阴山为背景,给人以壮阔雄伟的印象。"天似穹庐,笼盖四野",环顾四野,天空就像奇大无比的圆顶毡帐般将整个大草原笼罩起来。"天苍苍,野茫茫",天空是青苍蔚蓝的颜色,草原无边无际,一片茫茫。

基调:雄阔,宏放。

入诗:诗人以动静结合的方式勾画了一幅北国风貌图,"敕勒川,阴山下",诗歌一开头就以高亢的音调,吟咏出北方的自然特点,无遮无拦,高远辽阔。"天似穹庐,笼盖四野",这两句极言画面之壮阔,天野之恢宏,要读出恢宏开阔的感觉。全诗表达出作者对草原的热爱之情,透露出敕勒民族雄强有力的性格。

和张仆射塞下曲

[唐]卢纶

月黑雁飞高,
单于夜遁逃。
欲将轻骑逐,
大雪满弓刀。

朗诵指导

读诗:诗歌朗诵要能够做到"代诗人倾吐心声,将受众引入诗境"。这就要求我们认真阅读,领会作者的感情。这首诗主要描写的是将军雪夜准备率兵追敌的场景,整首诗充满了豪迈之情,诗的一、二两句"月黑雁飞高,单于夜遁逃",写敌军的溃退。"月黑",无光也。"雁飞高",无声也。趁着这样一个漆黑静寂的夜晚,敌人悄悄地逃跑了。"夜遁逃",可见他们已经全线崩溃。尽管有夜色掩护,敌人的行动还是被我军察觉了。三、四两句"欲将轻骑逐,大雪满弓刀",写我军准备追击的情形,表现了将士们威武的气概。

解诗:逸盈玮说:"朗诵诗歌会浮现出作者所描述的画面,谱写诗歌会浮现出作者所想象的画面。"的确如此,当我们去贴近作者、贴近作品之后,诗的画面就会呈现在眼前。读着这首诗我们仿佛看到了这样一幅画面:静静的夜晚,乌云遮住了月亮,天边惊起了一排大雁,单于趁黑夜悄悄地逃窜。将军正要带领一路轻骑兵去追赶,大雪纷飞洒满了将士们身上的弓刀。

基调:沉重,肃穆。

入诗:朗诵时起调要低,营造战争即将到来的肃杀的氛围,提升语调、语节略紧凑以显示"单于夜遁逃"的慌张,在读第三句"欲将轻骑逐"时要将作者对敌人的蔑视和必胜的信念读出来,"大雪满弓刀"这句要诵出豪迈和自豪感来。

（二）现代诗

现代诗创作手法更自由、更随意,朗诵时处理停顿和把握节奏也就变得更为自然,由于不再要求平仄、押韵,朗诵的韵律感和起伏感也随之减弱,它更偏重于对情感的抒发,娓娓道来,用语言感染人、打动人,这应该说是现代诗歌朗诵的重点。

致橡树

舒 婷

我如果爱你——
绝不像攀缘的凌霄花,
借你的高枝炫耀自己;
我如果爱你——
绝不学痴情的鸟儿,
为绿荫重复单调的歌曲;
也不只像泉源,
常年送来清凉的慰藉;
也不只像险峰,
增加你的高度,衬托你的威仪。
甚至日光,
甚至春雨。
不,这些都还不够!
我必须是你近旁的一株木棉,
作为树的形象和你站在一起。
根,紧握在地下;
叶,相触在云里。
每一阵风过,
我们都互相致意,
但没有人,
听懂我们的言语。
你有你的铜枝铁干,
像刀,像剑,也像戟;
我有我红硕的花朵,
像沉重的叹息,
又像英勇的火炬。
我们分担寒潮、风雷、霹雳;
我们共享雾霭、流岚、虹霓。
仿佛永远分离,
却又终身相依。

这才是伟大的爱情,
坚贞就在这里:
爱——
不仅爱你伟岸的身躯,
也爱你坚持的位置,
足下的土地。

朗诵指导

读诗: 舒婷有着女性独有的敏感,她擅长内省自我情感,捕捉复杂细致的情感体验,复杂、细致的情感常常通过假设、让步等特殊句式表现得淋漓尽致。舒婷的诗很少以直述告白的方式,表达的意象有一定的多义性,常常既富有思辨力,又楚楚动人。把握了这一点,舒婷的朦胧诗是不难解读的。

解诗: 诗歌的开头,作者接连做了六个与自己的爱情观相反的比喻,将传统、世俗的爱情比作"凌霄花、鸟儿、泉源、险峰、日光、春雨",女性仅仅是依附于男性身边的一个装饰、一个点缀。这一段的朗诵,可以处理得稍微"柔一些""黏一些"。因为这些代表的都是缺乏独立意识的女性,这些形象在作者看来,都是一碰就倒、一捏就碎,在爱情的世界不能用自己的力量生存的人。

"不,这些都还不够!"从这里开始,作者态度坚定地表达了自己的爱情理念——必须像木棉一样,同样是以"树的形象和你站在一起"。这里朗诵的语言就要从之前的柔美转为坚定,表现出作者独立、自尊的爱情观。"不""不够""木棉""树""站在一起"都是需要重点突出的关键词。

接下来,作者开始细细讲述木棉和橡树的爱情是什么样的。从"根,紧握在地下"到"共享雾霭、流岚、虹霓",作者接连设计了三组情绪上的对应。在朗诵的时候,基本都是前一句带有力量,后一句略显柔情,在情绪的不断变化中展现出男性与女性的爱情相处之道。

从"仿佛永远分离"开始,诗歌进入结尾部分。先是两句对仗,"仿佛……却又……"既是对上面文字的归纳,又是底下总结句的承接,在语言处理上略偏柔和。然后从"这才是伟大的爱情"开始加强力度,"这""伟大""坚贞""就"这些都可以重读处理,吐字的"硬"即代表着作者态度的坚定。

而在最后,作者再一次转变情绪,朗诵时音调下降、语速变缓,用一种深沉而舒缓的情绪结束全诗,将作者的这份爱烘托得更为深邃与博大。

基调: 柔中带刚,刚柔相济。

入诗: 作者借"木棉向橡树的表白",表达了自己的爱情观——独立、自尊,不依附于男性的,有尊严的爱情。纵观全诗,朗诵的情绪表达始终处于刚柔交错的过程之中,前一句表现了力量,后一句必然展现温柔……就在这样的反复交错之中,一种象征着爱情的"韧性"便从诗句中炼成了。

教师絮语

> 诗歌的朗诵是语文教学中非常重要的一部分,在朗诵时要避免"矫揉造作",要自然,绝不可以做作,要让听众感觉出诗歌的音韵美和节奏感;要做到贴近作者,理解写作背景,领会作者的思想感情。

第二节 散文的朗诵

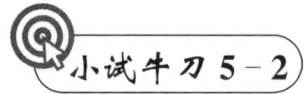小试牛刀 5-2

请扫描本章二维码,获取散文朗诵音频。听完后,你能谈谈对散文朗诵的认识吗?

散文是指篇幅短小,题材多样,形式自由,情文并茂且富有意境的文章体裁。散文通过叙述、描写、抒情、议论等各种表现手法,创造出一种自由灵活、形散神凝、生动感人的艺术境界。

一、散文的特点

(一)小中见大

一般的散文往往通过一些细碎的生活片段,普通的人、事、物来表达作者的思想感悟或人生体验,这种感悟或体验表达细腻、发人深思,折射出对生活的思考。所以,朗诵时要能够抓住表现文章潜在意义的词或词组,将它们突出出来。

(二)类型多样

散文从不同角度划分有不同的类型,比如,从语气上可以分为深沉型、高亢型、温婉性、轻快型等等;从内容上可以分为描景、状物、写人、记事等等。每一种形式的文章,在表达上都有不同的要求。

(三)形散神聚

散文"形散而神不散"指的是形式可以很散,可以把很多的片段排列起来,但是"神"一定不能散。散文的"神"指文章的情感依托,它拾起"形"的片段,凸显文章的主旨,避免文章的碎片化。因此,一定要抓住文章的基调,做到形散神聚,找到明晰的情感依托。比如《父亲的爱》这篇文章,片段很多,这里面有埋怨、有怀念、有笑、有泪,但是"我"对父亲的爱是文章的"神",切不可忘记文章中那种淡淡的怀念和温馨。

(四)文字优美

散文的文字优美,句子长短不一、修辞使用多样,所以散文的音乐性和形象感十分明

显,表达的时候一定要抓住人物、事物、景物的特点,挖掘出深藏的情感。在表达时要注意首先理清线索、摸准基调,其次表达细腻、点染得体,再次娓娓道来、抒情写意,最后修饰文辞、凸显音乐美。

二、散文的朗诵基调

散文常常是作者从主观的角度观察、思考、感悟世界万物,继而抒发自己的感想。朗诵散文,我们要能跟得上作者的脚步,和作者一起去看、去想、去理解,去接受作者的想法。一般来说,散文朗诵的基调是平缓的,没有太大的起伏,即便是在作品的高潮部分,也不会像演讲那样慷慨激昂。另外需要注意的是散文虽然不像诗歌那样有规整的节奏和严格的韵律,但是也讲究节奏和韵律美。

例如,朱自清先生的散文《春》,作者通过描写春天,赞美春天,发出"一年之计在于春"的感想,表达了对生活的热爱。文章的基调是热情、愉快的。我们在朗诵时,完全可以作者的感受为线索。在朗诵"山,朗润起来了;水,涨起来了;太阳的脸,红起来了"时,要读出三个层次来,将人们随着春天的到来,越来越欣喜的心情读出来。文章的中间部分从各个方面描写了春天,表现了作者对春天的热爱,朗诵时可以用减速、降音的办法把描写和抒情区别开来。最后的三小节,用娃娃、姑娘、青年来比喻春天,情绪逐渐转向高昂,可以用音量、语速的提升来体现人们对新的一年的憧憬和希望。

三、朗诵散文的要领

(一)感情真实

"朗诵可以说就是代替作者说话……不过一个是表达书面语言,一个是表达口头语言。书面语言代表作者的思想感情,口头语言代表说话者本人的思想感情;书面语言是作者经过构思而规定好了的语言,口头语言是说话者本人此时此刻产生的随意语言。这二者之间的差别在于作者与本人,规定好的与此时此刻。……我们只要能把作者的思想感情变成朗诵者本人的思想感情,把已经规定好了的变成此时此刻产生的想法,朗诵岂不是与说话差不多了吗?"朗诵散文应力求挖掘作者倾注在作品中的情感,并将其展示出来,充分把握不同的主题、结构和风格,表现作品中的人格意象。散文是心灵的体现,是真情流露。

(二)表达丰富

散文语言自由、舒缓,表达细腻生动,抒情、叙述、描写、议论相辅相成,显得生动、明快,要区别处理不同的语体风格。叙述性语言的朗诵要舒展、明朗,描写性语言要生动、形象,抒情性语言要亲切自然,议论性语言要深沉、含蓄。

"散文的结体式样很多,写法多样,但无论什么散文都是形散神聚,总是有一条清晰的线索贯穿全文,统领全篇。要么是自始至终有一种充沛的激情来描写感人肺腑的人和事,使全文浑然一体。"①朗诵者要把握散文"形散神聚"的特点,从散文的语言特点出发,处理好语气、语调、节奏的变化,抒发好作者之"情"。

四、散文作品赏析

秋天的怀念

史铁生

双腿瘫痪后,我的脾气变得暴怒无常。望着天上北归的雁阵,我会突然把面前的玻璃砸碎;听着李谷一甜美的歌声,我会猛地把手边的东西摔向四周的墙壁。母亲就悄悄地躲出去,在我看不见的地方偷偷地听着我的动静。当一切恢复沉寂,她又悄悄地进来,眼边红红的,看着我。"听说北海的花儿都开了,我推着你去走走。"她总是这么说。母亲喜欢花,可自从我的腿瘫痪后,她侍弄的那些花都死了。"不,我不去!"我狠命地捶打这两条可恨的腿,喊着:"我活着有什么劲!"母亲扑过来抓住我的手,忍住哭声说:"咱娘儿俩在一块儿,好好儿活,好好儿活……"可我却一直都不知道,她的病已经到了那步田地。后来妹妹告诉我,她常常肝疼得整宿整宿翻来覆去地睡不了觉。

那天我又独自坐在屋里,看着窗外的树叶"唰唰啦啦"地飘落。母亲进来了,挡在窗前:"北海的菊花开了,我推着你去看看吧。"她憔悴的脸上现出央求般的神色。"什么时候?""你要是愿意,就明天?"她说。我的回答已经让她喜出望外了。"好吧,就明天。"我说。她高兴得一会坐下,一会站起:"那就赶紧准备准备。""唉呀,烦不烦?几步路,有什么好准备的!"她也笑了,坐在我身边,絮絮叨叨地说着:"看完菊花,咱们就去'仿膳',你小时候最爱吃那儿的豌豆黄儿。还记得那回我带你去北海吗?你偏说那杨树花是毛毛虫,跑着,一脚踩扁一个……"她忽然不说了。对于"跑"和"踩"一类的字眼儿,她比我还敏感。她又悄悄地出去了。

她出去了,就再也没回来。

邻居们把她抬上车时,她还在大口大口地吐着鲜血。我没想到她已经病成那样。看着三轮车远去,也绝没有想到那竟是永远的诀别。

邻居的小伙子背着我去看她的时候,她正艰难地呼吸着,像她那一生艰难的生活。别人告诉我,她昏迷前的最后一句话是:"我那个有病的儿子和我那个还未成年的女儿……"

又是秋天,妹妹推我去北海看了菊花。黄色的花淡雅,白色的花高洁,紫红色的花热烈而深沉,泼泼洒洒,秋风中正开得烂漫。我懂得母亲没有说完的话。妹妹也懂。我俩在一块儿,要好好儿活……

> 朗诵指导

《秋天的怀念》是当代作家史铁生的代表作。史铁生被称为中国当代最值得尊敬的作家,史铁生的一生都在与病魔斗争,20岁出头双腿残疾,后来得了肾病又发展成尿毒症,按他的话说是"本职是生病,业余在写作"。正因为如此,在他的作品中始终有着一种常人

---

① 韩斌生:《演讲与朗诵基础》,清华大学出版社,2016,第180页。

所没有的对生命的尊重与坚持。

通读全文,本文从"看花"到"看花",从"我活着有什么劲"到"要好好儿活",以患病的母亲隐瞒病情,倾尽全力地照顾作者为线索,以母亲离世对作者思想上的冲击——重新点亮"生"的希望为落脚点,刻画了母亲伟大的形象,揭示了母爱的真谛,感人至深。因此,厚重、博大的温暖是本文的基调。

朗诵者在诵读第一段时,要充分借用语言的变化和体态语将作者初期因身体的残疾而带来的情绪上的消沉和烦躁表达出来,"望""听"后的行为"砸""摔"将"暴怒无常"展现得淋漓尽致。用低沉而无力的声音、悲而愤的眼神着力描绘作者的绝望、麻木;两个"悄悄"写出了母亲的小心翼翼和无尽的关爱,用轻而柔的声音,关切而温暖的眼神着力描绘母亲的和善、关心。"不,我不去""我活着有什么劲",要用强而噪的声音、怒而烦的表情,表现出作者无理取闹、歇斯底里的状态。"咱娘俩儿在一块儿,好好儿活,好好儿活"要用急促而哀伤的声音,温暖而坚定的眼神表现出母亲的隐忍与坚强。

第二段描写了作者同意母亲去看北海的菊花,带给母亲的喜悦和回忆,这一段较第一段来说人物情绪上比较平稳,声音的处理上"我"要淡漠而麻木,"母亲"要哀伤而惊喜,把"我"对自己身体状况的木然和母亲对"我"同意出去的意外表现出来,母亲絮絮叨叨的语言在处理时,音色应逐渐变得明朗,情绪中增加记忆中儿时的"我"带给母亲的快乐,继而转到因提到了"跑"和"踩"而让母亲感到的歉意和尴尬。

第三段只有一句话:"她出去了,就再也没回来。"仅有的一句话,却是文章的转折点。在这句话的处理上,语言要缓慢而沉重,表情要凝重而哀伤,建议说完前一分句后,做一个长时间停顿,环视一下四周,给听众一个引发情感共鸣的时间,用痛心略带哭腔的声音缓缓带出"就再也没回来"。

第四段是本篇文章中情绪外放的部分,前两句建议用快速、强音来表现,有一种回天无力的感觉;第三句语速减缓,加重每一个字的力度,体会那种亲人离世痛彻心扉的感觉。

第五段母亲最后的遗言是核心,在处理母亲昏迷前的最后一句话时,不建议用"颤音""虚声"之类的技巧处理,而是要凭借微弱的话语,透露出母亲的不舍和牵挂。

最后一段,色彩明显要比前文明亮了些许。"黄色的花淡雅,白色的花高洁,紫红色的花热烈而深沉",这些对花的描写抒发出作者对生活的热爱,在语言的处理中要表现出温暖和力度,赋予其"好好儿活"的信念和勇气。

教师絮语

> 散文是通过作者对生活片段的观察与描写来抒发作者思想感情的一种文学体裁,要懂得找准散文的基调,品味散文的思想感情,掌握声音的抑扬顿挫,做到语调亲切平和,让自己置身于散文情境中,代作者诉说、描摹。

第三节　寓言故事的朗诵

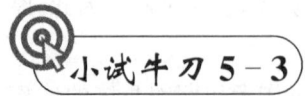

请扫描本章二维码，获取寓言故事音频，听完后你能谈谈对寓言故事朗诵的认识吗？

寓言的"寓"有"寄托"的意思，寓言是用比喻性的故事或拟人手法来寄托意味深长的道理或教训，给人以启示的文学体裁，言简意赅。故事的主人公可以是人，也可以是拟人化的动植物或其他事物。该词语最早见于《庄子》，在春秋战国时代兴起，后来成为文学作品的一种体裁。

朗诵寓言故事重点在于能够揭示寓意。朗诵寓言，一定要以抓形象本质、核心的东西为主，尽量做到形神兼备，对其外部特征只能有所兼顾、不可本末倒置。

一、寓言故事朗诵要点

（一）层次分明，寓意深刻

寓言故事具有构思巧妙，层次感强的特点，针对这一特点，朗诵中需通过实践上的停顿和语气上的转换来体现层次感，这就要求我们在备稿时划分好层次，认真考虑怎样才能在朗诵时把层次之间的关系和转换表现出来。

寓言故事具有借事喻理的特点，针对这一特点，朗诵者在阅读一篇寓言故事时，不能仅仅停留在故事的表层，应该认真分析、用心体会故事想要告诉我们的道理，它反映的是人们对生活的看法，还是对某种社会现象加以批评；是对某一阶层或某一类人物有所讽刺，还是提供某种生活上的教训，或进行某种劝诫；等等，去洞察故事深刻的思想内涵，准确把握寓意，从而有所感悟，有所收获。所以，对于寓言故事的朗诵，我们应尽可能弄清楚寓言的出处，掌握相关背景知识，增加自己的知识量，准确概括寓意，也只有弄通弄懂寓言的寓意，才能够抓住关键所在，选择最适当的语气、语调表现出来。

（二）感情细腻，形象传神

寓言故事来源于生活，和生活的真实状态息息相关，是人们将一种美好理想赋予动物和神怪表现出来，表达了人们对真善美的不懈追求。朗诵时一定要挖掘寓言故事中的思想、感情，去体会角色和情节，像观察生活、思考生活一样对待虚构才是意义深远的寓言。

角色语言在寓言故事中占着很重的分量，朗诵时要特别注意处理好角色语言，塑造角色形象。我们要深入地分析每一个角色，尤其是他们的身份特征、语言、动作、心理活动等，表达角色语言的关键在于形象传神，体现角色的个性，个性和声音形式之间是有关系的。朗诵时应通过不同语言行为的表达，表现出他们不同的性格特点。有一点需注意，就是正面和反面角色的声音形式一般是比较明显的。如寓言故事《乌鸦和狐狸》告诉我们一个道理，不要被捧场搞得迷失自我。朗诵时，应着重读好狐狸的话，用柔和的、细声细气的声音和曲折的语调突出其"媚"和狡猾,这样来衬托出乌鸦的智慧。

(三) 声音多样,灵活自如

这里说的变化不是声音大小、起伏的变化,主要是语气的色彩和分量的变化。寓言故事里一般有角色、有情节,故事一般都有高潮、有矛盾,内容丰富多彩、生动有趣。这就要求朗诵者在朗诵时,声音形式要匹配,把寓言故事的角色化、冲突化表现出来。声音形式的变化,体现在听众的印象中是高低、大小、强调、虚实、冷暖、远近、轻重的变化。当然,在一篇寓言故事中,不一定要设计那么多的变化,但在总的基调背景下,应该尽量贴近故事本身所呈现的多样性。

寓言故事大都通过具体的行为来表现所要说明的问题。因此,对形象的塑造展开想象就非常重要。不仅要想象作品中出现的一些动物、植物或其他物体,还要感受具体形象的行为、动作、心理、情感、神态、声音等;同时,还要在脑海中对作品的时间、地点、环境、人物关系有一个基本的了解。

寓言中出现的一种形象体态只有在朗读者的脑海里活跃起来,才有可能通过有声语言形之于外。寓言的表达技巧也要根据作品里的人物设定而变化,对于寓言中出现的形象,作者又总是有所褒贬的,在朗读时,对作品中的形象应好好揣摩,然后决定用什么语气语调朗读。善良、狡猾、友好、柔弱、凶残、顽强、刚猛、正直……都表达出来。

二、寓言故事作品赏析

猴吃西瓜

猴王找到个大西瓜,可是怎么吃呢? 这个猴王可从来也没吃过西瓜。

忽然他想出一条妙计,于是就把所有的猴子都召集起来,对大家说:"今天我找到个大西瓜,这个西瓜的吃法嘛,我是全知道的,不过我要考验一下你们的智慧,看你们谁能说出西瓜的吃法,要是说对了,我可以多赏他一份;要是说错了,我可要狠狠地惩罚他。"

小毛猴一听,挠了挠腮说:"我知道,吃西瓜是吃瓤的。"

猴王刚想同意,"不对,我不同意小毛猴的意见!"一个短尾巴的猴说,"我清清楚楚记得我和我爸爸到姑妈家去的时候,吃过甜瓜,吃甜瓜是吃皮的,我想西瓜是瓜,甜瓜也是瓜,当然应该吃皮啦!"

大家一听,有道理。可是到底是谁对呢? 于是大家不约而同地把眼光投向了一只年龄最大的老猴身上,老猴一看,觉得出头露面的机会来了,就清了清嗓子说道:"吃西瓜嘛,当然……是吃皮啦。我从小就吃西瓜,而且是一直吃皮,我想我之所以老而不死,也正是吃了西瓜皮的缘故!"

有些猴子早就等急了,一听老猴子也这么说,就跟着嚷嚷起来:"对,吃西瓜吃皮!""吃西瓜吃皮!"

猴王一看,认为已经找到了正确的答案,就向前跨进了一步,说:"对,大家说得很对,吃西瓜是吃皮! 哼,就是小毛猴崽子说吃瓤,那就让他一个人吃去,咱们大家都吃西瓜皮!"

于是，西瓜一刀两断，小毛猴吃瓤，大伙儿共分西瓜皮。

有个猴子吃了两口，就捅了捅旁边的猴子说："哎，我说这可不是滋味呀！""嗨——老弟，我常吃西瓜，西瓜嘛，就这味儿。"

《猴吃西瓜》是一篇十分经典的寓言故事，它的朗诵要比诗歌、散文、小说等容易得多，由于文章并不反映作者的态度和思想感情，因此，朗诵者在备稿时不必深挖作品的创作背景，直接从故事内容着手即可。

童话类的寓言故事往往整体基调都差不多，朗诵时重点把握旁白的语言，一般采用中音、实声、中慢速、跳跃、轻松活泼的语言色彩。朗诵时的难点是把握角色语言。针对少年儿童寓言故事中的角色语言，在处理上需注意以下几点：其一，角色语言要贴近角色的视觉形象和个性特点；其二，角色语言能够成功打造角色形象，角色的鲜活、生动，是由不同角色的语言明显的反差和区别决定的；其三，童话类寓言故事表达对象是儿童，角色语言在音色处理和语气表达上要有夸张性。

这篇寓言故事是通过几个不同年龄、身份、性格的猴子讨论吃西瓜到底吃瓤还是吃皮展开，蕴含了不能不懂装懂的道理。要朗诵好这篇寓言，必须处理好寓言里的角色语言。那么，就让我们一起分析一下这篇寓言故事里出现的几个重要角色的语言特征：

猴王，猴子中的领袖人物，操纵话语权，善于发号施令，在西瓜到底是吃瓤还是吃皮这件事上，猴王煞有介事地装成懂的样子，对猴子们进行"考验"。在处理猴王的语言时，建议采用略带粗哑的厚声，要有威严性，吐字时字幅拉开，带点"官腔"，也要不时地流露出一些怯意，最终下结论"对！大家说得很对，吃西瓜是吃皮！哼，就是小毛猴崽子说吃瓤，那就让他一个人吃去，咱们大家都吃西瓜皮！"洋洋得意、趾高气昂地下了错误的决断，形成了角色的喜剧色彩。

小毛猴和短尾巴猴，是两只小猴子，语言的音色要稚嫩一些，吐字时可以缩小字幅的长度，增强语言的弹性，表现出蹦蹦跳跳的感觉。小毛猴的语言要自信，短尾巴猴要有些不服气，"西瓜也是瓜，甜瓜也是瓜"，要将短尾巴猴据理力争的感觉朗诵出来，"当然该吃皮啦"自信度上要高过小毛猴。

老猴是一只年纪很大的猴子，自认为很有阅历，说话慢一点、深沉一点、"端着"点儿，一副摇头晃脑、故作姿态、倚老卖老的味道。

两只最后出场的猴子，都属于自己没什么态度，在人群后面"跟风"的类型。前一只还算有点质疑精神，语言上应加一些犹豫的色彩，但也只敢在人群中嘀咕；后一只则是不懂装懂，语言上要有装腔作势之态。两只猴子一问一答，揭示出其中的滑稽可笑。

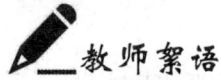

寓言要吃透主题，对角色的模拟需自然，用语气、音调的变化体现角色的个性，尤其是正面和反面角色的声音形式应该有比较明显的差异，学生能够通过声音的变化，判断出人物的善、恶、美、丑，能够体会到寓言的"寓意"。

朗诵小赛场

一、活动目标

1. 把握作品基调。

2. 掌握不同体裁文章的朗诵方法。

二、活动内容

自选诗歌、散文、寓言故事篇目进行现场朗诵。

三、活动要求

1. 准备两个不同体裁的朗诵稿。

2. 熟悉并背诵朗诵稿。

3. 分析朗诵稿,把握朗诵稿的基调。

4. 朗诵时要有必要的体态语的运用。

第六章
小学语文课文朗读指导

微信扫码
获取相关资源

1. 了解小学语文课文朗读的步骤。
2. 掌握语文课文朗读的技巧。
3. 学会有感情地朗读小学语文课文。

第一节　小学语文课文朗读的步骤

《搭石》朗读教学片段

师：让我们跟随刘章爷爷一起去走走搭石，找找课文中描写人们走搭石的句子，用波浪线划出来，想一想这是一幅怎样的画面。

生："每当上工、下工，一行人走搭石的时候，动作是那么协调有序！前面的抬起脚来，后面的紧跟上去，踏踏的声音，像轻快的音乐，清波荡漾，人影绰绰，给人画一般的美感。"

师：来看看，这个多音字，读什么？

师：不敢肯定了？想想平时上体育课的时候，老师总教我们排成一队，那叫排成——一行(hang)，这些在搭石上行走的人叫作——行(xing)人。

师：请把"一行人"读三次。

师：这还有几个生字词呢？谁来读读？

请你谈谈在朗读时老师为什么要首先纠正读音，并讲解生字词呢？不这样做可以吗？

朗读是一项技能技巧，是一种艺术再创造活动。《语文课程标准》指出："能用普通话正确、流利、有感情地朗读课文，是朗读的总要求。根据阶段目标，各学段可有所侧重。"要想达到这一要求，教师必须根据课文类型的不同，根据每个课时教学任务的不同，对学生进行朗读技巧的指导和训练，尤其是在低年级的教学中更不容忽视，首先需要掌握的就是朗读课文的步骤。

一、自由朗读,扫清障碍

学生自由地大声朗读,碰到不懂的生字新词,自主地翻阅字典、词典解决,或请教老师,扫除障碍,初步把握课文大意。为了增强目的性,还可通过生字词的练习或听写,考查学生掌握的情况,提高学生朗读的积极性与有效性。

二、创设情境,渲染气氛

爱因斯坦说过:"兴趣是最好的老师。"这说明在教学活动中教师首先要唤起学生的有意注意和浓厚兴趣,必须使学生自己喜欢学,渴望学。因此,要提高学生的朗读水平,首先必须激发学生对朗读的兴趣和欲望,用感情去读,以情带声,以声传情,声情并茂,而这种情来自学生对课文的理解和感受。

小学生往往对直观、生动的事物最感兴趣,课堂上我们可以适当地运用一些音乐、图片来还原课文情境,激起学生心灵的共鸣,只有身临其境学生才会对所读的内容产生兴趣,产生读书的欲望。

如《桂林山水》的教学,"教师可以一边展示漓江两岸的秀丽风景,一边动情地范读。为学生解说画中的风光,等学生的心思都被吸引到桂林山水的优美意境中时,再对学生说:'现在我们已经来到了甲天下的漓江上,乘着木筏,欣赏着桂林美景。如果能有位朗诵家来上一段就更好了。'这一招非常有效,课堂上立刻洋溢着活跃的气氛,学生怀着愉悦、轻松的心情展开朗读,第一次试读就读得有声有色。"①

三、形式多样,理解内容

(一) 个体朗读

抓住重点,理清思路,定好情感。"如教《月光曲》时,让学生听着'月光曲',进行个体朗读,想象和穷兄妹一起静静地听着,想象着月光、大海……在唤起的情感中享受美文之情,步入陶醉之境,读出'舒缓升起——逐渐增强——激昂澎湃'的情韵,再了解贝多芬感情的变化:对穷兄妹的同情—遇到知音的激动—茅屋里产生的激情。整体把握课文,并从中感悟一些有感情朗读的方法。为了让学生准确地把握感情基调,也可通过有代表性的练习题或课后思考题,促进学生进一步理解。"②

(二) 独立试背

线索理清后,放手让学生独立试背。课堂上,可采用小步子策略,进行分片段背,不求背全文,有利于培养学生朗读兴趣。

(三) 交叉互背

同桌间有感情地背诵,深入品味感情与文字的融合。

---

① 周凤鑫、孙金保:《浅谈小学语文教学中朗读的重要性》,《语文世界(教师版)》2018年第7期。
② 任德军:《程式化朗读,让学生有章可循》,《教育学文摘》2011年第7期。

(四)表演背诵

表演背诵,声音要洪亮,最能体现大声朗读的魅力。边背边"演",当然要深知内容所蕴含的情感,才能背得生动。刚开始时,可让学生指着图片或影片进行解说式的背诵,逐步让学生加上肢体动作,绘声绘色地进行表演背诵。

> 语文教师教会学生朗读的步骤能够加深学生对课文的理解,并能够提升学生参与课堂的积极性,取得良好的教学效果。

第二节 小学语文课文朗读技巧

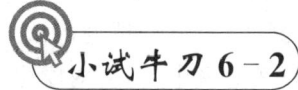

《搭石》朗读教学片段

师:是吗?协调有序的动作是怎样的动作呀?

生:人们不慌不忙的

师:这样,让我们加入走搭石的行列中,前面的—后面的—前面的—后面的—前面的—后面的,咱们合作着读一读,我问问你们,现在你们走的是什么?

生:搭石。

师:走的不好,就要掉进水里,有没有信心?

生齐答"有"

师:从这开始:"每当上工、下工,一行人走搭石的时候,动作是那么协调有序!前面的——

生:抬起脚来

师:后面的——

生:紧跟上去

……

关于上面的教学片段,读完后你喜欢这个老师的讲授方式吗?为什么?学完本节内容后,请扫描本章二维码获取《搭石》原文,试着完成后面朗读教学的指导任务。

朗读技巧的习得、掌握和运用,能够避免单调、枯燥的朗读形式,从而激发学生的朗读兴趣,帮助学生理解课文情感。下面介绍几种一线语文教师经过长期实践总结的朗诵技巧,这些技巧的使用能够将学生带入文本的情境中,加深对文本的理解和把握。需要注意的是,这些技巧只有经过长期实践,不断地反复训练,才能做到熟中生巧。

一、示范性朗读,带入情感

哲学家黑格尔说:"教师是孩子们心中最完美的偶像。"教师的示范读对提高学生的朗读水平起着举足轻重的作用。课前,教师需深入钻研教材,吃透课文字里行间所蕴含的思想感情,确定朗读教学的重点、难点及时间安排,细细推敲课文的感情基调,对重点句段的语气、语调、轻重音等做到心中有数。课中,教师需亲自进行示范性有感情朗读,或在课堂的情绪高潮中即兴范读,或在学生朗读读得不到位时,引导他们以恰当的语气、语速、语调进入情境,读出真情实感。

二、比较性朗读,感悟情感

(一) 精选片断,比较朗读

片段内部或片段之间存在着严密的逻辑联系,有总分关系、并列关系、转折关系等等。

如教学《桂林山水》时,"桂林山水甲天下—桂林山水的特点—舟行碧波上,人在画中游"的文段,"总—分—总"的关系十分明显,教师引导学生以"平缓—轻快—深情"的语调进行比较朗读,感悟赞美之情,明白文章结构,整体把握课文,为学生写作类似文章提供范本。

(二) 重组语句,比较朗读

朗读中,如果学生对课文内容理解不深,就无法恰当地表情达意。这时,教师可采用删、换、添、调、补充等方法,重组语句内容,帮助学生体会课文含义。

如《珍贵的教科书》中有句"那捆书完整无缺地压在他的身子下面。"删成"那捆书压在他的身子下面。"在比较朗读中,学生深刻体会到指导员舍身护书的高尚品质。

(三) 着眼差异,比较朗读

学生受思想经验、方法角度的影响,对文中事物进行再创造时,投入的情感和想象是不同的,为了让学生更好地领会课文内容,需要着眼个体差异,进行比较朗读。

一是同一学生前后几次的朗读比较。二是不同对象同一段落的朗读比较。比较中,教师既要鼓励学生自我突破,又要鼓励学生寻找差距,在民主、平等、激励的氛围中进行朗读训练,提升了他们朗读的积极性,教师适时进行引导,加深学生对课文的理解。

三、标记性朗读,理解情感

标记性朗读是朗读的一种学习方式,它能够帮助学生把课文读正确,把音读准,做到有感情地进行朗读。如《兰兰过桥》一文中有个长句子:"兰兰惊奇地站在潜水桥上,透过玻璃看见大大小小的鱼游来游去,各种各样的船只从桥顶上驶过来划过去。"教会学生做停顿标记,"兰兰惊奇地站在潜水桥上,透过玻璃|看见大大小小的鱼|游来游去,各种各样的船只|从桥顶上驶过来划过去。"再进行朗读时,就会发现容易投入自己的感情,朗读比没做标记前顺畅很多。

在具体的朗读指导中,我们可以教会学生使用这样一些常用的朗读标记,如"|"表示

停顿,"▲"表示读重音,"—"表示速度加快,"……"表示速度稍慢,"/"表示升调,"\"表示降调等。朗读前直接用符号在文中表示,在朗读时学生便有所凭借,朗读训练更具目标性、可感性,更易于把握和理解课文感情。

四、投入性朗读,升华情感

投入性朗读既是对朗读的要求,又是朗读的一种方法。如教学《一夜的工作》时,在感悟周恩来总理朴素勤俭的品质时,课件出示重点文段"那是一间高大的宫殿式的房子,室内陈设极其简单,一张不大的写字台,两把小转椅,一盏台灯,如此而已",教师采用"三步走"朗读教学法。第一步,指导学生默读课文,感知大意。第二步,讲解"极其简单""如此而已"等词语,学生大声朗读,感知文义。第三步,漫谈房子过去的尊贵豪华,对比现在的"极其简单""如此而已",学生有感情地进行朗读,深刻体会周恩来总理生活简朴的伟大品质。这样,学生对于作品思想内容的把握就会更加深入,对于文章语言表达形式的领会就会更加深刻,就会从中受到真的启迪、善的教化。

五、联想性朗读,增强情感

想象和联想是形象思维的主要形式。教师应注意引导学生在朗读中展开丰富的联想与想象,努力激起学生对于作品内在意境美的再创造,使文中描写的情景像电影画面一样一幕幕地在学生脑海中呈现。尤其是朗读诗歌和一些优美隽永的散文,学生通过联想和想象,可以使文本中抽象的概念形象化,笼统的描述具体化,省略的情节明朗化。

如教学《春雨沙沙》时,教师可利用课件出示柳枝、桃花、田野、小朋友、春雨等实物图片,配上优美的音乐,让学生想象着去感受柳枝的轻柔、桃花的娇媚、田野的碧绿、小朋友的可爱、春雨的润物细无声……学生们从心灵上受到了感染,朗读时就能够做到入情入境,找到春天的影子、感受春雨的力量。

在教学中除了要掌握朗读的技巧和方法外,教师还要积极构筑有感情朗读的展示平台,不错失任何提升学生朗读能力的途径。如开展"读书伴我行""课外读书会""朗读比赛"等活动,让学生在朗读中展示语文朗读的个性,享受语文朗读的喜悦,让朗读成为一种习惯!

朗读课文技巧的学习,能够提升学习者朗诵的水平,帮助学生构建自己的朗诵体系,自觉地将朗读变成一种习惯,为语文学习打下良好的基础。

第三节 有感情地朗读小学语文课文实训指导

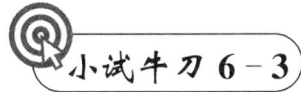

题目来源	湖北省某市教师资格考试面试考题
试讲题目	1. 题目:《荷叶圆圆》 2. 内容: 荷叶圆圆的,绿绿的。 小水珠说:"荷叶是我的摇篮。"小水珠躺在荷叶上,眨着亮晶晶的眼睛。 小蜻蜓说:"荷叶是我的停机坪。"小蜻蜓立在荷叶上,展开透明的翅膀。 小青蛙说:"荷叶是我的歌台。"小青蛙蹲在荷叶上,呱呱地放声歌唱。 小鱼儿说:"荷叶是我的凉伞。"小鱼儿在荷叶下笑嘻嘻地游来游去,捧起一朵朵很美很美的水花。 3. 基本要求: (1)有感情地朗读课文,理解文意; (2)体会作者对大自然的喜爱之情,感受夏天的美好; (3)合理的板书设计。
答辩题目	1. 说说本节课你是如何教学生字的? 2. 针对这堂课,你是如何激发学生的学习兴趣的?

请试着对考题进行朗读,你能快速把握《荷叶圆圆》课文的思想感情并有感情地朗读课文吗?

有感情地朗读课文,是理解课文的重要手段。能够有感情地朗读课文,说明读者已经对课文的语言文字理解了,已经体会到课文所表达的思想感情,只有根据朗读的内容及思想感情的表达的需要,采用相应的技巧,才能使朗读传情达意,生动感人。

在教师资格面试考试的基本要求中,我们经常可以见到有感情地朗读课文这一项,考生能否快速找出课文的中心思想和情感抒发点是取得高分的关键点。学会快速浏览课文,体会文中所蕴含的情感是我们在学习中应该强化的一项训练。下面针对近几年教师资格证面试中的考题,进行有感情地朗读小学语文课文指导。

一、《彩色的非洲》

非洲真是一个色彩斑斓的世界啊!

蓝天、骄阳、绿树、红土、鲜花,以及皮肤油黑发亮的非洲人,构成了七彩的非洲!

作为彩色之源的赤道骄阳,是那么炽热、那么明亮。金灿灿的阳光,映照得天空格外的蓝,好似透明的蓝宝石。到了旱季,蓝天之上没有一丝云彩,浩瀚的天穹显得并不十分高远,蔚蓝的天和湛蓝的海,在地平线上交汇,你会觉得非洲的蓝天似乎离我们更近些。

……

啊,非洲,好一个多姿多彩的世界!

朗诵指导

在朗诵本篇作品时,整体的语言风格是明亮、热情,充满活力的,重点营造非洲彩色世界的状态,"非洲真是一个色彩斑斓的世界啊!"总领全文的感情基调,在朗读时眼里要有光,音调上可以重读"非洲""真是""色彩斑斓"这三个关键词,把发自内心的喜爱和感叹表达出来。文中的排比句比较多,要读出语言的层次性、递进性。

非洲的彩色的植物世界、彩色的动物世界、彩色的自然景观、彩色的非洲艺术可以分别选择四位同学,让他们扮演小导游,以解说的方式进行朗读,教师通过课件出示图片为学生的朗读创设情景,在一张张彩色非洲图片的刺激下,在小导游声情并茂的朗读下,将学生带入非洲彩色的景色中,领悟非洲彩色的魅力,从心底深处发出了然于胸感叹"啊,非洲,好一个多姿多彩的世界!"

二、《爬天都峰》

假日里,爸爸带我去黄山,爬天都峰。

我站在天都峰脚下抬头望:啊,峰顶这么高,在云彩上面哩!我爬得上去吗?再看看笔陡的石级,石级边上的铁链,似乎是从天上挂下来的,真叫人发颤!

忽然听到背后有人叫我:"小朋友,你也来爬天都峰?"

我回头一看,是一位白发苍苍的老爷爷,年纪比我爷爷还大哩!我点点头,仰起脸,问:"老爷爷,您也来爬天都峰?"

老爷爷也点点头,说:"对,咱们一起爬吧!"

我奋力向峰顶爬去,一会儿攀着铁链上,一会儿手脚并用向上爬,像小猴子一样……

爬呀爬,我和老爷爷,还有爸爸,终于都爬上了天都峰顶。

在鲫鱼背前,爸爸给我和老爷爷照了一张相,留作纪念。老爷爷拉拉我的小辫子,笑呵呵地说:"谢谢你啦,小朋友。要不是你的勇气鼓舞我,我还下不了决心哩!现在居然爬上来了!"

"不,老爷爷,我是看您也要爬天都峰,才有勇气向上爬的!我应该谢谢您!"

爸爸听了,笑着说:"你们这一老一小真有意思,都会从别人身上汲取力量。"

> 朗诵指导

本篇文章通过我、爸爸、老爷爷的对话,描写了老爷爷和我一老一小,相互激励,最终爬上天都峰的事件。读好这篇文章的关键在于把握三个角色的语言特点,"我"语言的变化是随着从山底到山顶,情绪上的变化而变化的。在山底仰望云彩上的山顶,内心的颤抖无以言表,这里语言的处理上要有一些担忧和恐惧,眼睛里要有疑问,神情上要有一些茫然无措。在看到白发苍苍的老爷爷后,发出疑问"老爷爷,您也来爬天都峰?"重读"也"字将内心的好奇和佩服表达出来。在爬上山顶后,对老爷爷说"不,老爷爷,我是看您也要爬天都峰,才有勇气向上爬的!我应该谢谢您!"这里应用斩钉截铁的语气和镇定自若的表情,将小姑娘受到鼓舞后,爬上山峰的勇气和感谢表达出来。

老爷爷的语言出现了三次,要表现出老爷爷的慈祥、可亲。读到笑呵呵地说时,脸上自然流露出喜悦、轻松之感,需要表现出一个70多岁老年人亲切的口吻。

爸爸的语言只有一处,是整篇文章的中心所在,"你们这一老一小真有意思,都会从别人身上汲取力量",在"意思"后稍做停顿,给人思索的时间,然后再带出"都会从别人身上汲取力量"。语言的处理上既要读出"意思"来,又要读出"欣赏"来。

三、《陶罐和铁罐》

国王的御厨里有两个罐子,一个是陶的,一个是铁的。骄傲的铁罐看不起陶罐,常常奚落它。

"你敢碰我吗,陶罐子!"铁罐傲慢地问。

"不敢,铁罐兄弟。"陶罐谦虚地回答。

"我就知道你不敢,懦弱的东西!"铁罐说,带着更加轻蔑的神气。

"我确实不敢碰你,但并不是懦弱。"陶罐争辩说,"我们生来就是盛东西的,并不是来互相碰撞的。说到盛东西,我不见得就比你差。再说……"

"住嘴!"铁罐恼怒了,"你怎么敢和我相提并论!你等着吧,要不了几天,你就会破成碎片,我却永远在这里,什么也不怕。"

"何必这样说呢?"陶罐说,"我们还是和睦相处吧,有什么可吵的呢!"

"和你在一起,我感到羞耻,你算什么东西!"铁罐说,"走着瞧吧,总有一天,我要把你碰成碎片!"

陶罐不再理会铁罐。

时间在流逝,世界上发生了许多事情。王朝覆灭了,宫殿倒塌了。两个罐子遗落在荒凉的场地上,上面覆盖了厚厚的尘土。

许多年代过去了。有一天,人们来到这里,掘开厚厚的堆积物,发现了那个陶罐。

"哟,这里有一个罐子!"一个人惊讶地说。

"真的,一个陶罐!"其他的人都高兴得叫起来。

捧起陶罐,倒掉里面的泥土,擦洗干净,它还是那样光洁,朴素,美观。

"多美的陶罐!"一个人说,"小心点儿,千万别把它碰坏了,这是古代的东西,很有价值的。"

"谢谢你们!"陶罐兴奋地说,"我的兄弟铁罐就在我旁边,请你们把它掘出来吧,它一定闷得够受了。"

人们立即动手,翻来覆去,把土都掘遍了。但是,连铁罐的影子也没见到。

朗诵指导

这篇文章通过铁罐和陶罐的对话,刻画出铁罐的自负狂妄和陶罐的谦虚善良。作为一篇以会说话的铁罐和陶罐为主要角色的故事,对角色声音准确的把握是朗诵的关键所在。在处理铁罐的语言时要学着从鼻孔里发出声音,语言的霸气层层递进。如"你敢碰我吗,陶罐子!"铁罐傲慢地问。这一句挑衅的味道要浓,配合体态语,双臂抱于胸前,右手食指抖动伸出,嘴角上挑,眼露不屑之情,"我就知道你不敢,懦弱的东西!"语言狂妄,眼神由斜视转为直视,眼露凶光,手指收回,双臂往腰上移动。"住嘴!"双手叉腰,语言狂躁,严厉,双眼圆睁,霸气侧漏。层层递进将铁罐的蛮横无理、骄横跋扈显现出来。

在处理陶罐的语言时要把握住谦虚但不懦弱的特点,所以决不能把陶罐的语言表达的唯唯诺诺,而应该是从容淡定,"我们生来就是盛东西的,并不是来互相碰撞的。说到盛东西,我不见得就比你差。再说……"读时要慢条斯理,不慌不忙,眼神平缓自信。当陶罐被人们发现之后,"谢谢你们!"要读出陶罐的喜悦和兴奋,在读"我的兄弟铁罐就在我旁边,请你们把它掘出来吧,它一定闷得够受了。"声音要有一些急促和祈求,可以辅之以挖出来的肢体动作和着急的神情,将陶罐不计较铁罐的无理,而是把它当作兄弟,迫切地想把它挖出来的善良表现出来。

"人们立即动手,翻来覆去,把土都掘遍了。但是,连铁罐的影子也没见到。"这里朗读时,可以做翻找东西的动作,"连铁罐的影子也没有见到",语气可以俏皮一点、缓慢一点,给学生留下思索的空间。

四、《桥》

山洪咆哮着,像一群受惊的野马,从山谷里狂奔而来,势不可当。

村庄惊醒了。人们翻身下床,却一脚踩进水里。是谁惊慌地喊了一嗓子,一百多号人你拥我挤地往南跑。近一米高的洪水已经在路面上跳舞了。人们又疯了似的折回来。

东面、西面没有路。只有北面有座窄窄的木桥。

死亡在洪水的狞笑声中逼近。

人们跌跌撞撞地向那木桥拥去。

木桥前,没腿深的水里,站着他们的党支部书记,那个全村人都拥戴的老汉。

老汉清瘦的脸上淌着雨水。他不说话,盯着乱哄哄的人们。他像一座山。

人们停住脚,望着老汉。

老汉沙哑地喊话:"桥窄!排成一队,不要挤!党员排在后边!"

有人喊了一声:"党员也是人。"

老汉冷冷地说:"可以退党,到我这儿报名。"

竟没人再喊。一百多人很快排成队,依次从老汉身边奔上木桥。

水渐渐窜上来,放肆(sì)地舔着人们的腰。

老汉突然冲上前,从队伍里揪(jiū)出一个小伙子,吼道:"你还算是个党员吗?排到后面去!"老汉凶得像只豹子。

小伙子瞪(dèng)了老汉一眼,站到了后面。

木桥开始发抖,开始痛苦地呻吟。

水,爬上了老汉的胸膛。最后,只剩下了他和小伙子。

小伙子推了老汉一把,说:"你先走。"

老汉吼道:"少废话,快走。"他用力把小伙子推上木桥。

突然,那木桥轰地一声塌了。小伙子被洪水吞没了。

老汉似乎要喊什么,猛然间,一个浪头也吞没了他。

一片白茫茫的世界。

五天以后,洪水退了。

一个老太太,被人搀扶着,来这里祭奠。

她来祭奠两个人。

她丈夫和她儿子。

朗诵指导

本篇描写了老汉在洪水到来之际,坚守一个共产党人的操守,关键时刻挺身而出,将排在队伍里的儿子从队伍中揪出来,保护了老百姓,而自己和儿子都被洪水淹没了的事件,整体基调悲壮、肃穆。这篇文章朗读的关键是要把洪水的施虐和老汉的沉稳通过声调、语气的变化表达出来。

"山洪咆哮着,像一群受惊的野马,从山谷里狂奔而来,势不可当。"开篇朗读就要将洪水肆虐而来的气氛烘托出来,表情凝重、声音低沉,把山洪"咆哮""狂奔"而来的感觉读出来,"死亡在洪水的狞笑声中逼近。"这一句的朗读较第一句声音要紧迫而沉重,脸上配合狞笑的表情,让听众感受到死亡逼近,带给人们的恐惧和无奈。

老汉沙哑地喊话:"桥窄!排成一队,不要挤!党员排在后边!"此处应采用不容置疑的语调读出来,这是在考验生与死的时刻,老汉坚定的口气此时能够起到安抚人心的作用,声音不能尖,不能嘶喊,而是闷闷的那种沙哑而沉稳的嗓音,一个字,一个字地读清楚,起到镇定人心的作用。"老汉突然冲上前,从队伍里揪出一个小伙子,吼道:'你还算是个党员吗?排到后面去!'老汉凶得像只豹子。"配合肢体动作冲上前,揪出,怒目而视的表情,以嗓音发出闷雷般的响声,厉声呵斥"你还算是个党员吗?排到后面去!"塑造老汉不徇私情的高大形象。老汉吼道:"少废话,快走。"这是老汉为了保护儿子,让他尽快脱离险境的催促,在朗诵时要充分体会到父亲的这种心理,将父亲急切地心情表达出来。

文章最后的表述"一个老太太,被人搀扶着,来这里祭奠。她来祭奠两个人。她丈夫和她儿子。"揭开了老汉和小伙子的关系,让人涌现出无限的悲痛和哀伤,感人至深!在朗诵这句话时,眼前浮现一个老太太被人搀扶着,表情呆滞而痛不欲生的样子,就会从心底

里生出一种悲凉感,这种悲凉的感觉就会带动语言和表情的悲戚,缓缓地读出"她丈夫和她儿子",听众沉浸哀伤之中,老汉伟大的形象跃然眼前。

五、《金色的草地》

蒲公英成熟的时候,这是我和我的兄弟最开心的日子。常常是这样,我们随便到什么地方去狩猎——他在前面,我跟在他后面。

"谢廖沙!"我一本正经地喊他,等他回过头来,我便把蒲公英的绒毛吹到他脸上。于是他也开始窥伺我,假装打呵欠似的也把蒲公英的绒毛朝我脸上吹。我们总是为了寻开心,揪掉这些不引人注意的小花。但是有一次,我有了一个新发现。

我们住在乡下,窗前就是一片草地。许许多多的蒲公英正在开放,这片草地就变成金黄色的了。有一天,我起得很早去钓鱼,发现草地并不是金色的,而是绿色的。快到中午的时候,我返回家来,整个草地又都变成了金色。

我开始注意观察,傍晚时草地又变绿了。我便来到草地,找到一朵蒲公英。原来它的花瓣都合拢了。就像我们的手,花朵张开时,它是黄颜色的,要是攥成拳头,黄色就包住了。清晨,太阳升上来,我看到蒲公英张开了自己的手掌,因此,草地也就变成金色的了。

从那时起,蒲公英成了我们最喜爱的花的一种。因为它和我们孩子们一起睡觉,也和我们一起起床。

朗诵指导

这篇文章充满了童真童趣,基调活泼、欣喜。文章的第一、二段描写了作者和弟弟在草地上的快乐时光,可以想象一下两个孩子互相将蒲公英吹在对方脸上带来的快乐,可以演示"吹""窥伺""打哈欠"的动作,以轻快、明朗的语气将欢乐的画面呈现出来。文章的三四自然段写出了作者观察到蒲公英如何将草地变成金色的。朗读时要流露出作者通过观察发现金色草地"秘密"后的惊喜和满足,用手比画花朵张合的动作,充满骄傲感地表述出"草地就变成金色的了",表达出作者对蒲公英的热爱。

六、《乡下人家》

乡下人家,虽然住着小小的房屋,但总爱在屋前搭一瓜架,或种南瓜,或种丝瓜,让那些瓜藤攀上棚架,爬上屋檐。当花儿落了的时候,藤上便结出了青的、红的瓜,它们一个个挂在房前,衬着那长长的藤,绿绿的叶。青、红的瓜,碧绿的藤和叶,构成了一道别有风趣的装饰,比那高楼门前蹲着一对石狮子或是竖着两根大旗杆,可爱多了。

……

乡下人家,不论什么时候,不论什么季节,都有一道独特、迷人的风景。

朗诵指导

本篇描写了乡下人家祥和、安静、和谐的田园风景,无论是文章开头对花藤的描写,"青、红的瓜,碧绿的藤和叶,构成了一道别有风趣的装饰";还是文中对鸡"或是瞧见耸着尾巴的雄鸡,在场地上大踏步地走来走去",鸭"在绿树阴下,会见到一群鸭子,游戏水中,不时地把头扎到水下去觅食"的描写;文末对蝉的描写"织,织,织,织呀!织,织,织,织呀!"都表达了作者对乡下人家自然、悠闲生活的喜爱,在朗诵这篇作品时,整体的语言风格是平实、沉稳的,语言中"艺术性"的表现力并不需要太强,重点用自然、温暖、抒情的语言营造出乡下人家生活中的日常状态。

七、《钓鱼的启示》

那年,我刚满十一岁。有一天,像往常一样,我跟着父亲去附近湖中的小岛上钓鱼。

那是鲈鱼捕捞开放日的前一个夜晚。我和父亲分别放好鱼饵,然后举起鱼竿,把钓线抛了出去。晚霞辉映的湖面上溅起了一圈圈彩色的涟漪。不一会儿,月亮升起来了,湖面变得银光闪闪。

过了好长时间,鱼竿突然剧烈地抖动了一下,一定是个大家伙上钩了。我小心翼翼地一收一放,熟练地操纵着。也许是鱼想摆脱我的鱼钩,不停地甩动着鱼尾并跳跃着,湖面上不时发出"啪啪"的声音,溅起不少水花。我等那条鱼挣扎得筋疲力尽了,迅速把它拉上岸来。啊,好大的鱼!我从来没有见过这么大的鲈鱼。我和父亲得意地欣赏着这条漂亮的大鲈鱼,看着鱼鳃在银色的月光下轻轻翕动着。

父亲划着了一根火柴,看了看手表,这时是晚上十点,距离开放捕捞鲈鱼的时间还有两个小时。父亲盯着鲈鱼看了好一会儿,然后把目光转向了我:"孩子,你得把它放回湖里去。"

"爸爸!为什么?"我急切地问道。

"你还会钓到别的鱼的。"父亲平静地说。

"可是不会钓到这么大的鱼了。"我大声争辩着,哭出了声。

我抬头看了一下四周,到处都是静悄悄的,皎洁的月光下看不见其他人和船的影子。我再次把乞求的目光投向了父亲。

尽管没有人看到我们,更无人知道我是在什么时候钓到这条鲈鱼的,但是,从父亲那不容争辩的声音中,我清楚地知道,父亲的话是没有商量余地的。我慢慢地把鱼钩从大鲈鱼的嘴唇上取下来,依依不舍地把它放回到湖里。大鲈鱼有力地摆动着身子,一转眼便消失在湖水中了。

朗诵指导

本篇文章叙述了小时候,我和爸爸去钓鱼,"我"好不容易钓到了一条大鲈鱼,可父亲让"我"把鲈鱼放回湖里,"我"受到了终生启示的事情。朗诵本篇文章的关键是将钓到鱼的得意和放鱼时的委曲表达出来。"啊,好大的鱼!我从来没有见过这么大的鲈鱼。我和父亲得意地欣赏着这条漂亮的大鲈鱼,看着鱼鳃在银色的月光下轻轻翕动着",此处要用惊喜的语气发出感叹,脸上洋溢着欣赏自己作品时得意的神情。

父亲把目光转向了我:"孩子,你得把它放回湖里去。"这里父亲的语气是商量中带着一些强硬,"爸爸!为什么?"我急切地问道。这里要能与作者共鸣,想象自己好不容易得到了自己喜爱的一个物件,却要被拿走的感觉,语言中自然流露出不甘心的反击,眼睛里充满不舍和疑问。"你还会钓到别的鱼的。"父亲平静地说。这里要用成年人的口吻读出父亲不容争辩的语气。"可是不会钓到这么大的鱼了。"我大声争辩着,哭出了声。这里要有一点无望的挣扎蕴含其中,配合沮丧的表情,语气急促,带点哭腔,将自己内心的委曲不满表达出来。

八、《卖火柴的小女孩》

天冷极了,下着雪,又快黑了。这是一年的最后一天——大年夜。在这又冷又黑的晚上,一个乖巧的小女孩,赤着脚在街上走着。她从家里出来的时候还穿着一双拖鞋,但是有什么用呢?那是一双很大的拖鞋——那么大,一向是她妈妈穿的。她穿过马路的时候,两辆马车飞快地冲过来,吓得她把鞋都跑掉了。一只怎么也找不着,另一只叫一个男孩捡起来拿着跑了。他说,将来他有了孩子可以拿它当摇篮。

……

"她想给自己暖和一下……"人们说。谁也不知道她曾经看到过多么美丽的东西,她曾经多么幸福,跟着她奶奶一起走向新年的幸福中去。

朗诵指导

《卖火柴的小女孩》是丹麦著名童话作家安徒生写的一个著名的童话故事。故事讲述了一个贫穷的小女孩在圣诞节的夜里饥寒交迫,最终死在街头的悲剧故事。

文章以小女孩擦火柴为线索,交替呈现了小女孩的希望、憧憬、悲伤、难过,朗诵者在朗读时一定要能够体会到小女孩所处环境的悲惨和内心的渴望,在"悲"的色彩中融入对"美"的憧憬,文章第一段主要叙述了小女孩在大年夜孤独、凄凉地行走在大街上的情景,朗读时应选择低沉、略带忧伤的语气,语速要慢一些,在朗读到"她穿过马路的时候,两辆马车飞快地冲过来,吓得她把鞋都跑掉了"语速课略显急促,吓字出口时,脸上配合紧张、恐惧的表情,将小女孩悲惨的身世通过忧伤、怜悯的语言色彩描述出来。

在描述小女孩四次擦火彩的段落中,可以说每一部分的基调、节奏都是不一样。朗读者要将自己置身于小女孩所处的情境中,想象自己就是作者笔下的小女孩,体会又冷又饿的小女孩擦着火柴后看见火炉、鹅后内心的惊喜和看到圣诞树、奶奶时内心的希望,朗读时语言要有温暖和幸福的色彩。要能够做到在语段中反复切换语言,控制自己的声音、表达,让自己的每一句话都能紧密贴合语句的内容和目的。

最后一段朗读到"她想给自己暖和一下……"时,要停顿一下,给听众一个深思的时间,"谁也不知道她曾经看到过多么美丽的东西,她曾经多么幸福,跟着她奶奶一起走向新年的幸福中去。"强调"谁""多么""美丽""幸福"既要表现出哀伤也要表现出小女孩对光明的向往与追求。朗读者在朗读时可以用坚定的语气、慢慢收回的眼神、语言的回味悠长将其表现出来。

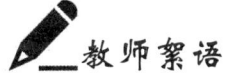 教师絮语

在进行教师资格面试时,考题中经常要求有感情地朗读课文。考生要想很好地表达课文的思想感情,取得良好的朗诵效果,就必须把握课文中心思想,挖掘课文中蕴含的情感,运用朗读的技巧与方法,反复进行朗读实训。

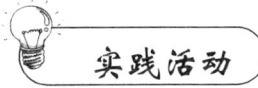 实践活动

朗诵小赛场

一、活动目标

1. 把握课文内容。

2. 找到情感抒发点。

3. 做到有感情地进行朗读。

二、活动内容

朗读课文马克·吐温《威尼斯小艇》。

三、活动要求

1. 归纳文章的中心思想。

2. 默读并标明朗诵的关键语句。

3. 给朗诵的关键处做标注(重读、断句、语气、语调、感情等)。

4. 设计体态语和神态。

5. 配合体态语和神态绘声绘色有感情地进行朗读。

附:

马克·吐温《威尼斯小艇》

威尼斯是世界闻名的水上城市,河道纵横交叉,小艇成了主要的交通工具,等于大街上的汽车。

威尼斯的小艇有二三十英尺长,又窄又深,有点像独木舟。船头和船艄向上翘起,像挂在天边的新月,行动轻快灵活,仿佛田沟里的水蛇。

我们坐在船舱里,皮垫子软软的像沙发一般。小艇穿过一座座形式不同的石桥。我们打开窗帘,望望耸立在两岸的古建筑,跟来往的船只打招呼,有说不完的情趣。

船夫的驾驶技术特别好。行船的速度极快,来往船只很多,他操纵自如,毫不手忙脚乱。不管怎么拥挤,他总能左拐右拐地挤过去。遇到极窄的地方,他总能平稳地穿过,而且速度非常快,还能作急转弯。两边的建筑飞一般地往后倒退,我们的眼睛忙极了,不知看哪一处好。

商人夹了大包的货物,匆匆地走下小艇,沿河做生意。青年妇女在小艇里高声谈笑。

许多孩子由保姆伴着,坐着小艇到郊外去呼吸新鲜空气。庄严的老人带了全家,夹了圣经,坐着小艇上教堂去做祷告。

半夜,戏院散场了,一大群人拥出来,走上了各自雇定的小艇。簇拥在一起的小艇一会儿就散开了,消失在弯曲的河道中,传来一片哗笑和告别的声音。水面上渐渐沉寂,只见月亮的影子在水中摇晃。高大的石头建筑耸立在河边,古老的桥梁横在水上,大大小小的船都停泊在码头上。静寂笼罩着这座水上城市,古老的威尼斯又沉沉地入睡了。

下篇

讲故事指导

第七章
儿童故事概述

微信扫码
获取相关资源

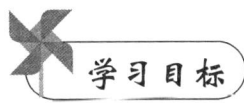

1. 了解儿童故事的基本概念和儿童故事的分类。
2. 理解儿童故事与儿童教育、儿童发展的关系。
3. 掌握儿童故事的特点、功能及作用。
4. 充分发挥儿童故事的功能与作用,促进儿童认知的发展、道德情操的陶冶、良好关系的建立。

第一节 儿童故事的相关概念

小李通过了教师资格证考试,顺利上岗,成为一名小学语文教师,为了很快走入孩子们的世界,他向很多老教师请教方法。其中一个老教师告诉他可以尝试讲故事给孩子听,小李疑惑了,这么大的孩子还会喜欢听故事吗?故事与儿童到底有什么样的关系呢?

故事是人类精神的宝贵财富,不管是对大人还是小孩来说,故事都有一种天然的魔力,下面我们就一起来认识一下儿童故事,当你了解到儿童故事对儿童教育、儿童发展的种种关系时,你一定会迫不及待地想去尝试,开始我们的故事讲述的学习吧,把一个个积极健康、充满想象力的故事作为礼物送给我们可爱的学生。

在我们的童年生活中,故事总是伴随着我们的成长,给我们以心灵的浸润、智慧的启迪和情操的陶冶。爱听故事,是每个孩子的天性。在小学教育中,故事深受儿童喜爱,成为寓教于乐的重要手段。那么,什么是儿童故事呢?儿童故事的特点有哪些呢?儿童故事在儿童教育中发挥着怎样的作用呢?在这一章里,我们将从儿童故事的基本概念,儿童故事与儿童教育,儿童故事与儿童发展,儿童故事的特点、功能及作用这几个方面展开探讨,旨在帮助教师了解儿童故事的特点,充分发挥儿童故事在促进儿童认知能力、陶冶道德情操、建立良好人际关系方面的作用。

一、儿童故事的基本概念

在我们的童年生活中,故事总是伴随着我们的成长,给我们以心灵的浸润、智慧的启迪和情操的陶冶。在故事中长大的孩子是幸福的,一个个生动有趣的故事,引领着孩子们徜徉于一个又一个美妙而新奇的世界,使他们拓宽了视野,丰富了见识,开启了智慧,受到了启发,终身受用。爱听故事,是每个孩子的天性。爸爸妈妈围坐在自己身边讲故事的美好回忆,始终是萦绕在每个长大的孩子心中最温馨、最美好的回忆。进入学校,教师绘声绘色为孩子们讲故事,也成为孩子们最喜爱的课堂内容。因此,在幼儿园或者小学中,故事深受儿童喜爱,成为寓教于乐的重要手段。

从文学形式上看,故事是指"叙事性文学作品中一系列有因果关系的生活事件",侧重于对事件过程的描述,强调情节的连贯性、生动性,注重阐释某种深刻的寓意或道理。故事的内涵本身蕴含着丰富的内容。故事是一种文学创作,来源于现实,又高于现实,与人们的现实生活紧密联系。故事是人世间的缩影,流露着人类的丰富情感,透过故事我们能够了解人世间种种悲欢,在品读故事的过程中感受人间冷暖。故事是在人们生活事件基础上的进一步加工、提升,通常具有意外性,故事的结局总是出人意料,使得故事更有吸引力。

儿童故事是在故事一般内涵的基础上,赋予了故事以知识性、教育性、趣味性,篇幅短小,内容浅显易懂,构思巧妙,情节生动,寓意深刻,结构紧凑,节奏明快,语言简明流畅,偏重口语化,适合口头讲述,具有感染力,具有教育意义。儿童心理学将儿童生长发育阶段划分为婴儿期(0—3岁)、幼儿期(3—6岁)、童年期(7—12岁)、少年期(13—15岁)。因此,儿童故事主要以3—12岁幼儿、儿童为主要接受对象,为促进他们健康成长而创编的符合他们审美需要的故事。

儿童故事有广义和狭义之分。狭义上的儿童故事,仅仅是儿童文学的一种形式,与诗歌、神话、童话、戏剧、寓言等并列。它的范围不大,可分为动物故事、植物故事、历史故事等。广义上的儿童故事,领域很广,包括童话、神话、寓言、史话等。本书中所指的"儿童故事",指广义上的概念,即人们一般意义上所理解的写给儿童的故事类作品,领域广泛,与儿童的接受和欣赏能力相适应,供儿童阅读或聆听。

二、儿童故事的相关概念

(一)儿童故事与儿童教育

在人类漫长的进化过程中,人类大脑产生的意识以及由此形成的精神,是人类区别于动物的显著标志。教育是人类精神基因得以传承的重要途径,在代代相传的教育中,人类的精神财富得以流传至今。也正是教育的发展,使人类从蒙昧无知的野蛮时代进入高度发达的文明时代。人的一生都是在教育和受教育中度过的。儿童教育是对儿童进行德育、智育、体育等各方面的教养和培育,促进儿童各方面素质和能力的提高和完善。童年期是个人一生当中思想启蒙和智力开发的起始阶段,是各种素养和能力形成的基础阶段,是良好品德和行为习惯养成的关键时期,也是个人接受教育的起步阶段和重要时期。在

这个阶段,对儿童进行全面的教育显得尤为重要。教育不仅可以传授儿童知识和文化,还可以丰富和发展他们的精神世界、道德情操和心灵感悟。儿童的教育主要来自家庭、学校、社会,通过这些教育,儿童的心智逐渐成熟,知识逐渐丰富,人格特质逐渐健全,心理素质逐渐完善,各方面素质逐渐提高。

儿童故事是以儿童喜闻乐见、乐于接受的故事形式,以生动有趣的语言,将大道理蕴涵在小故事之中,在给儿童带来欢乐愉悦的体验同时,也给儿童以智慧的启迪、心灵的启发、情操的陶冶、情感的升华,富有教育意义,是进行儿童教育的重要途径和手段。同时,儿童故事源于儿童教育。世界上最早的儿童故事古印度的寓言童话集《五卷书》,由五卷故事集构成,每则故事都包含着一个教育主题。英国教育家约翰·洛克在其著作《教育漫话》中明确指出:在教育儿童的过程中,可以通过讲故事或做游戏的方式,在轻松愉快中,带给儿童快乐的童年。自然主义教育家卢梭在小说《爱弥儿》中则主张教育要尊重儿童,顺应儿童的天性,保持儿童的自然性,儿童可以阅读有关自然技艺的故事,增强技艺本领。我们耳熟能详的《安徒生童话》《格林童话》《伊索寓言》《一千零一夜》等这些著名的故事集,都蕴含着丰富的人生智慧,给儿童真善美的心灵启迪,教给儿童做人要诚实、宽容、勤劳、忍耐、坚韧等优秀品质,这就是儿童故事所起到的润物无声却直抵内心深处的教育作用。

可见,儿童故事的产生和创作都是与儿童教育密切相关的。正是由于儿童教育的需要,儿童故事才应运而生。另外,儿童故事贴近儿童生活,语言符合儿童口味,又兼具思想性、教育性,蕴含一定哲理,是对儿童进行教育的最佳方式。

(二) 儿童故事与儿童发展

儿童发展主要包括身体和心理两个方面。小学阶段的儿童,在生理和心理上,和之前的幼儿时期相比,都有了进一步的发育和成长,都相对平稳、成熟。在生理方面,这个时期的儿童,其身体各部位、器官和机体机能都得到了进一步的发育和锻炼,身体素质也有了明显的提高。这个时期的儿童,其身体发展处于相对平稳的状态,脑重量逐渐接近成人水平,大脑中枢神经系统的控制功能逐渐完善,情绪的调节系统趋于完善,这使得儿童具备了投入更多的时间从事学习的生理上的可能性。

在心理方面,进入小学阶段的儿童,逐渐地脱离幼儿时期的心理特点,学着独立并且积极投入学校集体生活,他们从对父母的依赖转向对老师的认同,重视同伴之间的友谊与法则,内心渴望拥有自己的伙伴,与伙伴交往,得到伙伴的认可,并且对于成人不再唯命是从,而是试图发表自己的看法和见解。这个时期儿童的思维方式逐渐由形象思维向抽象思维模式发展,逻辑思维能力逐渐提高,对于事物的理解能力和辨别能力不断增强。另外,这个时期的儿童,对各种事物充满极强的好奇心和求知欲,有着广泛的兴趣爱好,有着进一步进行更高层次学习的基础和动力。小学阶段的儿童逐渐向少年过渡,社会性进一步发展,集体主义、荣誉感、义务感、责任感进一步增强。

儿童故事的内容丰富多样,种类繁多。优秀的儿童故事必然是根据儿童的发展特点来进行创作的,符合儿童口味,易于儿童理解,便于儿童模仿。适合儿童特点的故事,才能够更好地发挥自身的教育价值。另外,儿童故事也必然会对儿童心理发展、个性品质的培养、人格特征的形成产生重要的影响。因此，儿童故事与儿童发展之间是紧密联系、相互促进的。家长和教师，可以针对不同年龄段、学龄段的儿童的不同特点，通过故事培养儿童良好的心理素质和道德品质。比如，对于小学低年级儿童而言，良好道德品质和行为习惯的养成非常重要。家长和教师可以通过直观形象、寓意深刻、易于理解、具有趣味性、人物个性鲜明、是非善恶分明的故事，潜移默化中对儿童进行道德品质教育，并使儿童逐步形成对是非善恶的基本判断儿童能力。对于小学中年级儿童而言，家长和教师可通过对逻辑思维能力有一定要求，能够培养儿童独立生活的能力、解决问题的能力，鼓励同伴之间的交往与合作、和谐相处的故事，教会儿童在集体当中和同伴相处的原则和方式，使其懂得为人处世的基本准则。对于小学高年级儿童而言，家长和教师可通过逻辑性较强、具有深刻思想性的故事，培养儿童良好的精神品质和集体主义责任感。

儿童故事的创作要以儿童生理、心理发展特点为根据，用适合儿童特点的语言、儿童乐于接受的方式，表现易于儿童理解吸收的内容，与儿童发展节律相适应、相契合，才能有助于儿童良好精神品质的培养和心理素质的发展。

三、儿童故事的分类

不同类型的故事，有着不同的风格和特点。对儿童故事进行分类，有助于对儿童故事进行更加深入的研究。儿童故事从不同的角度，可以进行不同的分类。从故事的内容角度来划分，可以分为神话故事、童话故事、寓言故事、历史故事、生活故事、科学故事等；从体裁角度来划分，可以分为散文类故事、诗歌类故事、谜语类故事等；从创作形式角度来划分，可以分为创作故事、改编故事、民间故事等。接下来，本文将根据从故事内容的角度划分出的类型，来探讨一下不同类型的故事的特点。

（一）神话故事

人类最早的故事往往是从神话传说开始的。神话故事，反映了远古时代的人们对于世界起源、自然现象以及社会生活的认识，借助幻想和想象，把客观世界和超自然力量拟人化，赋予了它们人的特点，创造了拥有神奇力量的英雄和神，表达了人们对超自然力的膜拜和对英雄人物、神灵的讴歌，寄托了人们认识自然、征服自然的愿望。神话故事大都形式朴素，充满着奇特虚幻的浪漫色彩。如古希腊神话故事源远流长，对于欧洲文学艺术的发展产生了深远的影响。古希腊神话故事，以荡气回肠的悲壮之美，体现着人们与自身命运抗争的精神。中国神话故事博大丰富，神奇瑰丽，展现了中国古代的人们对天地万物淳朴美好的原始幻想和艺术想象，反映了人们对美好生活的向往与追求，如《夸父追日》《精卫填海》《愚公移山》《后羿射日》《神农氏尝百草》等，主要保存在《山海经》《淮南子》等书中。

神话故事中奇幻的想象、夸张的情节、惊心动魄的场景、形象鲜明的人物，无不深深地吸引着儿童的注意力，激发着儿童的想象力和好奇心，迎合着儿童幻想成为无所不能的英雄拯救世界的心理需要，成为最受儿童欢迎的故事之一。

（二）童话故事

童话故事富于美妙的幻想色彩，用夸张、拟人化的手法，诙谐有趣的语言去编织神奇浪漫、引人入胜的故事情节,犹如五彩斑斓的梦境,带给儿童对于美好事物的憧憬和想象,让儿童在诗一般纯真而又奇幻的童话世界里,感受文化的滋养、情感的熏陶、思想的升华。

童话故事中的角色通常都是善与恶、美与丑、真与假的化身,具有鲜明的、强烈的、截然对立的角色特征,在正义与邪恶的斗争中引起儿童情感上的共鸣,对于儿童形成正确的关于美丑、善恶、是非的道德观念起到非常重要的作用。

世界上著名的童话故事集有《安徒生童话》《格林童话》《王尔德童话》《一千零一夜》等,其中《灰姑娘》《白雪公主》《海的女儿》《丑小鸭》等经典故事,奇幻有趣的故事情节依旧对儿童有着强大的吸引力,激发着儿童的好奇心,丰富着他们的想象力,使儿童身心得到了愉悦,心灵得到了净化,给童年时光增添了许多快乐的色彩。

(三) 寓言故事

我国著名儿童文学家严文井曾说:"寓言是一个魔袋,袋子很小,却能从里面取出很多东西来,甚至能取出比袋子大得多的东西来。"寓言故事,是指含有讽喻、劝解、教育意义的故事,结构简单,内容通俗,诙谐有趣,多用借喻的手法,将富有教育意义的生活哲理和道德教训寓于简单的故事中,小故事中寓意着意味深长的道理。寓言故事大都主题鲜明,寓意深刻,具有讽刺意味,通过讽刺和揭露假、恶、丑,来歌颂和赞扬真、善、美。

我国的寓言早在春秋战国时期就已盛行。在先秦诸子百家的著作中有很多通过寓言来阐明道理,其中优秀的寓言,有《揠苗助长》《自相矛盾》《守株待兔》《刻舟求剑》《画蛇添足》等。国外的寓言作品,为世人所熟知的有古希腊的《伊索寓言》、俄国的《克雷洛夫寓言》等。

(四) 历史故事

历史故事,是指用通俗易懂的语言讲述的历史上所发生的具有一定历史意义和教育意义的故事。根据叙述对象的不同,历史故事一般分为两类:一类是以历史事件作为主要的叙述对象,描写发生在某一历史时期的具有一定历史意义的历史事件;另一类是以历史人物作为主要的叙述对象,叙述历史上的某些人物在一定历史时期的活动、作用、功过等。

在广阔浩瀚的人类历史文化的长河中,涌现出了大量的历史故事,其中包含着丰富的人生智慧、高尚的精神品质、优秀的传统美德,是人类宝贵的精神财富。透过历史故事,儿童能够感受到历史的博大精深,感悟时代的兴衰更替,体会其中蕴含的生活哲理,激发儿童对于祖国历史文化的热爱,更好地传承中华民族优秀的传统文化。

(五) 生活故事

生活故事,就是以儿童的现实生活为素材,结合儿童的亲身经历,讲述的有关儿童日常生活和学习的故事。生活故事主要是以培养儿童高尚的道德品质、良好的行为习惯为主题,用贴近生活的事例、符合儿童口味的语言、激发儿童兴趣的情节,帮助儿童在故事中找到处理生活问题、解决生活问题的答案,提高生活自理自立能力,树立高尚的道德情操,培养良好的生活习惯。

儿童的生活丰富多彩,因此,生活故事的内容也多种多样,贴近儿童生活,具有很强的亲切感和亲和力,给儿童提供可以模仿和参照的生活的样本,教给儿童做人做事的道理和

方法,向好人好事学习,向模范榜样学习,养成好习惯,纠正坏习惯,具有一定的教育意义,是儿童喜闻乐见的一种故事形式。

(六) 科学故事

科学故事是以儿童易于理解和接受的文字对自然现象、社会现象进行解释,对儿童进行科学知识的普及和教育而形成的故事。科学故事将科学知识、科学规律融入生动有趣的故事情节中,传授儿童科学常识,激发儿童探索世界的求知欲和好奇心,培养儿童科学探索的精神。

科学故事多以儿童易于观察、易于理解的动植物、自然现象、生活常识、科技发明等为素材,从身边熟悉易懂的事物中去探究其背后深刻而有趣的科学道理,解答儿童心中的疑惑,帮助儿童更好地去认识我们生活的世界,探索自然的奥秘,遵循自然规律。

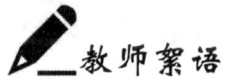

> 讲故事可以增进师生之间的情感交流,讲好一个故事,不仅能提高学生的语文素养,更能丰富孩子们的精神世界。

第二节　儿童故事的特点

小李担任一年级的语文老师,他听取了老教师的意见,给孩子们讲故事,激发了孩子们学习的兴趣。小李现在困惑的是,如何给孩子们选择故事?了解儿童故事的特点,选择适合不同年龄段的儿童的故事是非常必要的。

儿童故事是叙事性文学体裁,内容广泛,主题鲜明;情节生动有趣,结构完整紧凑;语言口语化、生活化,适合儿童口味;篇幅短小精悍,较适合口头讲述;蕴含丰富的内涵,具有感染力、教育意义。

一、主题鲜明突出,蕴含教育意义

儿童故事题材广泛,内容丰富。每个故事都有着鲜明单一的主题。主题就是故事的核心和灵魂,其中蕴含着启迪思想和陶冶情操的教育意义。儿童故事的情节紧紧围绕主题展开,就像行使中的汽车始终不能偏离航道。主题规定了故事发展的方向,确定了感情表达的总基调。同时,每个故事都想要表达一种思想,最集中的表达就是故事的主题。所以主题就是一种思想,极富哲理和教育意义,是每个故事透过文字想要表达的思想内涵。

例如儿童熟知的故事《小马过河》,内容精练生动,蕴含着深刻的道理。故事讲述了一只小马面对河水,不知所措。它问了牛伯伯和小松鼠,却得到不同的答案。妈妈告诉小马,要自己开动脑筋思考问题,并且需要亲自去试一试,才能找到解决问题的办法。这则故事的主题思想就是当我们遇到问题的时候,要学会动脑筋、想办法,并且在有所思考、有所判断的基础上,要亲自动手去做一做,试一试。这则故事短小精悍,却蕴含丰富而深刻的人生哲理,给人以智慧的启迪和心灵的陶冶。

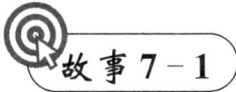

三只小猪

猪妈妈有三个孩子,老大叫呼呼,老二叫噜噜,还有一个老三叫嘟嘟。

有一天,猪妈妈对小猪说:"现在,你们已经长大了,应该学一些本领。你们各自去盖一座房子吧!"三只小猪问:"妈妈,用什么东西盖房子呢?"

猪妈妈说:"稻草、木头、砖都可以盖房子,但是草房没有木房结实,木房没有砖房结实。"三只小猪高高兴兴地走了。走着,走着,看见前面有一堆稻草。

老大呼呼忙说:"我就用这稻草盖草房吧。"呼呼的草房只花了三个小时就盖好了。老二噜噜和老三嘟嘟一起向前走去,走着,走着,看见前面有一堆木头。

老二噜噜连忙说:"我就用这木头盖间木房吧。"噜噜的木房在三天内也盖好了。老三嘟嘟还是向前走去,走着,走着,看见前面有一堆砖头。

嘟嘟高兴地说:"我就用这砖盖间砖房吧。"于是,嘟嘟一块砖一块砖地盖起来。不一会儿,汗出来了,胳膊也酸了,嘟嘟还不肯歇一下。花了三个月时间,砖房终于盖好啦!红墙红瓦,真漂亮。小猪嘟嘟乐开了花。

山后边住着一只大灰狼,它听说来了三只小猪,哈哈大笑说:"三只小猪来得好,正好让我吃个饱!"大灰狼来到草房前,叫小猪呼呼开门。呼呼不肯开。大灰狼轻轻地吹了一下,草房就倒了。

呼呼急忙逃出草房,边跑边喊:"大灰狼来了!大灰狼来了!"木房里的噜噜听见了,连忙打开门,让呼呼进来,又把门紧紧地关上。大灰狼来到木房前,叫小猪噜噜开门。噜噜不肯开。大灰狼用力撞一下,小木房摇一摇。

大灰狼又用力撞了一下,木房就倒了,呼呼和噜噜急忙逃出木房,边跑边喊:"大灰狼来了!大灰狼来了!"砖房里的嘟嘟听了,连忙打开门,让呼呼和噜噜进来,又紧紧地把门关上。大灰狼来到砖房前,叫小猪嘟嘟开门,嘟嘟不肯开。

大灰狼用力地撞一下,砖房一动也不动,又撞了一下,砖房还是一动也不动。大灰狼用尽全身力气,对砖房重重地撞了一下,砖房还是一动也不动。

大灰狼头上撞出了三个疙瘩,四脚朝天地跌倒在地上。大灰狼还是不甘心,看到房顶上有一个大烟囱,就爬上房顶,从烟囱里钻进去。三只小猪忙在炉膛里添了许多柴,烧了一锅开水。大灰狼从烟囱里钻进去,结果跌进热锅,被开水烫伤了。从此,它再也不敢来捣乱了。

老大呼呼高兴地对嘟嘟说:"盖草房虽然最省力,但是很不结实,以后我要多花力气盖砖房。"老二噜噜也高兴地对嘟嘟说:"盖木房也不结实,以后我也要多花力气盖砖房。"

嘟嘟看着两个哥哥,坚定地点点头说:"好,让我们一起来盖一座大的砖房,把妈妈也接来,大家一起住吧!"

故事分析

故事《三只小猪》讲述了三只小猪盖起了三座不同的房子,老大只花了三个小时的工夫盖了一间简陋的草房,老二花了三天的时间盖成了一间木房,只有老三不辞劳苦,用三个月的时间盖了一间结实的砖房。大灰狼来了,接连把老大的草房吹倒了,把老二的木房撞倒了,只有老三的房子在大灰狼猛烈的撞击下依然纹丝不动。最后,大灰狼跌进了热锅,吓得再也不敢来了。在故事的结尾大灰狼得到了应有的下场,儿童在不禁捧腹之余,能从简单朴实的故事之中感悟深刻的做人道理,这是这则故事深刻的教育意义所在。这则故事构思简洁,主题鲜明,告诉我们,做任何事情都要认真仔细,不能马虎,要不怕苦,不怕累,尽最大努力做到最好。语言朴实无华,思想却很深刻,儿童故事总是在不经意间,给人潜移默化的心灵启示和教育启迪。

二、情节生动有趣,激发儿童兴趣

情节生动有趣,环环相扣,跌宕起伏,回味无穷,这也是儿童故事的一大特点。儿童故事的接收对象主要是学龄前及小学低、中年级儿童,故事的生动性和趣味性是故事吸引儿童注意力的关键因素。儿童的注意力容易分散,所以情节生动有趣才能够引起儿童的好奇心和极大兴趣,儿童才能够将注意力集中在故事内容和情节发展上。一个好的故事,通常都有着引人入胜、扣人心弦、发人深省的故事情节。在故事情节的牵引下,人们仿佛置身于故事内容所创设的情境之中,如临其境,与故事中的人物同呼吸、共命运,他们的一举一动牵动着人们的心弦,他们的经历让人们感同身受,在这层层推进的故事情节中,人们感受着心灵的震撼、感悟着人间冷暖、体会着至真至善、品尝着人间苦乐。

例如经典故事《小蝌蚪找妈妈》,讲述了池塘里的小蝌蚪慢慢长大,它们要去寻找自己的妈妈,却不知道妈妈长什么样。它们把鲤鱼、乌龟误认为自己妈妈,在它们的帮助下,小蝌蚪们终于找到了自己的妈妈。在寻找妈妈的过程中,它们也不知不觉变成了小青蛙,帮助妈妈一起捉害虫。这则故事以童话的形式,将生硬的、抽象的青蛙成长变化过程以有趣、活泼、生动的方式呈现了出来,也让儿童明白,无论遇到任何困难都要坚持不懈,勇往直前,才能最终取得胜利。这则故事情节曲折坎坷,但节奏轻快,充满温情,让人印象深刻,回味良久。

小老鼠和大老虎

我是一只老鼠,看见了吧,一只很小的小老鼠。

我身后那个又高又壮的家伙是大老虎。

我们俩是好朋友。

可是,怎么说呢,我们之间还是有点小问题……

每次玩"西部牛仔"的游戏,大老虎总是当好人,我总是当坏人。

大老虎说:"好人最后总是会赢的!"

唉,我能说什么呢? 我不过是一只很小的小老鼠。

每次分甜面圈,大老虎分到的那块总是比我的大。

大老虎说:"这样分才对嘛!"

唉,我能说什么呢? 我不过是一只很小的小老鼠。

每次看到想要的花儿,大老虎总是命令我跳下去采给他。

大老虎说:"好美的花啊!"

唉,我能说什么呢? 我不过是一只很小的小老鼠。

有一天,我用积木搭了座城堡,这是我搭过的最大的一座城堡!

"快看——大老虎!"我得意极了。

大老虎头也不回,只是怪声怪气地说:"哟,不错嘛。"

突然,他跳起来,大吼一声"呀——",用他刚刚学会的空手道把我的城堡踢飞了!

"够了!"我气得大叫起来,"我再也不跟你玩了! 虽然我只是一只很小的小老鼠,但是,你也不过是个很大的大坏蛋! 哼,拜——拜!"

我好生气、好伤心啊!

其实,我更多的是害怕。

以前,我哪敢这样对大老虎大喊大叫?

只是这一次……

大老虎找到我了! 我的心吓得"咚咚"直跳。

完了,这下他会像踢飞我的城堡一样,一脚把我踢飞。

"走开!"我冲他叫起来,"我才不怕你呢! 别过来!"

奇怪的是,大老虎并没有踢我。

原来,他重新搭好了我的城堡。

真的呐! 可是,我告诉他:"我还是不想跟你做朋友。"

大老虎说:"玩不玩'西部牛仔'啊? 这样吧,你当好人,我当坏人。"

哈,我终于可以当好人啦! 可是,我告诉他:"我还是不想跟你做朋友。"

大老虎又说:"吃不吃甜面圈啊? 这样吧,你吃大的,我吃小的。"

哈,我终于可以吃大的那块啦!可是,我告诉他:"我还是不想跟你做朋友。"
最后,大老虎说:"要不要花啊?这样吧,我下去给你摘!"
哈,我随便指了一朵,他就勇敢地跳了下去……
"嗯……可能吧。"我闻着花香告诉他,"我可能会跟你做朋友,不过,只是有可能喔。"
大老虎听了,很开心。
从那天起,我们又高高兴兴地在一起玩了——
有时候我当好人,有时候他当好人。
有时候我去摘花,有时候他去。
对了,吃甜面圈时,我们一人一半了!
这真是太好啦!

故事分析

这则故事主题鲜明,告诉我们朋友之间要平等相待、友好相处,友谊才能地久天长。故事情节的发展都是围绕着这一主题展开的,从大老虎对小老鼠的"不平等对待"到后来的友好相待,这一主题一以贯之。另外,故事情节风趣诙谐,幽默夸张,整个画面洋溢着浓厚的朴实稚气的艺术气息,让人不禁捧腹,同时友谊的温馨暖意又令人动容。

三、内容贴近生活,揭示生活哲理

儿童故事的题材广泛,类型多样,内容丰富,包罗万象。故事内容多是贴近儿童日常生活实际,取材来源于生活,或是截取生活中的一些场景、片段,或是对于生活当中发生的一些事情的感悟,或是对人生、生活的一些思考,或是通过拟人化的手法,赋予自然界其他生物人的语言、思维、处事方式,再现人类社会的生活。生活化是儿童故事的主要特点,围绕生活,思考生活,再现生活。儿童故事的生活化特点也是与儿童的思维发展水平、认知能力、生活阅历等相符合的。儿童故事的内容如果超出了儿童生活认知领域,儿童对于故事内容的理解就会存在一定难度,教育效果就会大打折扣。因此,能够深受儿童喜爱、符合儿童口味、使儿童从中受益匪浅的儿童故事,必然是取材于生活,同时又高于生活,善于从生活中的小事中去提炼深刻道理,具有启发性和教育意义,同时又对生活有着指导作用。儿童故事来源于生活,高于生活,又回归生活,指导生活,和生活息息相关,解读着生活的内涵,揭示着生活的哲理。

萝卜回来了

雪这么大,天气这么冷,地里、山上都盖满了雪。小白兔没有东西吃了,饿得很。

它跑出门去找。小白兔一面找一面想:"雪这么大,天气这么冷,小猴在家里,一定也很饿。我找到了东西,去和它一起吃。"

小白兔扒开雪,嘿,雪底下有两个萝卜。它多高兴呀!

小白兔抱着萝卜,跑到小猴家,敲敲门,没人答应。小白兔把门推开,屋里一个人没有。原来小猴不在家,也去找东西吃了。

小白兔就吃掉了小萝卜,把大萝卜放在桌子上。

这时候,小猴在雪地里找呀找,它一面找一面想:"雪这么大,天气这么冷,小鹿在家里,一定也很饿。我找到了东西,去和它一起吃。"

小猴扒开雪,嘿,雪底下有几颗花生。它多高兴呀!

小猴带着花生,向小鹿家跑去,跑过自己的家,看见门开着。它想:"谁来过啦?"

它走进屋子,看见萝卜,很奇怪,说:"这是哪来的?"它想了想,知道是好朋友送来的,就说:"把萝卜也带去,和小鹿一起吃!"

小猴跑到小鹿家,门关得紧紧的。它跳上窗台一看,屋子里一个人也没有。原来小鹿不在家,也去找东西吃了。

小猴就把萝卜放在窗台上。

这时候,小鹿在雪地里找呀找,它一面找一面想:"雪这么大,天气这么冷,小熊在家里,一定也很饿。我找到了东西,去和它一起吃。"

小鹿扒开雪,嘿,雪底下有一棵青菜。它多高兴呀!

小鹿提着青菜,向小熊家跑去;跑过自己的家,看见雪地上有许多脚印,它想:"谁来过啦?"

它走近屋子,看见窗台上有个萝卜,很奇怪,说:"这是从哪来的?"它想了想,知道是好朋友送来给它吃的,就说:"把萝卜也带去,和小熊一起吃!"

小鹿跑到小熊家,在门外叫:"开门!开门!"屋子里没有人答应。原来小熊不在家,也去找东西吃了。

小鹿就把萝卜放在门口。

这时候,小熊在雪地里找呀找,它一面找一面想:"雪这么大,天气这么冷,小白兔在家里,一定也很饿。我找到了东西,去和它一起吃。"

小熊扒开雪,嘿,雪底下有一只白薯。它多高兴呀!

小熊拿着白薯,向小白兔家跑去;跑过自己的家,看见门口有个萝卜,它很奇怪,说:"这是从哪来的?"它想了想,知道是好朋友送来给它吃的,就说:"把萝卜也带去,和小白兔一起吃!"

小熊跑到小白兔家,轻轻推开门。这时候,小白兔吃饱了,睡得正甜哩。小熊不愿吵醒它,把萝卜轻轻放在小白兔的床边。

小白兔醒来,睁开眼睛一看:"咦!萝卜回来了!"它想了想,说:"我知道了,是好朋友送来给我吃的。"

故事分析

故事《萝卜回来了》,全篇充满了温暖、和谐、友爱的氛围。故事内容贴近儿童生活,用拟人化的手法呈现了小朋友们之间互相帮助、相亲相爱的美好生活画面,时时刻刻为自己的朋友着想,把自己的东西和朋友一起分享是最快乐的事情。故事中的小白兔、小猴、小

鹿、小熊在寒冷的雪天去找东西吃,都是先想到了自己的朋友没有东西吃,都先把自己找到的食物留给自己的朋友吃。故事中的这些画面贴近儿童生活,使儿童在品味故事的同时,也仿佛回到了和自己的小伙伴们相处时的情景,如临其境,感同身受。

四、语言通俗易懂,易于儿童理解

儿童故事之所以深受儿童喜爱,是因为儿童故事的语言口语化、趣味化易于理解。语言在故事和儿童之间搭起一座心灵交流的桥梁,通过语言的描述带领儿童进入奇妙的故事世界,在这里,儿童积累了丰富的语言,拓展了奇特的想象力,提高了推理情节的逻辑思维能力。因此,儿童故事的语言力求通俗易懂、言简意赅,叙事方式多用顺叙、平铺直叙、娓娓道来,多使用生活化、口语化、对话性的语言,贴近生活,常用简单句、短句、拟人手法、象声词,易于理解,便于记忆,形象生动,吸引儿童的注意力,激发儿童的兴趣和好奇心,使儿童在简单、朴素、清晰、生动的语言描述中,感受故事所带来的美妙场景,体会故事情节的曲折离奇,感悟其中蕴含的丰富哲理。同时,儿童故事语言的丰富性、生动性、有趣性,也为儿童语言能力的提高提供了丰富的语言资源,也在潜移默化中提升了儿童的语言感受能力和领悟能力。

让我们一起感受以下儿童故事的语言魅力吧!

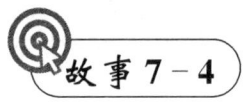

小小猪救狐狸

"救命呀,救命呀!"一只狐狸在求救。小小猪正在喝果汁,听到狐狸的声音,想去救狐狸。

一只乌鸦飞过来:"别去,别去,狐狸上个月骗走了我的汉堡包。"

"救命呀,救命呀!"狐狸的求救声又响起来了,小小猪坐不住了,想去救狐狸。

一只兔子蹦过来:"别去,别去,狐狸上周骗走了我的小花帽。"

"救命呀,救命呀!"狐狸的求救声又传来了,小小猪坐不住了,想去救狐狸。

一只小鸭走过来:"别去,别去!狐狸前天骗走了我的小水枪。"

"救命呀,救命呀!"狐狸的求救声又飘来了,小小猪坐不住了,想去救狐狸。

一条小蛇爬过来:"别去,别去!狐狸昨天骗走了我的棒棒糖。"

"救命呀,救命呀!"狐狸的声音越来越小了,小小猪坐不住了,端着果汁冲过去。

"狐狸,狐狸,赶紧喝口果汁润润嗓子,让我看看你怎么啦!"

"我发现小石洞里有闪光的东西,伸手去拿,不小心被卡住了。"

狐狸一边喝着果汁,一边说,"你赶快拿铁锹来帮帮我。"

小小猪急匆匆地拿来铁锹,帮狐狸把手从石洞里掏出来。

"这个,送给你!"狐狸把它刚刚在石洞里发现的那枚闪亮的小奖章,轻轻地挂在了小小猪的胸前。

> **故事分析**
>
> 故事《小小猪救狐狸》,讲述了一只狐狸在求救,但是其他小动物们都劝小小猪不要去救它,但是小小猪还是没有坐住,帮助狐狸把手从石洞里掏了出来,狐狸把从石洞里发现的闪亮的小奖章挂在了小小猪的胸前。这则故事虽篇幅短小,但寓意深刻,告诉我们不要总是用过去的眼光来看待他人,要在他人有困难的时候,伸出援手去给予帮助。故事语言贴近生活,以口语化语言、对话性语言为主,将小动物们劝说小小猪不要去救狐狸的对话的场景生动地展现了出来,表达了小动物们对狐狸的不满,极富画面感,又形象有趣,吸引儿童的注意力。简单化、生活化、趣味化的语言易于儿童理解,能提高儿童兴趣,更好地发挥故事的教育效果。

本节内容为我们展示了儿童故事的独特性,通过学习儿童故事的特点,我们也可以了解到如何写出适合儿童阅读的故事及文章,为我们日常如何与学生进行口语交流提供了可以借鉴的思路。

第三节　儿童故事的功能及作用

小李作为一年级的语文老师,在教学的过程中,他发现孩子们都很喜欢听他讲故事,原来讲故事也是一种很好的教育方式。那么,给儿童讲故事有哪些益处呢?儿童故事对儿童成长又有哪些帮助呢?

儿童故事是儿童认识世界的一扇窗户,打开这扇窗户,儿童看到了一个神奇美妙、五彩斑斓的世界。在这个神奇的故事世界中,有着个性突出、对立鲜明的角色,引人入胜、跌宕起伏的情节,生动有趣、诙谐夸张的语言,奇异独特、深邃有力的思想,纵横古今、通达天下的智慧,这些给儿童以知识的滋养、智慧的启迪、心灵的感召、情操的陶冶和思想的感悟,使儿童明辨美丑是非,感知世间冷暖,传递善行美德,培养求真、向善、臻美的道德情操。故事更像是儿童的心灵导师,在潜移默化中引领儿童成长,为儿童开启通往广阔世界的智慧之门,帮助儿童健全和完善自身的人格,丰富和充盈内在的精神世界,培养对于美好事物和现实生活的审美和热爱之情,学会与外在世界的和谐相处之道,建立友善、真诚、互助的和谐人际关系。

一、儿童故事可以促进儿童认知发展

认知发展是指个体自出生后在与环境相互作用的过程中,对事物的认知情况以及面

对问题、处理问题的思维模式与能力水平随着年龄增长而变化的过程。皮亚杰"儿童认知发展阶段理论"将儿童的认知发展分为以下四个阶段：感知运动阶段（0—2岁），这一阶段，儿童仅靠感觉和动作适应外部环境，应付外界事物，在这个阶段儿童认知上的最大成就是实现了主客体分化和因果联系的形成；前运算阶段（2—6、7岁），这一阶段，儿童将感知动作内化为表象，可凭借表象进行思维，从而使思维有了质的飞跃，其主要特点是泛灵论、自我中心主义、思维的不可逆性、缺乏守恒等；具体运算阶段（6、7岁—11、12岁），这一阶段，儿童的认知结构由表象图示演化为运算图示，逻辑思维开始萌芽，具有守恒性、去自我中心化和可逆性，但思维活动还需要具体事物的支持；形式运算阶段（11、12岁及以后），这一阶段，儿童思维已能摆脱具体事物的束缚，不受具体事物的内容的局限，能把形式与内容分开，进行抽象的逻辑思维，能根据假设进行逻辑推理，儿童抽象逻辑推理能力得到发展。

小学儿童正处于具体运算阶段，此时儿童的思维变化主要是从形象思维向抽象思维转化，逻辑思维开始萌芽，思维具有可逆性，能解决守恒问题，能对具体事物进行群集运算，但仍脱离不了具体事物的支持。所以，此时的儿童喜欢故事，喜欢故事中那些美好的人、事、物所带来的舒适愉悦的心理体验，陶醉于离奇有趣的故事情节所带来的心灵的震撼，幻想自己能够成为故事中那些有着脱俗的外表和超凡的力量的人物，这些都与儿童此时的思维发展特点和认知水平相符合。

（一）促进儿童语言的发展

儿童故事内容丰富多彩，类型多种多样，语言生动有趣，极具感染力和教育意义。故事就是一种语言，是一种对儿童进行情感表达、文化传递的语言。故事是儿童学习语言的一种重要途径，故事在儿童语言学习中起着举足轻重的作用。儿童故事的语言具有趣味性、生动性、生活化、口语化、文学性等特点，贴近儿童生活，符合儿童口味，易于儿童理解和接受，便于儿童模仿和学习，儿童可以从中积累和学习大量词汇，有利于儿童语言连贯性和思维逻辑性的发展。另外，教师在讲述故事之后，可指导儿童将故事进行复述、改编或续编，模仿故事中优美的词句、段落、章节，使之融入自己的语言体系中。

早晨（节选）

世上最美好的事情，是去看一天是怎样诞生的！

天空突然闪出一丝阳光。夜的黑暗将悄悄地躲藏到山谷和石缝中去，躲藏到浓密的树叶里去，躲藏到沾满露水的乱草丛中。山顶露出愉快的笑容，仿佛在对夜的淡淡的阴影说："别害怕，这是太阳！"

海浪高高地昂起雪白的脑袋，向太阳鞠躬，好像美丽的宫嫔在向国王朝拜，并且吟唱着："欢迎你啊，世界的主宰！"

和煦的太阳微微含笑。这些波浪整夜戏耍着，不停地翻滚。现在，她们披头散发，身上绿色的衣裳皱皱巴巴,天鹅绒的长披纱也被搅得乱七八糟了。

"早上好!"太阳升到海面上说,"早上好,美丽的浪花! 不过你们玩够了,安静一下吧! 要是你们继续这样高高地蹦跳,孩子们将不能在海水中洗澡! 应该让世界上的一切都能得到各自的享受,不是吗?"

石头缝里爬出几条绿色的蜥蜴,眨着惺忪的睡眼,它们相互说:

"今天的天气一定很热!"

在热天,苍蝇飞得不勤快,蜥蜴能够轻易地捕获它们,把它们吃掉。吃活的苍蝇,这是一件多么惬意的事情!

花儿沾满了露珠,摇晃着,仿佛说:

"把我们描绘下来吧,先生,早晨我们用露水的衣饰装扮着,是多么的美丽啊! 用言语替花儿描绘一帧小照吧!"

她们是一群狡猾的小东西! 花儿深知她们动人的绝色天姿是无法用文字形容的,于是,嘻嘻地笑了!

我脱帽向她们致敬道:

"你们太客气了! 谢谢你们的盛情厚谊,可是,我今天没时间了。以后吧,也许能做到……"

群花向太阳伸着懒腰,自豪地微微含笑。映在露珠里的朝霞光华夺目,用宝石般的灿烂光辉镶满花瓣和叶片。

金色的蜜蜂和黄蜂已经在花间飞舞盘桓,贪婪地吸吮着香甜的花蜜,她们低沉的歌声在温馨的空中回响:

美好的太阳——

使生活永远欢畅!

幸福的劳动——

给大地披上盛装!

故事分析

《早晨》是苏联著名文学家高尔基的一篇经典儿童散文,语言优美、意境丰富,赞美一天之中充满生机与活力的早晨,通篇洋溢着新的一天开始时的欢乐与喜悦。全文虽然没有具体的故事情节,但语言美妙,将我们带进了一个童话般的世界。作者采用拟人的修辞手法,描述了太阳带来光明,黑暗渐渐退去的情景,"闪出、躲藏、愉悦"等词语表现出作者的欣喜的感情。接着,作者又巧妙地用拟人化的描写,写出了新的一天由静到动的变化,烘托出太阳在新的一天诞生中的作用,表达了作者对太阳的赞美之情。文章中的早晨如此之美,不单单是客观景致的美,更是作者语言的魅力所带来的效果。优美的语言文字,丰富了儿童的语言储备,有助于儿童语言知识和语言技能的提升。

(二) 丰富儿童的知识

儿童故事展现在儿童面前的是一个精彩有趣、惊喜纷呈、包罗万象的童趣世界,蕴含着丰富的知识和文化,在这里儿童的好奇心、求知欲、探索欲得到大大的满足。儿童故事里有着美丽动人的神话传说,流传至今,传为佳话;有着足智多谋、骁勇善战的历史人物,他们的智慧至今对我们的生活有着重要的启发;有着诙谐幽默、惊险刺激的生活奇遇,带领我们走进生活,了解生活,发现生活的奇妙和美好;有着探索世界、认识自然的科学奥妙,引领我们遨游在科学知识的海洋里。儿童故事为儿童打开一扇通往知识宝殿的大门,引领儿童去感知、去思考、去探究、去体验,不断地开阔视野,拓展见识,累积知识,增长智慧。这种获取知识的途径,比起直接告知或讲授,记忆要更加深刻,意义也更加深远。

(三)促进儿童想象力的发展

儿童故事为儿童打开了一幅壮丽而神奇的画卷,童话故事、神话故事中的大胆想象、天马行空的画面,科学故事中天才科学家们富有探索性、创造性的实验和研究,历史故事中著名历史人物足智多谋、智勇双全的经典传奇,生活故事中充满哲理、富有趣味性的生活智慧以及根据现实做出的合理推理,激发着儿童强烈的与生俱来的好奇心和求知欲,犹如给儿童插上了一对想象力的翅膀,让他们飞翔在奇妙无比的美丽天际,探索着广阔世界的无尽奥秘。想象力是儿童的一种天赋,想象力是创新、创造能力的前提,儿童富于新奇的想象,也愿意进行有趣的创造。儿童总是将自己的想象力发挥得淋漓尽致,让人惊讶于儿童对于外界事物的各种想象,富有童趣,且富有诗意。儿童的想象有对过去经验的重现,有对虚幻世界的臆想。儿童故事抓住了儿童想象的特点,符合儿童想象的实际。小学中低年级儿童对童话故事、神话故事充满兴趣,总是将自己想象成故事当中超级无敌、力大无比的英雄人物。小学高年级儿童的想象力主要集中于对逻辑推理性故事的好奇和求知,想搞清楚事情的来龙去脉,这些特点是这个时期儿童逻辑思维能力进一步发展的体现。儿童故事促进了儿童想象力的发展。

故事 7-6

木偶奇遇记(节选)

小镇上,住着一位专门做玩具的薛贝特老伯伯,老伯伯没有孩子,生活十分寂寞。因此,有一天,老伯伯便用木头做了一个可爱的男孩,并给他取名叫匹诺曹。

做完后,老伯伯对他爱不释手,忍不住叹口气说:"哎!如果你是个真的小男孩,那该有多好啊!那我就让你做我的儿子!"

半夜里,怪事发生了,一位美丽的天使突然出现了。仙女轻轻地对熟睡的老伯伯说:"老伯伯,因为你以前做过许多美丽可爱的玩具,为孩子们带来欢笑,因此,我就帮您实现您的愿望。"

仙女将魔棒轻轻一点,匹诺曹站起来了。匹诺曹在桌子旁不停地练习走路,走着,走着,竟跌倒了,吵醒了老伯伯。

老伯伯揉揉双眼,不敢相信眼前的一切。最后老伯伯忍不住,高兴地一把抱起匹诺曹,又唱又跳!第二天,匹诺曹开始上学了。他带着书往学校去,才走到半途,忽然听到喇叭声、鼓声……好不热闹!

"咦,是在演戏呢!真想去看看……但是,又必须上学……唉!我想,迟一天去上学,应该是无所谓的。"这么自我安慰后,匹诺曹便急忙往戏团赶去。

戏团的主人因为匹诺曹的可爱,便赏了他五枚金币。匹诺曹高兴极了,拿着金币往家里跑,谁知竟碰上了狡猾的狐狸和猫。

"匹诺曹啊!你想不想让你的钱变得更多呢?我们知道有个奇异的草原,只要你种下一枚金币,就会生一棵长满金币的树哦!"

"真的吗?那请你们快带我去吧!"

结果,匹诺曹受骗了,他们逼他交出金币来,匹诺曹将金币藏在嘴里,狐狸和猫找不到,便将他吊到树上去了。

就在匹诺曹逐渐支持不住时,仙女来了,仙女将魔棒轻轻一点,把匹诺曹从树上救了下来。

"这是怎样回事?"仙女问。

"说实话太丢脸了。"匹诺曹心想,于是,他开始撒谎编故事。

咦,不对呀!怎么会愈说鼻子变得愈长呢?匹诺曹继续说,鼻子又继续变长,他最后忍不住哭出来了。

仙女说道:"匹诺曹,你的爸爸在你的身上安了机关,如果你说谎的话你的鼻子就会随着你说谎次数的加多而变得越来越长。正因为你刚才说了谎话,所以你的鼻子才越来越长。"

"救救我,不要再让我的鼻子变长了,我再也不敢说谎了。"匹诺曹哭着向仙女哀求道。

仙女见他实意要改过,这才让他的鼻子恢复正常。这一次,匹诺曹决心要做个好孩子了。

故事分析

这则故事是意大利作家卡洛·科洛迪写的著名童话,主人公匹诺曹是一个贪玩逃学的小木偶,他不去上学,去看木偶戏,之后遇到了狡猾的狐狸和猫,之后又遇到仙女,又因撒谎而鼻子变长,告诉我们做人要诚实。这则童话想象力丰富,人物形象栩栩如生,情节曲折动人,引起儿童极大的兴趣,激发儿童的想象力,儿童对因撒谎而鼻子变长的故事情节产生极大的好奇心,会将其与自己的生活联想到一起,想象自己如果撒谎鼻子会不会也变长,由此教育儿童要做诚实的人,不要撒谎。

二、儿童故事可以陶冶儿童的性情

(一) 健全儿童的人格

在社会心理学中,人格即人的个性,是个体在先天生理素质的基础上,在一定社会历史条件下,逐渐形成和发展起来的个人稳定的气质、性格、能力、兴趣、爱好等的内部倾向性和心理特征的总和。在儿童人格特性形成的过程中,来自先天的遗传因素、生理因素等的影响较少,来自后天家庭、学校、社会的养育和教化的影响较大。小学阶段是儿童各种素质发展的基础阶段,是儿童心理素质完善、人格健全、良好品格形成的关键期,而儿童健全人格、良好品格的形成影响其未来人生的发展。因此,在小学阶段,家长和教师要重视儿童心理、品格和人格的培养,使儿童拥有正确的人生观和良好的心理品质,善于适应环境,学会关爱自己,善待他人,保持心情愉快;遇事冷静乐观,不畏艰难,不断进取,有解决矛盾或困难的能力和毅力。儿童故事是人类智慧和文化的宝库,其中不仅蕴含着丰富的科学文化知识,还充分彰显着人类高尚的精神品质、高度的思想觉悟、坚忍的意志品格和积极的心理状态,对于儿童人格的健全和品格的完善起到重要的潜移默化的作用。

老人与海(节选)

他又试了一下,等他把鱼调转过来时,他感到自己要垮了。那鱼竖直身子,又慢慢游开,巨尾在空气中摇摆着。

我还要试一下,老人发誓,尽管他的双手此时已软弱无力,眼前恍恍惚惚。

他又试了一下,还是一样。他感到还没动手前自己就要垮下来了,他想,我还要再试一下。

他忍住了一切痛楚,拿出剩余的力气和丧失已久的自傲,用来对付这鱼的痛苦挣扎,于是它回到他身边,在他身边斯文地游着,它的嘴几乎触到船板,它开始从船边游过去,长,深,宽,银底上嵌着紫色条纹,在水里显得长不可测。

老人放下钓索,用脚踩住,尽其所能把鱼叉高高举起,用尽全身力气,加上他刚刚鼓起的勇气,对准大马林鱼升起在空中、和老人胸脯一样高的大胸鳍稍后一点的地方戳去。他感到铁叉扎了进去,立即把身体倚在鱼叉柄上,让它插得更深,随后把全身的重量压上去。

于是那鱼折腾起来,垂死挣扎的它,从水中高高跃起,把它惊人的长与宽、力与美,展现得一览无遗。它仿佛悬在空中,就在小船中老人的头顶上空。然后,它砰然跌进水里,激起的浪花溅了老人一身、一船。

老人感到头晕、恶心,看不清东西。他整理了鱼叉上的绳子,让它从破了皮的双手间慢慢溜出去,当他能看见东西时,见那鱼仰躺着,银色的肚皮朝上。鱼叉的柄带着一个角度插在鱼的肩部,海水被它心脏里流出的血的红色弄脏了。起先,它像一英里多深的蓝色海水中的一个鱼群那样晦暗,然后它像云彩扩散开来。那鱼银光闪闪,静静地从流漂荡。

老人用他仅存的微弱视力仔细打量着。他把鱼叉上的绳子在船头的缆柱上绕了两圈,然后把头埋在双手里。

"让我脑子保持清醒吧,"他对着船头的木头说,"我是个累坏了的老头儿。可我杀死了这条鱼——我的兄弟,现在我得去干苦力活儿了。"

现在我必须准备套索和绳子,把它绑在船边,他想。即使我这里有两个人,把船加水沉下去一点,把它拉上船,再把水舀掉,这条小船也绝对装不下它。我得准备好一切东西,然后把它拖过来,绑牢,竖起桅杆,起航回家。

他开始把鱼拖过来,让它靠在船边,这样他能用一根绳子穿进它的鳃,从它嘴里拉出来,把它的脑袋紧绑在船头边。我要能看到它,他想,能碰碰它,能摸摸它。它是我的财富,他想。然而我想摸它倒不是为了这个。我觉得刚才已经摸到它的心,他想。那是在我第二次把鱼叉柄向里顶的时候。现在得把它拖过来绑牢,在它尾巴上拴个套,另一个绑在它的中段,把它绑牢在船上。

故事分析

《老人与海》是美国现代小说作家海明威创作的一部小说,它围绕一位老年古巴渔夫圣地亚哥展开,讲述他与一条巨大的马林鱼在离海岸很遥远的湾流中搏斗的历程。这则故事字里行间流露出的都是永不服输、顽强拼搏的精神。这种精神对于儿童来说,是碰到困难不气馁、不畏艰难、勇往直前的勇气,是战胜自我、永不言败的坚持,这则故事潜移默化中给予儿童奋发图强的力量,给予儿童在坚持之后看到胜利曙光的希望,对于培养儿童坚韧不拔的意志具有积极的促进作用。

(二) 培养儿童的良好品德

我国伟大的人民教育家陶行知曾指出,"道德是做人的根本,没有道德,纵使你再有学问和本领,也是无用的"。良好的品德是为人的根基,是处世立身的根本。小学阶段是儿童良好品德形成的关键时期,良好品德的形成对儿童的成长有着重要的影响。因此,加强对儿童的品德教育非常重要,家庭、学校要注重引导儿童掌握基本的社会道德规范,使其形成对是非、善恶、美丑、好坏的辨别和评价能力,促进儿童良好品德的形成。品德教育的范畴很广,包括文明礼貌教育、个性品质教育、行为习惯养成教育、亲情友情教育等。在小学阶段,有些课程就承担着对学生进行品德教育的任务,如在《义务教育语文课程标准》中就有相关表述:"在语文学习过程中,培养爱国主义、集体主义、社会主义思想道德和健康的审美情趣,发展个性,培养创新精神和合作精神,逐步形成积极的人生态度和正确的世界观、价值观。"《义务教育品德与生活课程标准》更加开宗明义地指出:"良好的品德是健全人格的根基,是公民素质的核心。"可见,小学阶段的品德教育,对于打好人生基础非常重要。

儿童故事是对儿童进行品德教育的重要形式,在儿童品德教育当中起到了润物无声的作用。儿童故事通俗易懂又富含哲理,很多故事都是以传统美德、孝老爱亲、团结友爱、助人为乐、礼貌待人等儿童良好品德和行为习惯的养成为主题,用儿童喜闻乐见的方式寓教于乐,在轻松愉快的氛围中潜移默化地对儿童进行品德教育。另外,不同年龄、学龄的儿童的心理特点有所不同,所表现出的在道德层面的发展特点和要求也有所不同,教师可有针对性地选择不同类型的故事来进行品德教育。六岁到八岁的儿童通常把老师的话当成权威,对老师非常信任,教师可通过体现良好品德的故事来引导儿童进行有益的效仿,培养其正确的道德观。八岁到十岁的儿童,渴望与同伴的交往,并且注重在交往中遵守平等的原则,这个阶段的儿童开始产生道德判断能力的萌芽,教师可选择体现平等交往原则的故事或是有着鲜明对立的道德角色的故事来引导学生学会辨别生活中的道德事件。十一岁到十二岁的儿童,开始能够从关心和同情等基本的道德品质出发做出一些道德判断,并且能够自觉遵守道德规范,道德性逐渐由他律转向自律,教师可通过富有哲理并体现优秀道德品质的历史故事、革命故事等,使儿童从情感上认同培养优秀道德品质和遵守道德规范的重要性。

(三) 培养儿童的审美能力

审美是人类感受世界、理解世界的一种形式,是对美的对象的投入和感悟的一种情感体验,是发现美、欣赏美、感受美的一种精神享受。审美能力的培养对于儿童去发现生活中的美,体验生活中的美好与快乐,培养积极向上的人生态度具有重要的意义和作用。小学阶段的儿童已经初步具有了审美能力,他们用自己原始的、独特的眼光欣赏着这个世界上的美好事物,从大好河山的秀丽壮美,到优秀人物的心灵之美、文学作品里的一首诗歌、一个故事所展现的语言之美,都能够引起他们的情感共鸣。因此,应加强儿童的审美教育,引导儿童去体验大千世界之美,培养敏锐的对于美的感受力,使其拥有健康的审美情趣,使内在的精神世界和谐愉悦,积极快乐地投入生活和学习之中。

儿童故事通俗易懂,生动有趣,形象鲜明,主题明确,在儿童面前展开一幅美妙绝伦、精彩纷呈的画卷,其中蕴含着丰富的审美元素,是对儿童进行审美教育的宝贵资源。童话故事中有浪漫的情调、真挚的感情、纯粹的友谊、无畏的精神,主人公总是在历经磨难之后,迎来美好的新生活,多么令人向往;历史故事中那些充满智慧和才华、谋略和力量的英雄人物,使儿童在表达崇敬之情和赞美之意的同时,感受历史厚重之美;生活故事中那些助人为乐、舍己为人、团结友爱、尊老爱幼的美德画面,使儿童深深感受生活带来的和谐之美。儿童故事中创设的美好情景,处处给人以美的体验和享受,能够调动儿童的兴趣和想象力,培养审美情趣,提高感悟真善美的能力,激发儿童对生活的热爱之情。

三、儿童故事有助于建立良好关系

儿童社会化过程是儿童在一定的社会条件下遵守社会规范、正确处理人际关系,从而适应社会生活的心理发展过程,即儿童完成从"自然人"转变为"社会人"的过程。儿童社会化过程是儿童学习如何与人相处、如何构建和谐的人际关系的过程。和谐的人际关系是儿童健康成长的重要外部因素。在儿童成长中,亲子关系、伙伴关系、师生关系,构成了儿童生活学习中主要的人际关系内容,这三种关系的正确处理深刻影响着儿童良好心理素质的养成。在和谐的关系中成长的儿童,身心愉悦、自信乐观、与人为善、注重合作。因此,家长和教师要注重培养儿童正确处理人际关系的能力,为儿童健康成长创造良好的家庭氛围和学校氛围。家庭是人生的第一所学校,家长要注重为儿童成长创造温馨和谐的家庭氛围,注重良好家教家风的培育和传承,为儿童健康成长保驾护航。学校是儿童进入小学之后生活学习的主要场所,伙伴关系、师生关系是儿童在学校期间必须要面对和处理的两种关系。小学阶段的儿童渴望拥有自己的伙伴,和伙伴建立友谊,从伙伴相处中去建立规范意识,从而适应社会性发展的需要。建立友爱互助的伙伴关系,能够帮助儿童尽快适应学校生活,融入社会性角色,促进自身心理健康和各方面素质的提高。

(一) 建立融洽的亲子关系

儿童故事陪伴着孩子的童年时光,不仅是儿童成长的精神养料,更是增进亲子关系的催化剂。和父母一起在故事的世界中徜徉的那些亲子时光,是每个儿童心中最美好的记忆。在那些温馨的亲子时光中,父母反复讲述、儿童百听不厌的《猴子捞月亮》《小蝌蚪找妈妈》的故事,伴随着他们的成长印在了记忆深处,影响着他们对世界的最初认知,也拉近了父母和孩子心与心的距离。亲子关系的亲密与融洽,是儿童一生取之不尽、用之不竭的内在原生动力,是儿童成长过程中最温暖的依靠和港湾。儿童故事能够为良好亲子关系的建立创造美好而奇妙的意境,父母和孩子一起遨游其中,探索未知世界,解答孩子心中无数个"为什么",在角色模仿、游戏玩耍中度过最快乐的亲子时光,增进彼此感情的交流,建立更加亲密的关系。

(二)建立良好的师生关系

刚踏进校园的小学生,从家庭步入学校,面对的是一个崭新而又陌生的世界。教师是儿童在小学阶段接触最多、对其影响最大的社会角色。随着对学校生活和学习的逐步适应,儿童从对父母的依赖逐渐转向对老师权威的认同。教师在儿童学校生活和成长过程中起着非常重要的作用,教师不仅是知识文化的传授者,更是良好思想品德和行为习惯养成的引导者。教师要树立在儿童心目中的权威,也要成为儿童健康成长的人生导师和知心朋友。建立融洽亲密的师生关系,形成尊师重教、平等交流、充满爱意、富于合作的校园氛围,有助于儿童适应学校生活和学习,从中找寻学习的乐趣,学习与人相处之道,为其今后的社会化发展打好基础。

儿童故事为儿童开启智慧之门,在儿童面前展开一幅奇妙有趣的画卷,儿童喜欢遨游在这个神奇的世界中,教师要善于运用故事打开儿童心灵之窗,用故事引领儿童发现世界的美好,探寻世界的奥妙。教师要成为讲故事的高手,充分运用故事开展教学或其他活动,能够激发儿童学习的积极性和主动性,在轻松愉悦的氛围中收获知识、感悟真理、陶冶情操教师通过绘声绘色、抑扬顿挫的讲述,参与故事角色的扮演,改编童话剧,创设游戏等寓教于乐的方式,加强与儿童之间的亲密互动,增进彼此之间的感情交流,建立良好的师生关系。

(三)建立友爱的伙伴关系

进入小学阶段,儿童逐渐脱离了幼儿时期的心理特点,能够独立地面对学校集体生活,他们开始重视同伴之间的友谊与法则,内心渴望拥有自己的伙伴,与伙伴交往,得到伙伴的认可,融入集体生活。和谐友爱的伙伴关系,使儿童内心感到愉悦充实,在团队中、集体中找到归属感和价值感,在共同游戏、分享、合作、交流中,明白做人的道理,懂得与人相处的基本原则。

很多儿童故事都讲述了朋友之间、伙伴之间发生的美好故事。在故事里,有朋友之间互相帮助、战胜困难的励志故事,使儿童变得更加坚强、更加勇敢;有彼此谅解、重归于好的友情故事,使儿童更加懂得友谊的珍贵;有关心他人、乐于助人的美德故事,使儿童变得更加善良、更加友爱。在这些生动朴实的故事中,儿童学会了要关爱身边的小伙伴,在他们困难的时候伸出援助之手;明白了相互理解、相互包容,才能够使友谊之树常青。这些故事帮助儿童建立亲密友爱的伙伴关系,增进和伙伴之间的友谊,对于儿童的生活和学习能够起到积极的促进作用。

兔子的友谊

兔子把脚给扎破了,整整一个星期它都不能走动。刺猬便用身上的刺替兔子背来了浆果、菜叶子,送来了许多干粮,直到兔子痊愈。于是兔子说:"谢谢你,刺猬。让我与你交个朋友,同意吗?"

"当然行,"刺猬说,"好的朋友就该结交。"

一天,兔子上刺猬家做客,路上碰见了小松鼠,便停下和小松鼠打招呼。

"你最近在干什么活?"松鼠问兔子,"我可不喜欢懒汉。"

"唉哟,小松鼠,你这身皮毛真太漂亮了,背上还有一道暗色花纹。让我与你交个朋友好吗?我和刺猬交过朋友,可我不喜欢它,多刺的家伙。"

"好吧,"松鼠说,"不过今天我还有许多工作,改天再谈吧。"

"哎,松鼠,你腮帮子怎么鼓鼓的,牙痛?"

"不,那是核桃。"

"核桃?在哪儿?"

"在我嘴里。"

"你总是含着核桃过日子吗?"

"怎么会呢。我得把它们去壳、晒干,然后放入我们的小仓库,预备着过冬。我得走了,以后再和你闲逛,现在我们大伙在收集核桃。"

过了一星期,兔子到松鼠家做客,路上遇到了黄鼠,兔子便上前说:"瞧你多棒,能像个木头橛子似的直站着,我和松鼠交过朋友,可它太严肃了。还是和你交朋友好,行吗?"

"交朋友就交呗!"黄鼠同意了。

"刚才你为什么吹口哨?"

"我喜欢呀。"

"教教我好吗?"于是黄鼠花了很长的时间在那儿努力教兔子吹口哨,最后黄鼠挥挥手说:"你这样可不行,应该吹,可你是吱吱尖叫。"

"你吹得也和我一样啊!"

"好吧,既然你会了就吹去吧。"黄鼠有些生气,说着便钻入了洞穴。

兔子在洞穴边坐了会儿,便起身去森林。在池塘边它看见了小狗。

"哎,小狗,等等我!"

"叫我干吗?"小狗问,"有什么事说快些,我忙着呢。"

"你在干吗?"

"我得去看护那群鹅。"

"是这样。对了,你怎么这般长毛蓬松的模样?"

"我生来就这样。"

"我真喜欢你,"兔子说,"我和刺猬交过朋友,后来又与松鼠和黄鼠交了朋友。现在我不想与它们交朋友了,你比它们都好,和我做朋友好吗?"

小狗看了看兔子,然后生硬地说:"不,我不想与你做朋友。"说着就朝池塘的另一个方向跑走了。为什么小狗不愿与我交朋友?兔子感到很惊讶。

小朋友们,你们知道吗?

这则故事讲述了兔子总是挑剔朋友们的毛病,不能够真诚地和朋友相处,最终没有交到朋友,告诉我们做人一定要真诚,和朋友之间要相互包容,取长补短。这则故事贴近儿童生活,用简单朴素的语言和拟人化的手法讲述了经常发生在儿童身边的事情,蕴含着如何与朋友相处的智慧。儿童内心渴望拥有自己的伙伴,渴望与伙伴之间建立亲密无间的友谊,从友谊中收获快乐。但是儿童欠缺社会经验,不懂得与人相处的方法,于是朋友之间总会出现一些矛盾,朋友关系因此受到影响,也必然影响到儿童正常的生活和学习。儿童故事中有很多关于友谊的小故事,能够在潜移默化中教给儿童交友的方法,帮助儿童增强和伙伴之间的友谊,对于儿童的生活和学习也能够起到积极的促进作用。

教师絮语

通过本节的学习,我们看到讲述儿童故事对儿童的影响不仅仅体现在认知能力的提高上,而且对儿童人格健全、人际关系改善等方面都有所助益。在日常教学中教师对学生的培养不应该把目光仅仅聚焦在学习能力上,也应该着眼于学生身心全面的发展。

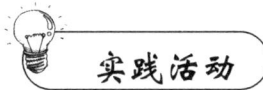

故事小赛场

一、活动目标

掌握儿童故事的特点、儿童故事的功能及作用。

二、活动内容

通过列举故事说明儿童故事的特点和作用。

三、活动要求

1. 说出儿童故事的特点,并举例说明这个特点在故事中是怎样体现出来。
2. 说出儿童故事的功能与作用,并举例说明故事在儿童成长中起到了怎样的作用。

第八章
故事讲述前的准备

微信扫码
获取相关资源

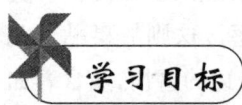

1. 了解故事讲述前要进行的准备工作。
2. 了解和掌握对故事选材的基本要求。
3. 掌握针对不同阶段的学生特点进行故事选材的要求。
4. 学会故事讲述前对故事进行分析和加工的方法。
5. 学会使故事更加口语化、更加趣味化的方法。
6. 理解自信、积极的心理状态和反复练习、认真模仿、大胆开口对于故事讲述的重要性,树立通过练习成就精彩的信念。

第一节 故事讲述前的选材

小李准备给同学们讲述一个经典小故事《龟兔赛跑》,他本以为很简单,谁知上网一查,这么多个版本啊,他一时陷入了迷茫,到底该选择哪一个版本呢?还是应该自己也重新改编一个版本呢?哪个版本更适合自己班的孩子?改编故事有哪些注意事项呢?

《龟兔赛跑》的不同版本

【原始版本】

很久以前,乌龟与兔子之间发生了争论,它们都说自己跑得比对方快。于是它们决定通过比赛来一决雌雄。确定了路线之后它们就开始跑了起来。兔子一个箭步冲到了前面,并且一路领先。看到乌龟被远远抛在了后面,兔子觉得,自己应该先在树下休息一会儿,然后再继续比赛。于是,它在树下坐了下来,并且很快睡着了。乌龟慢慢地超过了它,并且完成了整个赛程,无可争辩地当上了冠军。兔子醒了过来,发现自己输了。

解读:人不能骄傲自满,稳步前进者往往能够获得最终的胜利。

【网络版本】

版本一：

兔子因为输掉了比赛而感到失望，它对失利原因进行了分析。兔子发现，自己失败只是因为过于自信而导致粗心大意、疏于防范。如果自己不那么自以为是，乌龟根本没有获胜的可能。于是兔子向乌龟提出挑战：再比一次。乌龟同意了。

在这一次比赛中，兔子全力以赴，毫不停歇地从起点跑到了终点。它把乌龟甩在几公里之后。

解读：戒骄戒躁在比赛中比实力还要重要。

版本二：

经过第二次比赛，乌龟又动了动脑筋，它意识到，以当前的比赛形式，它是不可能在比赛中胜过兔子的。它想了一阵子，然后向兔子发出了新的挑战，它要跟兔子再比一次，但是比赛路线会有所不同。兔子同意了。它们出发后，兔子遵循了原先的策略，坚持以最快的速度飞跑，直到面前出现了一条大河。终点位于河对岸两公里处。

兔子坐了下来，思忖着下一步该怎么办。这时，乌龟赶了上来，它跳进了河里，游到了对岸，并继续向前迈进，最终到达了终点。

解读：首先应该找出自己的核心竞争力，然后选择适合展现自己核心竞争力的比赛场地。

《龟兔赛跑》的故事广为人知，并且随着时代的改变，一个简单的龟兔赛跑被演绎出了许多种版本和解释。教师可以针对不同年龄段、学龄段学生的不同特点，选择和改编不同的故事版本，都可以起到故事新说的效果，带来不同的体验和感触。

同一个故事，不同的结局。故事的版本不是固定不变的，可根据时代特点、讲述对象的特点、授课内容的需要等方面，合理地进行选择、分析和加工，体现出不同的内涵和思想，满足不同讲述对象的需要。教师在选择故事进行讲述时，要考虑多方面的因素，针对不同阶段的学生进行选材，同时也要注意故事的完整性、趣味性、思想性的统一，注意中西方文化的差异，注重对故事进行口语化的加工等，使之符合学生的特点和需要，发挥故事本有的价值和作用。

一、针对不同阶段学生的特点进行选材

儿童故事种类繁多，教师在讲故事前，精心挑选适合儿童听的故事，非常重要。教师要站在儿童的视角上去选择故事，选择的故事要符合儿童的年龄特点、心理特点、生活经验和兴趣爱好，符合儿童的认知水平。因此，针对不同年龄特点、学龄特点的小学生，故事选择的种类、内容也有所不同。教师在选择故事时，要有针对性，要符合每个阶段不同学生的特点。

（一）针对小学1—2年级(低年级)学生

刚步入小学阶段的儿童，在心理上都不可避免地延续着幼儿时期的一些特点。游戏依然是他们喜欢的方式，并且通过游戏他们可以发展与同伴之间的关系，扩大自己的社

性发展和社会性关系。这个时期的儿童,虽然抽象思维逐步发展,但对于事物的概括和理解常常是具体的、直观的、形象的。同时,此时的儿童还是以成人的标准作为判断是非善恶的标准,从对父母的依赖转向对老师权威的服从。另外,对于小学1—2年级的学生来说,良好道德品质和行为习惯的养成非常重要。教师要根据小学低年级学生的心理特点,选择直观形象、寓意深刻、易于理解、具有趣味性、人物角色个性鲜明、是非善恶分明的故事,潜移默化中对学生进行道德品质教育,并使学生逐步形成对是非善恶的基本判断能力。

后羿射日

传说古时候,天空曾经有十个太阳,他们都是东方天帝的儿子。这十个太阳跟他们的母亲、天帝的妻子共同住在东海边上。她经常把十个孩子放在世界最东边的东海洗澡。洗完澡后,让他们像小鸟那样栖息在一棵大树上。

因为每个太阳的形象都是只鸟,所以大树就成了他们的家,九个太阳栖息在长得较矮的树枝上,另一个太阳则栖息在树梢上。当黎明需要晨光照耀时,栖息在树梢的太阳便坐着两轮车,穿越天空,把光和热洒遍世界的每个角落。

十个太阳每天一换,轮流值班,很有秩序,天地万物一片和谐。人们在大地上生活得非常幸福和睦。太阳出来了就去田里耕种,太阳下山了就回家休息,生活过得既美满又幸福。那时候人们感恩于太阳给他们带来了时辰、光明和欢乐,经常面向天空磕头作揖,顶礼膜拜。

可是,这样的日子过长了,这十个太阳就觉得无聊,他们想:"要是我们一起到天空去游玩,那该多么有趣啊!要不明天早上我们试试?"于是,当黎明来临时,十个太阳一起爬上双轮车,踏上了穿越天空的征程。

"啊!今天天气好热啊,天空怎么亮得刺眼了!"一个农民疑惑地说道。

"大家快看,天上居然有十个太阳!完了,我们的灾难来了!"人们都发现了奇怪的现象,很快这句话就应验了,十个太阳在天上确实是灾难。大地上的人和动植物都受不了了。

十个太阳像十个大火团,他们一起放出的热量烤焦了大地,烧死了许许多多的人和动物。森林着火啦,所有的树木庄稼和房子都被烧成了灰烬。那些在大火中没被烧死的人和动物,四下流窜,发疯似的寻找可以躲避灾难的地方和能救命的水和食物。

"苍天啊!谁能来救救我们,江河湖海都干枯了,所有的植物都枯萎了,我们也快要活不下去了!请上天可怜可怜我们吧!"活着的人们每天都向上天祈求恩赐。

这时,有个年轻英俊的英雄叫后羿,他是个神箭手,箭法超群,百发百中。他被天帝召唤到了天庭,天帝说:"我这十个儿子太调皮了,竟然不按规则办事,害得人间的秩序也乱七八糟。后羿啊,我知道你射箭厉害,你帮我吓唬吓唬他们,让他们离开天空回到树梢上就可以了。"

"遵命,我的天帝陛下!"说完后羿就回到地面,开始行动了。

虽然后羿的使命只是驱赶太阳,但是他看到人们生活在灾难中,心中十分愤怒,便暗下决心要射死那多余的九个太阳,帮助人们脱离苦海。

于是,后羿爬过了九十九座高山,迈过了九十九条大河,穿过了九十九个峡谷,来到了东海边,登上了一座大山,山脚下就是茫茫的大海。后羿拉开了万斤力弓弩,搭上千斤重利箭,瞄准天上火辣辣的太阳,嗖的一箭射去,第一个太阳被射落了。

后羿又拉开弓弩,搭上利箭,嗡的一声射去,同时射落了两个太阳。这下,天上还有七个太阳瞪着红彤彤的眼睛。后羿仍然感到仍很炎热,又狠狠地射出了第三枝箭。这一箭射得很有力,一箭射落了四个太阳。其他的太阳吓得全身打颤,团团旋转。

就这样,后羿一枝接一枝地把箭射向太阳,无一虚发,射掉了九个太阳。中了箭的九个太阳一个接一个地死去。他们的羽毛纷纷落在地上,他们的光和热一点一点地消失了。直到剩下最后一个太阳,他怕极了:"后羿英雄,请你不要射死我,人们还需要我,我向你保证,以后一定老老实实地为大地和万物继续贡献光和热。"后羿听到他这么说,就放过了他。

从此,这个太阳每天从东方的海边升起,晚上从西边山上落下,温暖着人间,保持万物生存,人们又过上了幸福快乐的生活。

故事分析

寓言故事、神话故事、童话故事等富有丰富的幻想色彩,展现给儿童不同于现实世界的奇妙画面,如同五彩斑斓的梦境,给儿童以奇幻的体验,能够激发儿童认识世界、探索世界的好奇心和兴趣。这类故事总是会在精彩的故事内容中包含着多样的情感,并且通常还将是非、善恶、美丑等道德观念以鲜明对立的角色呈现出来,潜移默化地影响儿童的情感和道德发展。《后羿射日》这则神话故事中所呈现的后羿与太阳这两者鲜明对立的性格特点对比,使学生更加体会后羿身上的高尚道德情操,激发学生对传说中的英雄后羿的敬佩和赞叹之情,培养无私、勇敢、善良的精神品质。

(二)针对小学3—4年级(中年级)学生

小学中年级学生已经完全脱离了幼儿时期的心理特点,能够独立并且全身心地投入学校集体生活当中,他们开始重视同伴之间的友谊与法则,从对成人的依赖转向对伙伴的认同,内心渴望拥有自己的伙伴,与伙伴交往,得到伙伴的认可,并逐渐试图摆脱对成人的依赖和管束,渴望独立,对于成人不再唯命是从,而是试图发表自己的看法和见解。另外,这一时期的儿童,思维方式由形象思维向抽象思维模式发展,逻辑思维能力有所提升,对于事物的理解能力和辨别能力有了进一步的提高。对于这一时期的儿童,教师在故事选择方面,可以选择有一定逻辑思维能力要求的,内涵寓意上有一定深度的,能够培养独立生活能力、解决问题的能力,鼓励同伴之间的交往与合作、在集体生活中互帮互助、和谐相处的故事,教会学生在集体当中和同学、伙伴相处的原则和方式,懂得为人处世的基本准则。

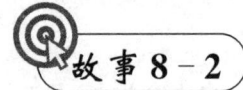

小矮人的力量

相传在古希腊时期的塞浦路斯,曾经有一座城堡里关着七个小矮人,传说他们是因为受到了可怕的诅咒,才被关到这个与世隔绝的地方。他们住在一间潮湿的地下室里,找不到任何人帮助,没有粮食,没有水。这七个小矮人越来越绝望。小矮人中,阿基米德是第一个受到守护神雅典娜托梦的。雅典娜告诉他,在这个城堡里,除了他们待的那间房间外,其他的25个房间里,一个房间里有一些蜂蜜和水,够他们生活一段时间,而在另外的24个房间里有石头,其中有240块玫瑰红的灵石,收集到这240块灵石,并把它们排成一个圈的形状,可怕的咒语就会解除,他们就能逃离厄运,重归自己的家园。

第二天,阿基米德迫不及待地把这个梦告诉了其他的六个伙伴。其他四个人都不愿意相信,只有爱丽丝和苏格拉底愿意和他一起努力。开始的几天里,爱丽丝想先去找些木材生火,这样既能取暖又能让房间里有些光线;苏格拉底想先去找那个有食物的房间;阿基米德想快点把240块灵石找齐,好快点让咒语解除。三个人无法统一意见,于是决定各找各的,但几天下来,三个人都没有成果,反而耗得筋疲力尽,更让其他的四个人取笑不已。

但是三个人没有放弃,失败让他们意识到应该团结起来。他们决定,先找火种,再找吃的,最后大家一起找灵石。这是个有效的方法,三个人很快在左边第二个房间里找到了大量的蜂蜜和水。

在经过了几天的饥饿之后,他们狼吞虎咽了一番,然后带了许多分给特洛伊、安吉拉、亚里士多德和梅里莎。温饱的希望改变了其他四个人的想法。他们后悔自己开始时的愚蠢,并主动要求和阿基米德他们一起寻找灵石,解除那可恨的咒语。

为了提高效率,阿基米德决定让七个人兵分两路:原来三个人继续从左边找,而特洛伊等四人则从右边找。但问题很快就出来了,由于前三天一直都坐在原地,特洛伊等四人根本没有任何的方向感,城堡对他们来说就像个迷宫,他们几乎就是在原地打转。阿其米德果断地重新分配:爱丽丝和苏格拉底各带一人,用自己的诀窍和经验指导他们慢慢地熟悉城堡。

当然事情并不像想象中那么顺利,先是苏格拉底和特洛伊那组,他们总是嫌其他两个组太慢。后来,当过花农的梅里莎发现,大家找来的石头里大部分都不是玫瑰红的。最后由于不熟悉地形,大家经常日复一日地在同一个房间里找石头。大家的信心又开始慢慢丧失。

阿基米德非常着急。这天傍晚,他把六个人都召集在一起商量办法。可是,交流会刚刚开始,就变成了相互指责的批判会。

性子急的苏格拉底先开口:"你们怎么回事,一天只能找到两三个有石头的房间?"

"那么多的房间,门上又没有写哪个有石头,哪个是没有的,当然会找很长时间了!"爱丽丝答道。

"难道你们没有注意到,门锁是圆孔的都是没有的,门锁是十字型的都是有石头的吗?"苏格拉底反问道。

"干吗不早说呢?害得我们做了那么多的无用功。"其他人听到这儿,似乎有点生气。经过交流,大家才发现,原来他们中有些人能很快找准房间,但在房间里找到的石头可能都是错的;而那些找得非常准的人,往往又速度太慢。他们完全可以将找得快的人和找得准的人组合起来。

于是,这七个小矮人进行了重新组合。在爱丽丝的提议下,大家又决定开一次交流会,交流经验和窍门,然后把很有用的那些都抄在能照到亮光的墙上,提醒大家,省得再去走弯路。

在七个人的通力协作下,他们终于找齐了所有的240块灵石,但就在这时苏格拉底停止了呼吸。大家震惊和恐惧之余,火种突然又灭了。

没有火种,就没有光线;没有光线,大家就根本没有办法把石头排成一个圈。本以为是件简单的事,大家都纷纷地来帮忙生火,哪知道,六个人费了半天的劲,还是无法生火——以前生火的事都是苏格拉底干的。寒冷、黑暗和恐惧再一次向小矮人们袭来。灰暗的情绪波及了每一个人,阿基米德非常后悔当初没有向苏格拉底学习生火。

在神灵的眷顾下,最终火还是被生起来了。小矮人们胜利了。

故事分析

这则故事讲述了七个小矮人开动脑筋想办法,通力合作战胜种种困难,最终找齐了灵石,解除了咒语。在故事中,因为无法统一意见,几天下来,阿基米德、爱丽丝、苏格拉底三个人没有取得任何成果,反而耗得筋疲力尽。但是"三个人没有放弃,失败让他们意识到应该团结起来。他们决定,先找火种,再找吃的,最后大家一起找灵石。这是个有效的方法,三个人很快在左边第二个房间里找到了大量的蜂蜜和水。"从这则故事中,儿童能够深刻认识到在共同的目标指引下,团结一心、相互协作是取得成功的关键。对于小学中年级的学生来说,这类故事能够帮助他们提高对于团队合作重要性的认识,提高解决实际问题的能力,对于如何在团队、集体中与人相处,如何面对困难、如何想办法解决问题,提供了一定的借鉴和方法。

(三)针对小学5—6年级(高年级)学生

小学高年级学生对各种事物都充满极强的好奇心和求知欲,有着广泛的兴趣爱好,抽象思维能力、逻辑思维能力以及对于事物的判断辨别能力都有了一定程度的发展,有了进一步进行更高层次学习的认识基础。小学高年级学生对于成人的批判精神开始萌生,不再无条件地服从家长或老师的管束,自我意识增强,有自己的见解,与中年级时带有逆反情绪的"反叛"相比,这个时期的批判趋于理智与成熟,更多是为了弄清是非或表明公正。这一时期的儿童逐渐向少年过渡,社会性发展进一步扩大,集体主义、荣誉感、义务感、责任感进一步增强。对于这一时期的儿童,教师在选择故事时,可以选择逻辑性、推理性较强,具有深刻的思想性和丰富的知识内涵,能够培养良好的精神品质,增强独立意识和自我意识,注重集体主义责任感的培养,提升社会道德情操的故事。从历史故事、名人传记、生活故事、哲理故事中,都可以找到符合这个时期的儿童特点的故事。

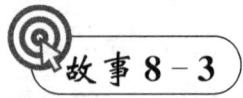

爱迪生的故事

1847年,爱迪生出生于美国一个普通的家庭。从小,他对周围的一切就充满好奇,凡事总爱比别人多问几个"为什么"。有一天该吃饭了,妈妈却发现爱迪生不见了,全家人找来找去,最后在鸡窝里找到了他,原来他看到母鸡孵出小鸡,他自己也想试一试。还有一次,他让邻居小伙伴米吉利吃了发酵粉,希望小伙伴能像气球一样飞起来。结果,小伙伴非但没有飞起来,反而差点送了命,害得家长带着孩子告到了爱迪生家里。

七岁时,爱迪生上学了,他还像以前一样爱问为什么。老师教给大家:2+2=4。他偏要问为什么2加2要等于4,尽管老师给他做了一般的解答,他还是不满足,气得老师骂他是低能儿,要求他退学。母亲把爱迪生带回了家,就这样,我们这个伟大的发明家仅仅上了三个月的学便被赶回了家,究其原因,只是老师嫌他太愚蠢。

爱迪生在家里由母亲带着学习,母亲教他数学、写字,还教他化学、自然。爱迪生对学习总是抱着极大的兴趣,尤其是对化学,他把自己的零用钱攒起来全部用来买化学用品,在家里的地窖里建立起一个小小的化学实验室,每天除了读书就是待在里边做实验。

十二岁那年,为了减轻家里的负担,爱迪生开始在一趟列车上做报童。他每天凌晨早早登车,常常是晚上八九点钟方回到家里,尽管累了一天,他还不肯休息,在实验室里一待就到了半夜。后来,他觉得卖完报的空余时间浪费掉了实在可惜,正巧列车上有一间吸烟室未被利用,经列车长同意,爱迪生就把自己的实验室搬到了列车上,利用一切闲暇时间来做实验。在列车上做报童的日子里,他还学会了使用印字机,自己创办了一份独具特色的报纸。然而,这样的日子没有坚持多久,不幸的事情终于发生了,在一次行车中,由于列车震动过大,一瓶白磷摔在地上自燃起来,多亏及时扑救才没有发生大的损失,气急败坏的列车长狠狠地抽了他一耳光,并把他的所有物品扔下了列车。

因为这一耳光,爱迪生的一只耳朵丧失了听力。然而列车长可以打聋爱迪生的耳朵,却永远不可能让爱迪生真正趴下。爱迪生的一生中碰到过无数的困难和挫折,每一次他都坚强地挺了过来。

在不懈的努力下,1869年,爱迪生的第一个发明——自动数票机问世了,他欣喜地把机器抱到了国会,遭到的却是无情的拒绝,资本主义制度下,选票上玩花招是必然的,他们不需要清醒的机器。

爱迪生的第一个发明就这么破产了,没有花费时间去悲伤,他很快把精力投入了下一项发明。从1869年到1910年,短短的41年间爱迪生共申请1 325项发明专利,平均每10多天就有一项,在世界上是绝无仅有的。

在所有的发明中,电灯是爱迪生对人类最大的贡献,这也是耗费他精力最多的一项发明。为了找到理想的灯丝,他先后试验了1 600多种耐热材料和6 000多种植物纤维,共失败了8 000多次。助手丧失了信心,家人也劝他放弃,他没有摇头,不断鼓励着他们,努力尝试着任何有可能成功的材料,连朋友的红胡子和中国的扇子都曾成为他的试验品,最后他终于获得了胜利。1931年10月21日,即他的葬礼举行的日子,全美国所有的电灯都同时熄灭一分钟,以此来纪念我们这位伟大的发明家,来纪念他这一重大发明。

在爱迪生的身上具备着人类的许多美德,勤奋无疑是这些美德中最显著的一条。在他还是一个少年的时候,读的书已比他自己还高。成年以后,他的大部分时间都是在实验室中度过的,每天只睡四五个小时,常常是太累了就在实验室里枕着书睡一会儿,睡醒后接着工作。在爱迪生心中,实验室是他最好的休养场所,连新婚的日子都在实验室中度过了。

【故事分析】

这则故事讲述了爱迪生身上所具有的勤奋刻苦、不懈努力、勇于探索、追求极致、勇攀高峰的科学精神和优秀品质,这些对于儿童坚定理想信念、勇于求知探索、不断奋发图强有着榜样引领作用和精神指引作用。小学高年级学生对各种事物都怀有极强的好奇心和求知欲,爱迪生身上所体现的对于世界不断求索、尝试、实验、创新的科学精神能够鼓励学生大胆探索未知世界的勇气和信心。同时,儿童也能够深刻体会到科学的探索之路是艰辛的,充满各种困难和挑战的,任何成功的取得都是付出了艰苦的努力和不懈的奋斗的。

二、选材要注意的其他事项

(一) 注意中西方文化的差异

文化是被一个群体共同创造、共同认可、共同享有的价值观念体系,是一个国家或民族经过漫长的历史发展积淀下来的精神基因,是根深蒂固、流传至今的历史传统。君子之道和中庸之道是中华文化的基本特征,崇尚独立与自由是西方文化的主要特征。历史上的农耕生产方式使得中国人可以长期地居住在一个地方"安居乐业",居安而不思动,而西方古代社会在很大程度上趋于流动的生活方式,因此形成了东西方截然不同的文化模式。另外,中华文化倾向于从整体的而不是局部的方面去考虑问题,从联系的而不是孤立的角度去考虑问题,而西方文化在思维上更注重局部和个体,缺乏整体感。

中国文化传统注重灵活变通,西方文化传统注重严守规定。适当的灵活变通是中华文化智慧的体现,有助于克服僵化和刻板的认识,但变通思维的局限性也容易导致在法律和制度的遵守上原则性差。西方文化传统注重严守规定的特征,表现在注重精神领域和社会生活中的严格规定,强调理性思维和对法律法规的重要性,有时过分强调严格的规定性,也可能造成僵化、刻板、机械的思维方式。

不同的文化传统塑造了不同的民族性格特点。中国人仁爱慈悲、和平宽厚、勤俭耐劳、聪慧灵巧,但自私自利、急功近利;西方人坦率真诚、勇于探索、崇尚变化、注重时间、追求法律、平等竞争,但个人主义、不讲情面。中国人的民族性格重视人与人之间的和谐,而西方人偏重于认识自然和客观世界而不是怎样处事做人。

中西方文化传统和民族性格的差异,也造成了中国人与西方人在生活方式、风俗习惯、饮食文化、待人接物、礼貌礼节等方面的不同。在中西方文艺作品、文学故事当中就有着生动而充分的体现。因此,教师在选择故事进行讲述前,要对故事中所体现出来的中西方文化存在的差异有一定的了解和把握,才能将故事所蕴含的深刻寓意和思想内涵进行准确的解读,否则一味地用中国人的思维习惯或传统观念去理解,可能会出现偏差,甚至产生笑话。

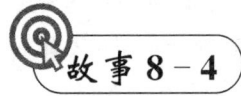

普罗米修斯

普罗米修斯是一个古老神祇的后代,当他降生的时候地上并没有人类,他来到清澈的河边看到了自己的倒影时,产生了用泥巴捏一个和自己一模一样的泥娃娃的想法,捏出来的第一个泥娃娃非常漂亮,于是他决定捏一大批这样的人,可是捏出来的人并没有生命。为了赋予人类生命,他从动物的灵魂中摄取了善与恶两种性格封进人的胸膛里,又请来智慧女神雅典娜给这些人吹了神气,从此这些人就有了灵性。以后,这些人繁衍生息,不久就形成了一大群,遍布世界各地。

可是这些人并不知道怎样使用自己的四肢,也不知道神赐予他们的灵魂有什么用。普罗米修斯开始帮助他们,告诉他们怎样观测天上明星的运转,帮助他们发明了数字和文字,使人类学会运用数字来进行计算和使用文字交流思想;教人类驾驭牲畜,给马套上缰绳,使它拉车或拉人;帮助人类发明了船和帆,人类就可以在海上航行;当看见人类中瘟疫流行时他发明了药物,告诉人类怎样进行治疗;引导人们发现矿石,开采铁和金银;教会人类农耕技艺,使他们生活更加舒适。

天上的众神注意到了这些刚刚形成的新人类,他们要求人类敬重自己,并以此作为保护人类的条件。神灵们在希腊的黑科涅集会商讨人类的权利和义务,普罗米修斯为了保护人类,避免最终的条件过于苛刻,代表人类宰了一头牛祭奠神灵,但在祭奠的过程中他触怒了宇宙的主宰者宙斯,宙斯拒绝为人类提供火种,而火种是人类最需要的一样东西。普罗米修斯想出了一个好主意。他拿来一根又粗又长的茴香秆,扛着它悄悄地走近太阳车,太阳车正燃烧着熊熊的火焰,于是他将茴香秆伸过去点燃,然后马上带着闪烁的火种回到了大地,很快大地上就有了第一堆燃烧着的木柴,火越烧越旺,烈焰冲天,宙斯在天上看了之后气得浑身发抖。

宙斯决定以一种新的形式来惩罚人类,他命令诸神创造了一个美丽的女人——潘多拉,众神的使者赫尔墨斯把语言的技能传授给她,爱神阿佛洛狄忒赋予她种种诱人的魅力,宙斯亲自给她注入了恶毒的祸水,一切天神都馈赠给她一件危害人类的礼物,然后把她带到人间。她找到普罗米修斯的弟弟埃庇米修斯,递给他一个精巧的盒子,盒子打开之后冒出一股股黑烟,黑烟迅速地扩散,很快就铺满了大地上的每一个角落,这是宙斯赐给大地的瘟疫和灾害。从此,人间发生了翻天覆地的变化,人们变得憔悴不堪,死神经常带走善良的人,他在人群中狂奔,掳走了人们的生命。

宙斯也对普罗米修斯进行了报复,他下令把普罗米修斯锁在高加索山的悬崖上,他的脚下就是可怕的深渊,他被直挺挺地吊着,根本就无法入睡,甚至不能改变一下姿势,最可怕的是宙斯每天派一只凶狠的恶鹰来啄食他的肝脏,不管被啄食的肝脏有多少,又总是很快地长了出来,然而,这种痛苦是无法忍受的,可怜的普罗米修斯将永远承受这种折磨,他没有丝毫怨言,忍受着最痛苦的折磨。

后来,宙斯的儿子赫拉克勒斯来到这里,一箭射死了恶鹰,并用喀戎作为普罗米修斯的替身留在了悬崖上。宙斯还是不满意,他让普罗米修斯戴上一只铁环,环上镶着一块高加索山的石子,表示普罗米修斯仍然被锁在高加索山的悬崖上。

故事分析

古希腊神话表现的是对强大的自然力的敬畏和对美好生活的憧憬。它正是以这种博大、深邃的人本精神和丰富的内涵闻名于世。这则故事主要讲述了普罗米修斯这位人类伟大的朋友为了帮助人类过上温暖、幸福的生活,不惜承受众神之父宙斯的残忍惩罚,将火种送给了人类的故事。在古希腊神话故事中往往体现着一种人们对于自身命运抗争的悲壮的美,虽然明知命运的结局,但依然选择坚强面对和抗争。在这则故事中,这种精神和思想内涵也得到了充分的体现。所以,教师在讲述这类故事前,就需要对古希腊的历史、文化及古希腊神话故事的特点进行较为深入的了解,将古希腊神话故事不同于中国神话故事的特点进行比较研究,才能够带领深刻地理解故事中所蕴含的思想内涵,才能激发起学生对英雄行为的赞美和钦佩的情感。

(二) 注意故事的目的性和完整性

选择适宜的故事要注意考虑讲述对象的实际情况和教育的目的性。讲述对象有哪些特点,选择什么样的故事,为什么选择这些故事,这些故事能起到什么样的教育目的,对于这些问题,教师在选择故事进行讲述前,要有充分的考虑和分析,这样讲故事才能真正产生实际的教育效果,才能触动学生的心灵,否则蜻蜓点水,一笑而过,讲故事的作用微乎其微,并不能够充分展示故事应有的价值和意义,发挥故事本有的功能和作用。

另外,教师在选择故事时,也要注意故事的完整性。完整的故事应当对于故事的起因、经过、结果有着详细、得当的描述,故事呈现出来的画面、道理、结局等应当具有系统性、一致性和完整性,这样才能使得故事的意义和作用更大程度地得到彰显,才能满足儿童对于故事的心理期待和审美享受。

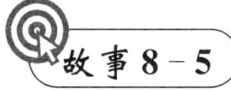

小李是一名年轻的小学老师,在上课时,他喜欢通过讲故事的方式来活跃课堂气氛,增进学生对知识的理解,培养良好品质和道德情操。但是,小李讲故事有个特点,就是喜欢把故事简化,用语言简单介绍一下故事的大概内容,省略了故事本来该有的精彩有趣的对话、惟妙惟肖的人物描述或者充满悬念的故事经过,使所讲的故事显得空洞无趣,失去

了本来生动的画面。学生听起来感觉很枯燥,无法从故事中感受到心灵的触动和情操的陶冶。

比如以下故事:

夜穿着黑色的晚礼服悄悄地来了,她用手轻轻地一挥,身上的黑纱就笼罩着大地。她妩媚地摸着鬓上的月亮和星星,露出了黑黑的面容。

一颗小露珠仰着头看着夜说:"夜呀!你不美,你太黑了,就算你有月光为你增辉,你也赶不上太阳的万分之一,所以我爱太阳。"

夜有些伤感地低下头,对小露珠说:"傻孩子,我的黑和暗能保护你,给你滋养。这些太阳是不能给你的。"

小露珠却傲慢地回答道:"谁要你保护,谁要你滋养,哼!你是欺负我没见过太阳吧!可我早就听花儿说了太阳很温暖,绝不像你,冷冰冰的,没有一丝生气。"

夜伤感地流下了眼泪,她的泪水更加滋养了露珠,露珠不但不领情,还笑夜多情。夜只好悄悄地走了,临走时她还不忘劝小露珠:"和我一起走吧!只有我才能给你滋养,太阳它太热了,你会受不了的。"

"不!我乐意承受一切后果,你还是自己走吧!"小露珠扭过了头,连一眼都不想看夜。

夜悲伤地走了,太阳慢慢升起,露珠真的感觉很温暖。它大声对太阳说:"太阳呀!你太美了,我要你在一起,一辈子都不分离。"

太阳没有理它,因为它太小了,根本引不起太阳的注意。

太阳越升越高,也越来越热,小露珠为了让太阳注意到自己,它拼命地挥手,可太阳光下,小露珠的身体越来越小,很快它就化成一缕白烟,消失不见了。

在讲述上面这则故事时,小李将生动的描述性语言和精彩的对话简略掉,如对夜的美的精彩描述:"夜穿着黑色的晚礼服悄悄地来了,她用手轻轻地一挥,身上的黑纱就笼罩着大地。她妩媚地摸着鬓上的月亮和星星,露出了黑黑的面容。"还有对夜的伤感的描述:"夜伤感地流下了眼泪,它的泪水更加滋养了露珠,露珠不但不领情,还笑夜多情。夜只好悄悄地走了……"只留下大概的故事情节,就像枝叶繁茂的大树被修剪成零星散落的枝丫。故事简化也使得教师在讲述故事时不能够声情并茂,使故事原有的美感不再,对儿童的审美教育和情感教育大打折扣。小李讲故事的方式,是很多年轻老师容易犯的毛病,只把故事的前因后果、发展过程用简单的语言简单地描述,不注重故事情节的完整性、生动性和精彩性的呈现,使故事的内容太过单薄,讲述起来也无法做到精彩动人。

(三)注意故事趣味性和思想性的统一

陈伯吹先生说:"趣味是儿童故事的基础。"兴趣是最好的老师。有趣动人的故事才能吸引儿童的注意力,激发儿童的好奇心和求知欲,启发儿童的思考和探索,引导儿童走向真理和智慧的乐园。

故事的趣味性体现在人物形象的鲜明突出,故事情节的跌宕起伏、曲折生动上。平淡无奇的故事情节很难长时间吸引儿童的注意力。对比鲜明的人物性格、扣人心弦的矛盾冲突,产生感官刺激,让儿童激动不已。如经典的童话故事《白雪公主》,故事中人物性格鲜明突出,白雪公主美丽善良,皇后丑陋恶毒,七个小矮人乐于助人,王子英俊潇洒,这些人物形象深深印刻在儿童的脑海中,成为永远的记忆。同时,《白雪公主》故事情节跌宕起伏,皇后总是想尽各种办法暗害白雪公主,白雪公主的经历曲折坎坷,充满惊险。在听故事时,儿童总会表现得激动不已,和白雪公主一起与皇后做斗争。当白雪公主面临被害的危险处境时,他们为白雪公主捏一把汗。当皇后命令一个猎人把白雪公主带到森林的最深处杀掉时,猎人将白雪公主带到森林里,但当他抽出刀来时,他发现自己不忍心杀她,就向一个厨师要了野猪的心肝交了皇后。听到这里,儿童都会长长地舒一口气,发出感慨万千的声音,总算逃过一劫。当白雪公主吃了有毒的苹果,昏倒在地,无法醒过来的时候,儿童都会感到难过不已。当毒苹果从白雪公主口中吐出,王子救活了白雪公主时,儿童们都会欢呼雀跃,他们悬着的心终于可以放下来了。跟着白雪公主一路走下来,儿童伴随着故事情节与故事中的人物一起体验,深化了情感认知,明辨了是非对错。

故事讲述中针对不同年龄的选材是对学生学情的把握,而我们对故事选材的要求和对学生写作的要求有异曲同工之处,切实掌握故事选材技能有助于提高我们的教学技能。

第二节　故事讲述前的分析

语文教师小李每次给学生讲故事的时候,发现学生们开始都兴致勃勃,可是讲着讲着,大家好像并不怎么感兴趣了。他向老教师请教,才明白在讲故事前需要好好对故事进行分析,对于精彩的情节要特别处理,激情饱满地讲出来。

选择好故事之后,教师要熟悉故事的内容,着重对故事的主题、内容、情节等方面进行细致分析,设计故事的基调,即故事总的感情色彩及态度,便于教师恰当地运用各种讲述技巧,激情饱满地讲述故事,便于儿童通过听故事关注闪现在故事情节当中的美好品质,领会故事要表达的深刻内涵。

一、分析故事的主题、层次、情节

讲好一个故事,首要的环节就是要认真分析故事。有些教师在给儿童讲故事的时候是在"读故事"或是"背故事",对自己要讲的故事内容并不是很熟悉,只是照着书本念出来,或是照着故事背下来,这样给儿童讲的故事干巴巴的,没有语音语调的讲究,不注重中心内容和感情色彩的把握,体现不出故事本身的有血有肉、有情有理的内在灵魂。这样讲出的故事也不可能引起儿童的极大兴趣,所以在讲故事时,教师一定要明确这个故事要达到的目的是什么,儿童从中会受到什么样的教育,故事的主题、中心内容是什么,分为几个层次,各层次之间是什么样的关系,有几个人物,人物性格是怎样的,事情起因、经过、结果、情节是如何发展的。这些都是需要在讲故事之前认真分析、仔细准备的。

  首先,是对故事主题的分析。故事的主题就是故事的中心思想、故事要达到的目的、故事要说明的问题。比如《小马过河》是要告诉儿童学会独立思考,勇于实践、敢于探索。《狼和小羊》的故事告诉儿童面对像狼这样的坏人,和他讲道理是没有用的,我们要学会保护自己。《乌鸦喝水》的故事告诉儿童遇到困难不放弃,要学会思考,开动脑筋想办法,再困难的事情也会迎刃而解。准确把握故事的主题思想,就抓住了故事的核心所在,讲故事时就会紧紧围绕这样一条主线拓展开来,而不会发生偏离。儿童就不会对所讲的内容感到云里雾里、难以理解,可以让儿童明确故事所蕴含的意义,达到对儿童进行教育的目的。

  其次,是对故事层次的分析。明确故事的主题之后,接下来就要弄清楚故事的层次、结构、脉络。故事分为几个段落、几个层次,每个层次分别讲了什么内容,各层次之间的关系如何,哪个层次是需要重点讲解、展开说明的部分。只有围绕着一个中心对故事的层次、结构,一层一层地分析清楚,才能够把故事讲明白。有的教师讲故事前,没有对故事层次进行分析,把故事中的每一句话割裂开来,见标点小停顿,见段落大停顿,结果把故事讲得支离破碎,儿童听了摸不着头脑、抓不住要领,故事效果自然不佳。

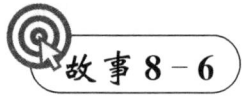

七色花

  有个小姑娘,叫珍妮。有一天,妈妈叫她去买面包圈。珍妮买了七个面包圈,爸爸两个,妈妈两个,一个粉红色的给小弟弟,两个带糖的给自己。珍妮提着一大串面包圈,一边走,一边念着商店招牌上的字,数着天上飞来飞去的乌鸦。这时,一只小狗跟在珍妮后面,它偷偷地把面包圈吃了,先吃了爸爸的、妈妈的、小弟弟的,然后吃了珍妮的带糖的面包圈。珍妮觉着手里轻了,她扭头一看,哎呀,面包圈全没了,旁边一只小狗正舔着嘴呢。"你这害人的狗,小偷!"珍妮追着小狗,要打它。

  珍妮追呀追呀,追不上小狗,自己却迷路了,她走到了一个陌生的地方。她害怕了,呜呜地哭起来。忽然,不知从哪儿出来一位老婆婆,老婆婆问她为什么哭,珍妮把一切全告诉了老婆婆。老婆婆很可怜珍妮,就说:"别哭,小姑娘,我这儿有一朵'七色花',它什么事都能办得到,我把它送给你,它会帮助你的。"那朵七色花,有七片花瓣,黄、红、蓝、绿、橙、紫、青,一片花瓣一种颜色。老婆婆说:"你想要什么,就撕下一片花瓣,扔出去,说:'飞吧,飞吧!我要……'它就会替你办好。"

  珍妮接过七色花,谢了老婆婆,她要回家去,但不知该走哪条路。她想起七色花,就撕下一片黄色花瓣,把它扔出去,说:"飞吧,飞吧!我要带面包圈回家去……"话还没说完,她手里已经拿着一串面包圈,回到家里了。

  珍妮把面包圈交给妈妈,就走进房里,想把七色花插进心爱的花瓶里,可是一不小心,花瓶掉在地上,打碎了。妈妈在厨房里大声说:"珍妮,你把什么东西打碎了?""没有……"珍妮赶快撕下一片红色花瓣,扔出去,说:"飞吧,飞吧,给我一个像这一样的花瓶吧……"地上破花瓶的碎片立刻又合拢起来了。妈妈进来一看,那花瓶好好的。

珍妮来到院子里,男孩子们正在玩到北极探险的游戏,他们不肯和珍妮玩,珍妮说:"我自己到北极去!"她撕下一片蓝花瓣,扔出去,说:"飞吧,飞吧,我要到北极去……"话刚说完,忽然太阳不见了,一阵大风吹来,把她吹到北极去了。

珍妮这时穿的是夏天的衣裙,光着腿,孤零零地一个人到了北极,冰天雪地的北极冷极了。"妈妈,我冻坏了,你快来呀!"珍妮哭喊着,眼泪一串串流下来,马上冰成了冰柱子。这时,七只大白熊从大冰块后边蹿出来,向珍妮扑过去。珍妮吓坏了,她用冰僵的手指,抓起七色花,撕下一片绿花瓣,扔出去,大声说:"飞吧,飞吧!快让我回去……"一眨眼工夫,她又在院子里了。

珍妮去找邻居的女孩们玩,她看见她们有好多玩具:小汽车、大皮球、会说话的洋娃娃……珍妮很羡慕,她把一片橙色花瓣扔出去,说:"飞吧,飞吧!我要好多好多的玩具……"立刻,玩具从四面八方向珍妮拥来了。会说话的娃娃堆满了院子,它们吵得要命。汽车、皮球、玩具飞机、飞艇、坦克、大炮……把整条胡同,甚至连对着胡同的马路都挤满了。空中降下来许多带着降落伞的娃娃,它们都挂在了路边的树上、电线上。站岗的警察吹着口哨,叫大家来维持秩序。

"够了,够了!"珍妮抱着头叫起来,"玩具快别来了。"可是玩具还是不断涌来,它们堆着、堆着,一直堆到房顶上了。珍妮走到哪里,玩具跟到哪里,珍妮爬到房顶,连忙撕下一片紫花瓣,扔出去,说:"飞吧,飞吧!快叫玩具回去吧!"于是所有的玩具都不见了。

珍妮一看七色花,只剩下一片花瓣了。她想:六片花瓣都浪费了,这最后一片,要它做什么事,得好好想一想。珍妮想买巧克力糖、买蛋卷……可是吃过就没有了。买三轮小车,买电影票……不,等一等,让我再想想看。忽然,她看见一个小男孩坐在大门前的小凳上,他有一双可爱的黑眼睛,珍妮很喜欢他,想和他玩,但是小男孩是个跛子,不能跑,不能跳。珍妮想,要让小男孩能够走路!于是,她小心翼翼地撕下最后一片青色花瓣扔出去,说:"飞吧,飞吧!让这个小男孩健康起来吧……"就在那一分钟,小男孩站了起来,同珍妮玩起捉迷藏来了。他跑呀,跑呀,珍妮怎么也赶不上!珍妮心里充满了快乐。

故事分析

这则故事是围绕小姑娘珍妮和七色花展开的,珍妮用七色花掩盖了自己的错误,用七色花达成了因愤怒、嫉妒而产生的自私的愿望,但珍妮并不感到快乐,她用最后一片花瓣帮助别人,并从中找到了真正的快乐。这则故事有九个自然段,共分为三个层次,第一个层次是第一自然段,介绍故事的起因,这一部分要对人物、起因交代清楚。第二个层次是第二自然段至第八自然段,讲了珍妮用七色花实现了自己因为自私、愤怒、嫉妒而产生的六个愿望,虽然愿望都实现了,但珍妮并不感到真正的快乐。这一部分是整个故事的主要内容,就要讲得生动有趣,在语音语调上讲究变化,将珍妮在愿望实现后不同心理体验和生活状况体现出来。第三个层次是第九自然段,讲的是就剩最后一片花瓣,珍妮用它帮助小男孩站了起来,帮助他人才能够获得真正的快乐。这部分使故事的思想得到升华、画龙点睛。经过这样三个层次的分析,故事的结构、脉络清晰地呈现出来,故事在讲述上就会条理清楚、道理明白、情节突出、入情入理。

二、设计故事的基调、高潮和低潮

故事的基调是指故事整体所呈现出来的感情色彩,不同风格的故事展现出不同的基调。因此在深入分析故事主题思想、内容、层次、情节的基础上,对故事的基调进行设计和把握也是十分重要的。故事的类型多种多样,有生动活泼的童话故事、神奇玄妙的神话故事、深沉厚重的历史故事、知识丰富的科学故事、严肃悲壮的革命故事等等,面对不同类型、不同风格的故事,讲述时基调也有所不同,或深情感人,或生动活泼,或诙谐幽默,或严肃悲壮。应避免用同一种基调讲述不同类型的故事,千篇一律地平铺直叙,故事该有的风格没有呈现出来,跌宕起伏的故事情节没有得到精彩的展现,就达不到应有的教育效果。教师在确定了故事讲述的基调后,才便于激情饱满地讲述故事,才便于恰当运用各种讲述技巧,轻重适度,节奏鲜明,抑扬顿挫,以情感人,才便于儿童从中感受美好品质,领会故事的深层含义。

另外,在讲故事前,教师要根据故事的不同风格确立故事的整体基调,在此基础上,找出故事的高潮和低潮,设计出不同的讲述方案。故事的高潮和低潮,是确立故事基本走向的两个关键点,这两个关键点的处理使得故事在讲述时不是平铺直叙,而是高低起伏、错落有致。故事的高潮部分通常出现在结尾之前,要充分渲染、多着笔墨,通过特殊的语音语调、重音停顿的处理,在声音上达到一种高低起伏、抑扬顿挫的节奏变化,再加上使用眼神、表情、动作等肢体语言,使得高潮部分的讲述扣人心弦、极富感染力。在低潮部分的处理上要"铺平垫稳",缓冲减速,做好铺垫。分析好故事的基调、高潮和低潮后,故事的讲述将沿着一种声音高低变化、节奏交替转化的路线错落有致、声情并茂地展开,最大限度地展现跌宕起伏的故事情节,极富感染力和教育意义。

科利亚的木匣

战争开始的时候,科利亚刚学数数,只会数到十。他从家门口向前走,数了十步,就用铲子挖起坑来。

坑挖好了,他把一个木匣放进坑里。木匣里盛着各种各样好玩的东西,有冰鞋、小斧头、小手锯和其他小玩意儿。他放好了木匣,盖上土,用脚踩实,还在上面撒了一层细沙,免得被人发现。

科利亚干吗要把这些东西埋起来呢?因为德国法西斯快打到他们的村子了。科利亚和妈妈、奶奶决定离开村子,到喀山城去躲避。家里的东西不能都带走。妈妈把有些东西放进箱子里,从家门口向前走了三十步,把箱子埋在地下。科利亚只会数到十,就向前走了十步,埋下他的木匣。

就在那一天,妈妈、奶奶带着科利亚到喀山去了,在那儿住了差不多四年。科利亚长大了,上了小学,数数能数到一百多了。

法西斯终于被赶走了。妈妈、奶奶带着科利亚回到了故乡。他们家的房子还在,屋里的东西却被法西斯抢走了。

妈妈说:"不用难过,我们还有一些东西埋在地下哩。"

妈妈从家门口朝前走了三十步,挖出了她埋的箱子。她高兴地说:"算术真有用。如果当初我随便挖个坑把箱子埋了,现在就不好找了。"

科利亚也拿来铲子,从家门口向前走了十步,动手挖起来。他挖呀,挖呀,坑已经挖得很深了,还没找到匣子。他又朝左边挖,朝右边挖,仍然没找到。

小伙伴们围上来,都朝着科利亚笑:"你的算术不管事啦!也许,法西斯把你的宝贝挖走了。"

科利亚说:"不会的,敌人连我们家的大箱子都没挖走,还能找不到我的小木匣吗?这里面一定有原因。"

科利亚丢下铲子,坐在台阶上,用手摸着脑门想。突然他笑起来,对小伙伴们说:"我知道是怎么回事啦!木匣是我四年前埋的,那时候我还小,步子也小。我现在九岁啦,步子比那时候大了一倍,所以应该量的不是十步,而是五步。你们看,我马上会找到我的木匣子。"

科利亚量了五步,又动手挖起来,不多一会儿,他果然找到了木匣子。

科利亚高兴地说:"伙伴们,今天我不光找到了匣子,还懂得了时间一天天过去,人一天天长大,步子也在渐渐变大。周围的一切,不是都在起变化吗?"

故事分析

这则故事的基调是美好欢欣而又充满童趣的。故事的高潮部分是科利亚坐在台阶上,用手摸着脑门想,突然他恍然大悟,明白了四年前埋的木匣为什么找不到的原因了。对于高潮部分的处理,要求教师要用兴奋的、惊喜的、喜出望外的语调来表达,同时可将"丢下""坐在""摸着""笑起来"这几个动词用肢体动作表示出来,并着重加强"摸着""想""突然""笑起来"这几个词语的重音,并在"用手摸着脑门想"这句话后面做一停顿,突出后面想出的结果。通过这些方面的处理,使得高潮部分的讲述生动形象、活灵活现、富有感染力,并使得结尾部分的启示和升华更有意义。

本小节内容类似于语文课堂的课文分析。归纳中心思想、总结段落大意是我们常见的教学活动,而对于故事基调、高潮低潮的把控则是更高的课文处理要求,可以加深我们对故事的理解,从宏观之处理解作者的匠心。

第三节 故事讲述前的加工

有一次,教师小李给学生讲了一个历史故事。故事的语言太过书面语,还夹杂着文言文,学生听起来很费劲。小李发现讲故事不能照着原文念,应该对故事进行加工,语言更口语化、趣味化。于是,小李尝试了几次,学生们变得比原来感兴趣多了。

讲述故事前,教师要选取适合儿童特点的故事,对其主题思想、层次、情节等进行认真分析,在不改变故事原有情节的基础上,还要将故事进行适度修改、二次加工,使之口语化、趣味化,更加贴近儿童的口味和审美,便于儿童欣赏与感悟,充分发挥故事的教育意义。

一、故事口语化

故事口语化,就是要将书面的故事文字转化成适合口语表达和讲述的用语,符合儿童的口语表达习惯,便于儿童理解和接受。一般来说,儿童故事的讲述要使用简短的句子,通俗明了,简单易懂,避免拐弯抹角的长句子;通常使用常用词语,不要使用生僻字词、书面用语或令人费解、难以理解的词语。故事口语化,通俗来说,就是把书本上的故事变成自己的语言来进行讲述,自己说着顺口,儿童听着顺耳。

现有的儿童故事一般都能体现故事口语化的特点和要求,但有些儿童故事的版本是供阅读和学习使用的,并不是专门用来进行口头讲述使用的,因此需要进行口语化的加工。

(一) 变书面语为口语

书面语是人们在书写或阅读文章时使用的语言。书面语通常注重语法,用词文雅,结构严谨。口语是人们生活化的语言,贴近生活实际,便于日常交流和理解。儿童故事,是针对儿童特点进行编写的文学作品。一般来说,现有的儿童故事一般都能够体现口语化的特点和要求,但有些儿童故事会注重文学作品的欣赏性和观赏性特点,在遣词造句上会进行一些书面语的加工和修饰。另外,还有一些儿童故事是由外国儿童文学翻译过来的文字,翻译时更注重文学作品的可读性要求而忽略了口语化的适用性要求。所以,在讲故事时,教师需要将儿童故事进行二次加工,对故事中的书面语言进行适当的修改和替换,转化为儿童生活中口语化的语言。仔细对照下面的故事范例,品味书面语转化为口语后的讲述效果。

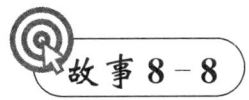

乌鸦喝水(节选)

一只乌鸦口渴了,它在低空<u>盘旋着</u>(飞来飞去)找水喝。找了很久,它才发现<u>不远处</u>(旁边)有一个水瓶,便高兴地飞了过去,<u>稳稳地</u>(正好)停在水瓶口,准备痛快地喝水了。可是,水瓶里水太少了,瓶口又小,<u>瓶颈又长</u>(瓶子又细又长),乌鸦的嘴<u>无论如何</u>(怎么)也够不着水。这可怎么办呢?

乌鸦想,把水瓶<u>撞倒</u>(弄翻),就可以喝到水了。于是,它从高空往下冲,<u>猛烈撞击</u>(使劲砸向)水瓶。可是水瓶太重了,乌鸦<u>用尽全身的力气</u>(使出了全身的劲儿),水瓶仍然<u>纹丝不动</u>(一动不动)。

乌鸦<u>一气之下</u>(很生气),从<u>不远处</u>(旁边)叼来一块石子,朝着水瓶砸下去。它本想(想着)把水瓶砸坏之后<u>饮水</u>(再喝水),没想到石子<u>不偏不倚</u>(从中间),"扑通"一声正好落进了水瓶里。

故事分析

在故事的阅读文本中有些词语带有较浓的书面色彩。这些词语的使用在文本当中可以增加庄重、浓厚的文学色彩,也可以使文字显得简洁含蓄。但是这些词语不适合在给儿童讲故事时使用。例如,在上面故事中出现的"盘旋""无论如何""纹丝不动""一气之下""不偏不倚"等,这些词语在阅读故事文本时问题不大,但是在讲述故事时就显得不够口语化,不符合儿童的语言特点。这时就需要教师根据故事内容改为更为活泼的、生动的、简单易懂的、易于儿童接受的语言。

(二)变长句为短句

在我们日常口语交流中,人们接收信息的句子长度是有限的。句子较长或较为复杂时,人们在大脑中接收的句子信息就会出现前后不连贯或不完整的现象,当句子末尾进入脑海时,句子的开头或许已经印象不深了。由于儿童的心理特点以及对于语言的接收程度,儿童对于故事讲述中出现的较长句子或较复杂句子更是不易接收,难以理解。所以,教师在讲述故事前要将故事中难以理解或修饰成分过多的长句、复杂句转化为言简意赅的短句,讲起来清楚明白,听起来也不费劲。仔细对照下面的故事范例,品味长句转化短句后的讲述效果。

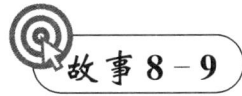

墙上的彩虹

这天晚上,淘气熊打开电脑,他在网上仔细地搜索,搜索,再搜索……哈,终于清楚了,原来是太阳照在阳台的玻璃窗上,又折射在阳台通往客厅的玻璃门上;再折射,折射光照射到客厅的墙上,于是就形成了彩虹。如果用一块布遮住阳光,那么就割断了光源,彩虹自然也就消失了……

故事分析

这段话很长,语句较为绕口,直接讲下来儿童就会听不懂,必须要改为适合儿童理解的短句,修改后是这样的:

这天晚上,淘气熊打开电脑,他在网上仔细地搜索,搜索,再搜索……哈,终于清楚彩虹是怎样形成的了。原来,太阳先照在阳台的玻璃窗上,光线就从玻璃窗上折射到阳台通往客厅的玻璃门上。然后又从玻璃门上折射到客厅的墙上,于是就在墙上形成了彩虹。如果用一块布遮住阳台的玻璃窗上的阳光,那么就割断了光源,彩虹自然也就消失了……

(三)合理处理故事中的对话

儿童故事中总是有各种各样的角色,角色的性格特征多是通过对话体现出来的。对话使人物的鲜明个性跃然纸上,活灵活现,而且故事情节的发展还要经常借助对话来推动。但是儿童故事中对话过多,在进行讲述时,就会由于不断转述对话从而影响故事的讲述效果,影响儿童对于故事内容的接收程度和听享效果。因此,教师在讲述故事时,遇到对话较多的情况要适当进行修改和调整,将有些对话转化为陈述性的语言,将语序也做适当调整,使用顺叙,避免倒叙、插叙、补叙,在不影响故事情节的情况下加入一些关联词句,使前后语句通顺,结构清楚有条理,从而让故事听起来更流畅、更清楚、更生动。

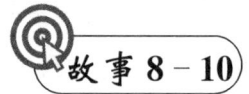 故事 8-10

狗熊的晚餐

狗熊是动物街有名的美食家,它吃得多所以长得胖,它能吃多少呢?告诉你,你也不信,有一回,狗熊和老虎打赌,一口气吃了一百零八个饼,吃得连路也走不动了。大家都说它是个"贪吃鬼"。

冬眠前的晚上,狗熊决定给自己做一张又香又大的比萨饼,它要好好地吃一顿,美美地睡上一觉。

先点着火,和上面,再浇上蜂蜜,加进火腿肠,最后,还撒上一把芝麻,啊,香喷喷的比萨饼做好了,圆圆的,金黄金黄的,像一个散发着香味的太阳。

"哒哒哒。"是谁敲开了狗熊家的门?这是一头瘦瘦猪,它说:"对不起,是香味把我带到了你的屋子前来的。"

"那当然,我是美食家。"狗熊高兴极了。

"那么,你得给我看看是什么东西这么香。"瘦瘦猪的口水都流了下来。

狗熊端出了那个刚刚做好的,冒着热气的比萨饼。

"香喷喷的比萨饼,"瘦瘦猪大声叫起来,"我最爱吃了。"

"可是,我为什么要给你吃呢?"狗熊奇怪地问。

"你当然得给我吃,我是个贪吃鬼,原来已经刷了牙要睡觉的,是饼的香味引得我嘴巴馋,肚子饿,睡不着觉了,你得负责。"瘦瘦猪很有理由。

狗熊就让瘦瘦猪吃它的饼。

"太好吃了。"瘦瘦猪一路走一路说,"太好吃了。太好吃了。"

"什么东西太好吃了?"小马、小牛听说了,从暖烘烘的被窝里爬起来,向狗熊要比萨饼吃,它们也是"贪吃鬼"。

狗熊的比萨饼一会儿全被吃光了,连掉在地上的一粒小芝麻也让小马用舌头卷进了嘴巴。

"我的比萨饼真是做得太好吃了,大家都爱吃。"狗熊说完,呵欠就接二连三地来了。"可是,我的肚子还很饿。我想吃我的比萨饼。"狗熊说。

"尝尝我们做的煎饼,好吗?"瘦瘦猪的妈妈和小马、小牛的妈妈都拎着篮子来了。

篮子里放的是瘦瘦猪妈妈做得像太阳一样圆的煎饼、小马妈妈做得像月亮一样的煎饼、小牛妈妈做得像星星一样的煎饼。

狗熊吃了满满三篮子的煎饼,呵,整整一百一十个,吃得连路都走不动了。狗熊倒在床上,美美地睡了一个冬天,在它的梦里,有无数的太阳、月亮和星星。

对话调整后:

狗熊的晚餐

狗熊是动物街有名的美食家,它吃得多所以长得胖,它能吃多少呢? 告诉你,你也不信,有一回,狗熊和老虎打赌,一口气吃了一百零八个饼,吃得连路也走不动了。大家都说它是个"贪吃鬼"。

冬眠前的晚上,狗熊决定给自己做一张又香又大的比萨饼,它要好好地吃一顿,美美地睡上一觉。

先点着火,和上面,再浇上蜂蜜,加进火腿肠,最后,还撒上一把芝麻,啊,香喷喷的比萨饼做好了,圆圆的,金黄金黄的,像一个散发着香味的太阳。

"哒哒哒。"一头瘦瘦猪敲开了狗熊家的门。它对狗熊说:"对不起,是香味把我带到了你的屋子前来的。"

狗熊听了高兴极了:"那当然,我是美食家啊!"

瘦瘦猪的口水都流了下来:"那么,你得给我看看是什么东西这么香。"

狗熊端出了那个刚刚做好的,冒着热气的比萨饼。

看到比萨饼,瘦瘦猪大声叫起来:"香喷喷的比萨饼,我最爱吃了!"

但是,狗熊奇怪地问它:"可是,我为什么要给你吃呢?"

瘦瘦猪很有理由地说道:"你当然得给我吃,我是个贪吃鬼,我都已经刷了牙要睡觉的,是饼的香味引得我嘴巴馋,肚子饿,睡不着觉了,你得负责。"

狗熊听了,只好让瘦瘦猪吃它的饼。

瘦瘦猪一路走一路说:"太好吃了。太好吃了。太好吃了。"

小马、小牛从瘦瘦猪那听说了狗熊做的比萨饼好吃,它们都从暖烘烘的被窝里爬起来,向狗熊要比萨饼吃,它们也是"贪吃鬼"。

狗熊的比萨饼一会儿全被吃光了,连掉在地上的一粒小芝麻也让小马用舌头卷进了嘴巴。

狗熊看大家把比萨饼全吃光了,高兴地说:"我的比萨饼真是做得太好吃了,大家都爱吃。可是,我的肚子还很饿。我想吃我的比萨饼。"说着就接二连三地打起了呵欠。

这时,瘦瘦猪的妈妈和小马、小牛的妈妈都拎着篮子来了:"尝尝我们做的煎饼,好吗?"

篮子里放的是瘦瘦猪妈妈做得像太阳一样圆的煎饼、小马妈妈做得像月亮一样的煎饼、小牛妈妈做得像星星一样的煎饼。

狗熊吃了满满三篮子的煎饼,呵,整整一百一十个,吃得连路都走不动了。狗熊倒在床上,美美地睡了一个冬天,在它的梦里,有无数的太阳、月亮和星星。

二、故事趣味化

趣味性是儿童故事的一大魅力,也是吸引儿童注意力和激发好奇心和求知欲的重要因素。故事情节要生动、有趣、富有吸引力,这与儿童的心理特点紧密相连。鲜艳的色彩、美妙的音乐、奇特的风景、夸张而又刺激的故事情节往往能够激发儿童的好奇心和浓厚的兴趣。因此,教师在讲述故事前要注重对故事趣味化的改编。

(一) 使用对话性语言增强感染力

儿童故事中叙述性语言通常用于解释、说明、描写、陈述等方面,文字平铺直叙,有时会显得平淡而乏味,抽象而死板。对话性语言活泼而生动,形象而有趣,能够体现出故事的表现力和感染力,更能够吸引儿童的注意力,引起儿童的共鸣。因此,可根据儿童的心理特征和语言思维特点,结合故事的情节需要,适当地将有些稍显呆板的叙述性语言转化为角色对话,突出角色的鲜明特点,推进故事情节的生动展现。另外,教师在讲述故事时善于使用对话性语言,也有利于帮助儿童体会说话的艺术,培养儿童的逻辑思维能力。

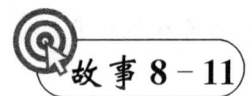

故事 8-11

守株待兔

宋国有一个农民,每天在田地里劳动。有一天,这个农夫正在地里干活,突然一只野兔从草丛中窜出来。野兔因见到有人而受了惊吓。它拼命地奔跑,不料一下子撞到农夫地头的一截树根上,折断脖子死了。农夫便放下手中的农活,走过去捡起死兔子,他非常庆幸自己的好运气。晚上回到家,农夫把死兔交给妻子。妻子做了香喷喷的野兔肉,两口子有说有笑美美地吃了一顿。第二天,农夫照旧到地里干活,可是他再不像以往那么专心了。他干一会儿就朝草丛里瞄一瞄、听一听,希望再有一只兔子窜出来撞在树桩上。就这样,他心不在焉地干了一天活,该锄的地也没锄完,直到天黑也没见到有兔子出来,他很不甘心地回家了。第三天,农夫来到地边,已完全无心锄地。他把农具放在一边,自己则坐在树桩旁边的田埂上,专门等待野兔子窜出来,可是又白白地等了一天。后来,农夫每天就这样守在树桩边,希望再捡到兔子,然而他始终没有再得到。但农田里的苗因他而枯萎了。农夫因此成了宋国人议论的笑柄。

改编成对话性语言:

守株待兔

宋国有一个农民,每天在田地里劳动。有一天,这个农夫正在地里干活,突然一只野兔从草丛中窜出来。农夫吃了一惊:"哇,这里竟然有兔子。"野兔因见到有人而被吓坏了。它拼命地跑,谁知一下子撞到农夫地头的一截树根上,折断脖子死了。农夫惊喜地哈哈大笑:"没想到白白捡了一只兔子。"他赶紧便放下手中的农活,走过去捡起死兔子,他开心地自言自语道:"今天运气怎么这么好?"

晚上回到家,农夫把死兔交给妻子,对妻子说:"你看我今天运气多好,这只兔子是自己撞到树上死的,我白白捡回来一只兔子,咱们可以美美地吃上一顿肉了!"妻子也夸赞农夫道:"你真厉害啊,还能逮到一只兔子。"妻子做了香喷喷的野兔肉,两口子有说有笑美美地吃了一顿。

第二天,农夫照旧到地里干活,可是他再不像以往那么专心了。他干一会儿就朝草丛里瞄一瞄、听一听,希望再有一只兔子窜出来撞在树桩上。"怎么还不见兔子出来?"他喃喃地自言自语。就这样,他已经没有心思干活了,该锄的地也没锄完。直到天黑也没见到有兔子出来,他很不甘心地回家了,嘴里还嘟哝着:"哼,今天没逮到,明天一定可以!"

第三天,农夫来到地边,他已经完全不干活了。他把农具放在一边,自己则坐在树桩旁边的田埂上,专门等待野兔子窜出来。"我就不信你不出来!"可是又白白地等了一天。后来,农夫每天就这样守在树桩边,希望再捡到兔子,然而他始终没有再得到。而农田里的苗也因为他不干活而枯萎了。农夫因此成了宋国人议论的笑柄。

故事分析

《守株待兔》的故事是完全采用平铺式的叙述展开的,叙述性语言还过于书面化,如果按照原文进行讲述,对儿童来说,显然没有很强的趣味性和吸引力,还难以理解和接受。因此,在不改变原文意思的基础上,增加对话性语言,并将一些书面语改成口语形式,可以做到语言生动有趣,浅显易懂。在第一段中农夫惊喜地哈哈大笑,将农夫平白捡到便宜的那种窃喜的心理展现了出来。第二段农夫和妻子的一段对话,将两人不劳而获的喜悦之情淋漓尽致地展现了出来。改编后的故事通过对话把故事中的角色形象地展现在了儿童面前,更符合儿童的口味,儿童更愿意去听、去接受,可以尽情地发挥自己的想象力,并从中学到做人的道理。

(二)运用儿化音增加语言韵味

教师在讲述故事时要善于使用儿化音。"在普通话中,卷舌韵母 er 不能与声母相连,除了自成音节外,还可以同其他韵母结合起来构成卷舌韵母,使两个音节融合成一个音节,前面音节里的韵母或多或少地发生变化,带上卷舌色彩。这种音变现象就是'儿化'。这种带卷舌色彩的韵母叫作儿化韵。"儿化音的使用是儿童故事口语化的一个重要方面,能够使得正常发音时略显生硬的词语变得活泼而舒适。例如"脸蛋(儿)红扑扑的""小嘴使劲(儿)咬了一口桃(儿)",儿化音的使用,顿时增添了几分可爱、亲切、愉快的感情色彩。教师在讲述故事时要善于发现故事中可以进行儿化音处理的词语,比如"小猴儿""拐棍儿""好玩儿"等,将这些词语进行儿化发音,配合语气、语调的变化,加上适宜的肢体语言,使得故事在讲述时能够增加一些感情和韵味,使得故事听起来更有趣、更生动、更有感情色彩,有利于儿童对故事细节的理解和把握。

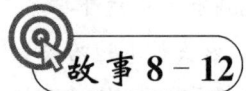

猴子捞月亮(节选)

一群猴子在林子里玩耍,它们有的在树上蹦蹦跳跳,有的在地上打打闹闹,好不快活。它们中的一只小猴独自跑到林子旁边的一口井旁玩耍,它趴在井沿,往井里边一伸脖子,忽然大叫起来:"不得了啦,不得了啦!月亮掉到井里去了!"原来,小猴看到井里有个月亮。

儿化音处理后变成:

一群猴子在林子里玩耍,它们有的在树上蹦蹦跳跳,有的在地上打打闹闹,好不快活。它们中的一只小猴儿独自跑到林子旁边的一口井旁玩耍,它趴在井沿儿,往井里边儿一伸脖子,忽然大叫起来:"不得了啦,不得了啦!月亮掉到井里去了!"原来,小猴儿看到井里有个月亮。

(三) 使用叠音词、象声词

故事语言的形象性是通过形象、具体、生动的语言,将故事中各种角色的声音、表情、神态、动作等鲜活而生动地呈现在儿童面前。形象化的语言,包括叠音词、象声词等的使用,将故事角色的鲜明特点和故事情节的跌宕起伏以更加逼真、形象、具体的方式展现出来,更加吸引儿童的注意,给儿童带来感官的刺激和精神的触动。

叠音词,指的就是同一个字在同一个词语中叠加出现、相互重叠,例如"暖洋洋、绿油油、毛茸茸、高高兴兴"等,这些词语读起来朗朗上口,便于理解和记忆。使用这些词语可以加强语气、提升效果、增强感染力。例如在故事《狐狸与葡萄》中原文为:"在一个炎热的夏日,狐狸走过一个果园,它停在了葡萄架前。狐狸想:'我正口渴呢。'于是它后退了几步,向前一冲,跳起来,却没有摘到葡萄。狐狸试了又试,都没有成功。最后,它决定放弃,说:'我敢肯定它是酸的。'猴子说:'我种的葡萄我不知道吗?肯定是甜的。'猴子说着便摘了一串吃了起来,吃得非常香甜。"加入叠音词后改为:"在一个火辣辣的夏日,狐狸走过一个果园,它停在了一簇簇亮晶晶的葡萄架前。狐狸想:'我正口渴呢。'于是它后退了几步,向前一冲,蹭蹭跳起来,却没有摘到一串葡萄。狐狸试了又试,都没有成功。最后,它决定放弃,气呼呼地说:'我敢肯定它是酸的。'猴子笑嘻嘻地说:'我种的葡萄我不知道吗?肯定是甜的。'猴子说着便摘了一串美滋滋地吃了起来,吃得非常香甜。"

象声词就是模拟自然界声音的词语。在故事中加入象声词,可以增强故事的生动性、真实性,也更加符合儿童的心理特点。自然界一些事物的声音是可以用象声词来进行模拟的,比如小动物的声音,青蛙叫是"呱呱",鸭子叫是"嘎嘎",驴叫是"嗯啊嗯啊",小马走路是"嘚儿哒",大口喝水是"咕咚咕咚",风声是"呼呼",水是"哗哗"地流动,雨是"哗啦啦"地下,钟表是"滴答滴答"地走,等等。这些象声词赋予人物、事物以特有的声响,在使用的时候会产生故事特有的音响效果,故事美妙的意境和美轮美奂的画面就展现在了儿童的面前。当然象声词的使用也要根据故事情节的需要和具体事物在不同的情境下产生不同的声音效果来选择,同样是流水的声音,可以用"哗哗",也可以用"潺潺""淙淙""汩汩""咕噜"。所以在象声词的使用上,也要认真推敲,才能在讲故事时产生如临其境的效果。

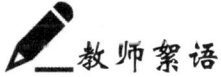

> 教师对故事进行改编是一项富有挑战性的工作,教师对故事的理解程度、对学情的把握、对语言的应用能力都体现在这项工作中。此外,故事改编也可以提高教师的想象力和口语表达能力,在教师资格证面试的时候可以尝试让学生创编一个不一样的故事结局,也不失为一项有创意的作业。

第四节　故事讲述前的其他准备

小李刚刚担任一年级的语文老师,小李想在讲课的过程中加入讲故事,吸引学生的注意力。但是,小李发现,每次讲故事的时候,自己都会感到紧张,害怕忘词,害怕讲的没有意思。他请教老教师,老教师告诉他,只有反复练习,才能熟能生巧。

一、自信、积极的心理状态

教师在面对学生进行故事讲述前,需要调整好自己的心理状态。有些教师,特别是年轻教师,由于教学经验不是很丰富,在面对讲台下几十个学生的时候,容易出现紧张、怯场、不自信的状态,表现为紧张过度、大脑一片空白、讲不出来或越讲越快、声音颤抖、表情僵硬、不敢抬头等。还有一些教师,在讲故事前会过早出现极度兴奋的状态,情绪特别高,提前消耗了内在的能量,到该讲故事的时候反而筋疲力尽,没有了之前的状态。因此,讲故事前的心理状态的训练和准备非常重要。教师应适当加强自身心理素质训练,学会调控自己的心理状态,加强情绪控制和对内外环境的适应能力,保持注意力集中,情绪稳定,缓解紧张和亢奋心理,为讲好故事打下基础。

(一) 自信的心理状态

要想讲好故事,教师必须要有自信的心理状态。语言流畅、生动有趣、举止大方、神态

自如、娓娓道来,这些都是教师在讲故事时自信状态的体现。怎样才能拥有自信的状态呢?

在讲述故事时拥有自信,很重要的一个方面,就要对所讲内容了然于心。只有这样,才可能在临场发挥时自信满满。这就需要:

一是要对所讲的故事进行恰当合理的改编,转换成口语化的语言,这样在讲述时,不会因为故事语言的复杂、难懂、生僻而出现故事内容的不连贯、不顺畅,影响讲述时的状态和发挥。

二是对故事内容的把握要有自己独特的感受和深刻的体会,这样才能够发自内心、极其迫切地想和儿童分享自己的经验和看法。对故事内容和意义没有来自内心深刻的领会和感触,就不能够真正地将故事作为自身经验的一部分与儿童进行分享,也就不能够在讲述故事时流露出真正的情感。

三是真正地理解和把握故事,而不是背诵下来。很多教师在讲故事时会选择背诵原文故事,这是不可取的。背诵原文故事,就很难在语气语调、表情动作上做到自然表达、轻松流畅。讲故事不是背诵故事,无论背得多么熟练,都会在讲述过程中流露出不自然、牵强附会、强扭做作的成分,直接影响故事讲述的效果。另外,背诵故事还容易出现因紧张怯场而大脑空白,讲不下去的问题。背诵会限制发挥,会将记忆锁定在固有的认知范围内,一旦紧张忘词,就很难正常地进行下去。因此,绝对不提倡背诵故事。但是,在讲故事前做好充分地练习和准备是必要的。在练习时,要将故事内容进行完整的讲述训练,根据故事情节,利用自己擅长的方面,配上适当的肢体动作体态语,轻松自如地讲述故事。这样,对故事内容和讲述方式的处理胸有成竹,在正式讲述时也就自然能够做到不慌不乱、正常发挥了。

(二) 积极的心理状态

在正式进入故事讲述的状态时,教师要有积极的心理状态,去面对可能在讲述过程中出现的各种问题。怎样做到在故事讲述时保持积极的心理状态呢?

第一,对于故事讲述时的环境,教师要提前了解和进行相应的准备。故事讲述时的环境主要包括讲述对象的特点、参加人员的情况、讲述时的地点、教具等设备情况等。教师在讲述开始前,要对以上环境因素有一个大致的了解,适时调整自己的故事内容,比如穿插讲述对象感兴趣的例子,使讲述的故事内容贴近生活实际,富有吸引力。同时,提前对环境因素进行了解和准备,以备在故事讲述时可能会出现的突发情况,比如在故事讲述时,有学生提出问题或发表看法,这时就需要教师根据实际情况,灵活处理故事内容。

第二,在即将开始故事讲述前,要注意情绪酝酿和拿出最佳的临场精神状态,情绪是期待的、兴奋的、一触即发的,精神状态是积极的、热情的、奋发的。这种临场前的精神状态很重要,需要教师进行积极的自我心理暗示,暗示自己"我能行""我一定能讲好""我的状态很好"等,这种积极的心理暗示对于心理诱导作用影响很大,能够在一定程度上控制紧张的情绪,帮助教师以最佳的精神状态投入故事讲述中去。

第三,在正式进入故事讲述前,除了调动自身最活跃、最积极、最兴奋的心理因素之外,还要保持全身放松,镇静自若,目的明确,思路清晰,将自身的注意力放在故事讲述上,

排除外在因素的干扰。在正式进入故事讲述后,要合理分配注意力,把自身注意力更多集中在故事讲述上,同时也要注意关注一下讲述对象的实际反映情况,讲述对象是否对于讲述的故事表现出极大的兴趣、表情是否专注、心情是否轻松愉悦、是否跟着教师的讲述进行配合和互动等。教师根据实际情况,可适当调整讲述内容。

二、反复练习、熟能生巧

教师在选择好合适的故事之后,就要尽快熟悉、掌握故事的内容。熟悉故事内容是能够声情并茂、绘声绘色讲好故事的前提和保证。熟悉故事内容,要求教师认真分析故事的主题思想、结构层次和故事情节,并对故事内容进行恰当的改编和加工,转化成适合对儿童讲述的口语化和有趣味的故事语言。在经过以上对于故事内容的认真分析和深入加工之后,教师对故事的内容和意义已经有了更深层次的把握,形成了自己对于故事内容独特的理解和深刻的体会。在此基础上对故事内容的熟悉和把握,对于教师而言,已经是胸有成竹、了然于心了。接下来,要求教师针对故事内容,选择使用适合自己特点的讲述技巧,反复练习,强化训练,对其中重点部分、精彩部分反复强化,做到"有亮点且精彩"。所有的成功,依靠的都是反复的刻意练习。只有反复练习,才能熟能生巧;只有反复练习,才能熟练掌握;只有反复练习,才能臻于完美。

三、认真模仿、大胆开口

教师在讲述故事前,要熟悉故事内容,反复练习,熟能生巧。但要想讲出精彩绝伦、深受儿童喜爱的故事,形成自己独具特色的讲述风格,则需要进行长期的、大量的、反复的练习。这种练习,首先从模仿练习开始。

模仿,是将优秀的故事讲述者对于故事内容的处理方法、讲述技巧、讲述方式等拿来对照练习。模仿是学习讲故事最快捷、最有效的方法之一。在模仿学习之前,选择适合自己特点和风格的模仿对象很重要。每个人都有自己的特点,不是所有的对象都是可以进行模仿的。要根据自己的实际情况选择优秀的故事讲述者作为自己模仿学习的对象。广泛收集模仿对象的录音、录像、视频资料等,认真研究和反复模仿其讲故事时的语气、语速、语调,还有眼神、表情、手势、身姿、形体、动作等,在这种反复模仿中熟悉模仿对象的个人特点、讲述风格和表达技巧,从熟悉到掌握,从感知到领悟,从模仿到超越,在这个过程中,结合自己的实际特点,慢慢去领会讲故事的精髓,去感悟讲故事的技巧,去体验讲故事的效果,慢慢形成自己的讲述风格和独特魅力。

另外,大胆开口是讲故事时要勇敢迈出的第一步。无论讲的效果如何,开口讲话是讲故事的首要前提。教师要培养自己大胆开口讲话的能力,克服胆小怯场的心理障碍,这是教师基本的教学能力和讲话能力。教师要给自己创造更多的机会去当众开口讲话、讲故事,锻炼和提升自己的语言表达能力和讲故事技巧。只有在这种反复的、刻意的开口讲话、讲故事的练习之中,教师的讲故事能力和讲述技巧才能得到提高,才能够成为儿童喜爱的讲故事高手。

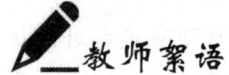

讲故事的心理准备同样适用于教师资格证面试,平常心可以帮助我们在面试的时候发挥自如,此外,反复练习、大胆开口才是面试成功的不二法门,通往理想的桥梁是勤奋,通往成功的道路是行动。

故事小赛场

一、活动目标

掌握故事讲述前对故事进行分析和加工的方法。

二、活动内容

对故事《地球就诊记》进行口语化修改并进行讲述练习。

三、活动要求

1. 故事讲述前进行相关准备工作,对故事进行分析和加工的方法。
2. 使故事语言更加口语化、趣味化。
3. 用自信、积极的心态,反复练习、认真模仿、大胆开口。

附:

地球就诊记

最近太阳公公开了一家医院——太阳中心医院,这天,来了一位不速之客。

这个病人真奇怪,他穿着一身土黄色的衣服,身上鼓起许多不该有的包。衣服上只能看得到有限的绿色、蓝色。"哎哟,哎哟……"这位病人痛苦地呻吟着,一瘸一拐地走进诊断室,太阳公公大吃一惊:"地球兄弟!你怎么变成了这个样子啊?"

"唉,一言难尽啊!"地球皱紧了眉头。"地球,快请坐,我来为你诊断一下病情。"太阳公公拿过医药箱,掏出听诊器。

"地球,你心跳过缓,心律不齐,而且严重缺血,需要马上补铁、锌、钾、铜等100多种矿物。能不能讲讲这是怎样造成的呀?"太阳公公摘下听诊器,端来两杯茶,想让地球的心情放松一下。

地球泪眼汪汪地说:"唉!说来话长啊。几十万年前我特别漂亮,有绿色的森林、蓝色的大海,各种充满活力的小生命。那时候,我的生命力多旺盛啊,新鲜的血液不断输送到我的头脑里,我的体温也一直很稳定。可最近这十几年……"地球两眼通红,慢慢地喝了一口茶。

"在我身上有一种强大的生物——人类,他们不爱惜我的身体,为了谋求私利,砍伐了许多绿色森林,掏空了我身上的矿藏。现在,我身上的绿色正在迅速消失着。他们为了生活方便,大量排出的废水、废气,使我的皮肤遭受着严重的破坏!"

"人类砍伐了树木,开始在草地上建造高楼大厦、工厂,我的身上长满了包,田野、森林却越来越少……"地球气愤地说,"现在我该怎么办呢?""唉,"太阳公公无奈地说"解铃还须系铃人,你的病最终还得由人类自己来治……"

为此,太阳中心医院向人类发出警告:"为了你们自己的生存你们必须保护好地球!"

第九章 故事讲述的技巧

微信扫码
获取相关资源

1. 掌握语气、语调、重音、语速的概念。
2. 根据故事情境合理使用语言技巧。
3. 掌握体语的概念及表达技巧。
4. 能在故事讲述过程中使用合适的体语进行表达。
5. 掌握常见的道具使用方法。
6. 能够根据故事情节创设有意义的环境。

第一节 语言的使用技巧

小李发现自己的学生特别喜欢听故事,就非常努力地学习讲故事的各种技巧,她模拟人物的语气、语调尤其传神,同学们都说她学得非常像。可是她有一个苦恼,就是当她讲故事的时候,学生虽然听得很认真,但是好像没有太多的情绪反应,该笑的地方不笑,应该伤心的地方,学生也没有伤心的反应,尽管她故事讲得绘声绘色,好像始终打动不了学生。

小李老师对待工作积极主动,刻苦学习,在很短的时间内就掌握了人物语气语调的模拟技巧,并得到了学生的认可。可是为什么不能打动学生的心灵呢?事实上,语言的技巧不止于语音、语调,还包括重音、语速等因素,只有综合应用才能达到良好的效果。我们学习各项语言技巧的同时,也需要探究各项技巧和人物情绪情感的关系,语言的技巧是建立在真情实感的基础之上的,不能本末倒置。

故事的载体是语言,每一个字符里都藏着很多很多的秘密,而我们的任务就是破解文字的秘密。即使是相同的字,在不同的故事场景中也会展示其不同的意义,而不同意义的展示可能是通过不同的语调、语音、语气、语速。比如一个简单"好"字:当我们平常和人打招呼时会说"你好",语调平稳、语速中等匀速。当我们答应长辈或朋友的要求时也会说

"好",这时语气是肯定的、真诚的,语调略高、略重。当我们不耐烦想应付的时候也会一连串地说"好、好、好",这时语气略急促、语速略快。当妈妈哄孩子时也会说"好",这时语气是宠溺而温柔的、语调不高、语速放慢、声音拖长。大家可以找出"好"字的各种使用场景,尝试一下不同的语气、语调、重音、语速丰富的表情达意方式。

一、语气

(一)语气概说

《现代汉语词典》中指出"语气"主要指说话的口气。"口气"是指"说话时流露出来的感情色彩"。如:严肃的口气,幽默的口气。它对故事表达的效果产生直接的、立竿见影的影响。语气之强弱、长短、清浊、粗细、宽窄、卑亢等变化,均能产生不同的声音效果。

大家试着读一下张秋生的作品《给狗熊奶奶读信》,感受一下不同语气带来的不同效果。

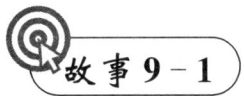

给狗熊奶奶读信

张秋生

邮递员鸵鸟阿姨,给狗熊奶奶送来了一封信。

狗熊奶奶是那样的高兴,她盼信盼了好几天,她是很想念远方的小孙子的。

狗熊奶奶老眼昏花,她看不清信上说些什么。

她来到河边,请河马先生帮她念一念信。当河马张开大嘴,高声地读了一句:"奶奶您好!"时,狗熊奶奶就不那么高兴了:

"他是这样粗声粗气地称呼我吗?连'亲爱的'也不加。这个没礼貌、不懂事的小东西!"

当信中说到他想吃奶奶做的甜饼时,狗熊奶奶更不高兴了:

"他就这样用命令的口气,叫我给他捎甜饼吗?这办不到!"

狗熊奶奶气鼓鼓地从河马先生手中拿回信,步履蹒跚地回家了。

走在半路上,她越来越想小孙子了。正巧,夜莺姑娘在树上唱歌。她请夜莺姑娘把信再读一遍。

夜莺姑娘喝了点露水润润嗓子,当她念了第一句"奶奶,您好!"时,狗熊奶奶听了浑身舒服:

"小孙孙你好!虽然你没用'亲爱的',可是我从语气中听出来了,这比加'亲爱的'还要亲爱……"

当念到小孙孙想吃奶奶做的甜饼时,狗熊奶奶眼眶湿润了:

"这多好,我可爱的小孙子,他没忘记我,连我做的蜂蜜甜饼也没忘记,他是一个有良心的孩子……"

狗熊奶奶乐呵呵地从夜莺姑娘手中接回了信,迈着轻快的步子,回家给小孙子做甜饼去了。

河马先生和夜莺姑娘读信时不同的语气给狗熊奶奶带来了完全不同的感受,导致了不同的结果,恰当的语气表达是我们日常交流、故事讲述的重要条件。

孔子云"文质彬彬",指做人做事既要讲求形式又要讲求内容,二者相得益彰,这也是我们对语气的要求。"语"是我们朗读时用有声语言念出来的一个个具体的语句,也就是"质";"气"则是我们朗读、说话时的气息状态,不同的气息状态决定着说话时所采用的不同的声音形式,这就是语气中"文"的部分。二者相和所谓"文质彬彬",语气就是在一定思想感情支配下的语句的声音形式。一个好的故事讲述者一定要表达主人公的情感,把主人公的喜怒哀乐通过语音的变化呈现在听众面前。讲述者本人要先学会体验主人公的性格、主人公的情感。

揣摩人物性格、情绪的常见方法是练习在内心建立起"表象"。也就是说,当你用语言表达人物情绪情感的时候,需要先在自己的心中形成这些人或事物的大致轮廓。你的讲述是言之有物的,你心中的人物形象以及动作是比较清晰、具体、生动、活泼的。你要做的只是尽最大的可能通过你的讲述让观众像你一样地看到、感觉到你心中的那些"表象"。讲故事前,可以先进行闭眼想象,想象角色的音容笑貌,将自己代入到故事角色当中。

(二)不同语气的声音形式表达及训练

1. 不同情绪、情感

不同的词语蕴含着不同的情绪、情感,而这些情绪、情感的表达主要是通过语气来进行的。思想情感在语气中处于支配地位,我们把它称作语气的"灵魂"。这里我们介绍一下不同的声音形式如何表现语气的"灵魂",也即不同声音形式如何表达不同情感色彩。

语气表达情感色彩主要涵盖两个方面:一方面是表达讲述者本人的情绪、情感,也就是表达你对故事中的人物或者对听众的情感。如果在讲述过程中你怨怼愤怒、自以为是、对听众缺乏尊重,听众就会心生厌烦之情。相反,你语气中的善意友好、积极乐观会吸引听众全身心地投入,享受故事的魅力。切记避免你的语气充满负面的情绪,所以在讲故事之前要先调整好自己的情绪。注意千万不要本末倒置,语气是"末",而自己的情绪和态度才是"本",只从语音、语调上去调整,刻意模仿谦和友好的语气只会让人感觉到装腔作势;而讲述者情绪稳定、内心欣悦平和、不急不躁,语气自然就顺了。

另一方面主要是故事中各个角色的情绪情感表达,我们要认真揣摩各个人物不同的情绪、情感,掌握不同情绪的声音特点,争取准确地表达。

爱:气徐　声柔　温和
憎:气促　声硬　挤压
悲:气沉　声缓　迟滞
喜:气满　声高　跳跃
惧:气提　声凝　紧缩
急:气短　声促　紧迫

怒：气粗　声重　震动
疑：气细　声黏　踌躇
稳：气少　声平　沉着
焦：气多　声撇　烦躁

2. 不同性格、年龄、性别

下面我们将分析不同性格、年龄、性别角色的语气特点及声音形式。

(1) 小孩子。

小孩子的语气特点是声音比较细，每一个字都会有点拖音，尤其是最后一个字。小孩子变声之前气息不稳定，说话的音会比较短。有的时候小孩子说话还有一些重复和停顿，因为他们会一边想一边说。

大家试着根据小孩说话的特点练习下面的几句话。

猪小弟看着水里的月亮说："怎么水里还有一个和天上一模一样的月亮啊？"

哥俩一起说："不行，不行，这块大的被你咬了一口，又变小了。"

妹妹着急地说："天已经黑了，妈妈怎么还没有回来呢？"

(2) 少男少女。

稍大点的男孩子语气是瓮声瓮气的，发音位置在口腔正中间，喉咙打开，喉头压低一点点，音色变厚，是傻傻憨憨的小男子汉的感觉。而少女的音色比较脆，口腔的中前部分和鼻腔的中前部分配合，即我们常说的银铃般的声音。如：

她接着说："妈妈，这里的花可真美啊，我能把它画下来吗？"

马小跳说："报告老师，我已经跑了3 000米了，求求你放过我吧。"

(3) 成年男女。

成年男性通常很威严又一本正经的，声音浑厚，爽朗有力。成年女性往往温柔亲切又有耐心，声音轻轻柔柔的，说话的时候经常面带微笑。如：

父亲看了看大鱼，又看了看儿子，说："孩子，你得把它放回水里去。"

阿姨笑着说："喝吧，这么热的天，读了那么久的书一定口干舌燥吧。"

(4) 老人。

老年人声带经过长年的磨损都变得很沙哑、苍老。气息不够是老年音最大的特点，因为声带和器官是上了年纪的，所以我们要把声音发得很扁很扁，重点在口腔的后部控制，然后收起声音的时候要弱些，这样就会有老年的感觉。语速要慢，比较低沉，必要时可以配合上咳嗽、喘息。如：

愚公对智叟说："我的确是活不了几天了。可是，我死了以后有儿子，儿子又生孙子，孙子还会生儿子，这样子子孙孙生息繁衍下去，是没有穷尽的。"

爷爷却语重心长地说："傻孩子，剪去这些枝条，果树才能长得更好呢！"

(5) 善良正直者。

俗话说"理直气壮"，善良正直的人胸怀坦荡，重情义、讲道理，他们说话语气的共同特点一则比较洪亮、字正腔圆，二则语速适中、不疾不徐。如：

文天祥严厉地回敬道："一部十七史，写得清清楚楚，我是来受审的，不是来应考的！"

他目光坚毅地说:"我必须跑得更快,才能跑赢时间,才能从病毒手里抢回更多病人。"

(6)邪恶狡诈者。

与正直之人相反,我们说做贼心虚,所以一般邪恶狡猾的人声音往往不大,比较尖,言辞闪烁,有时还有些夸张、谄媚。如:

狐狸说:"啊,尊敬的大王,我给您带来了世界上最好吃的东西——糖果!"

"这个苹果可好吃了,会让你青春永驻。"老婆婆拿了一个苹果递给白雪公主。

(三)语气设计的步骤

这里介绍一种"人物语言设计三步法"[①]来帮助我们设计人物的语气。首先,分析故事里都有哪些人物;其次,搞清楚每一个人物的性别、年龄、性格是什么;最后,结合所学的不同特点的声音形式表达每个人物的特点。

我们来做一个练习:试用三个步骤来分析《负荆请罪》中的人物语气特点。

负荆请罪

战国时期,赵国有一文一武两个得力的大臣。武的叫廉颇,他英勇善战,多次领兵战胜齐、魏等国,以英勇善战闻名于诸侯。文的叫蔺相如,他有勇有谋,面对强悍的秦王临危不惧,赵王先封他为大夫,后封他为上卿,地位在大将廉颇之上。

廉颇对蔺相如很不服气。他对手下的人说:"我要是见到了蔺相如,一定要让他尝尝我的厉害,看他能把我怎么样!"

一次,蔺相如出门办事,正碰见廉颇远远地从对面过来,蔺相如就叫马车夫把车子赶到小巷子里,让廉颇的车马过去。

蔺相如的手下气坏了,纷纷责怪蔺相如胆小,害怕廉颇。蔺相如笑了笑,说:"廉颇和秦王哪个厉害呢?"手下说:"当然是秦王厉害了。"蔺相如接着说:"我连秦王都不怕,还会怕廉颇吗?要知道,秦国现在不敢来打赵国,就是因为国内文官武将一条心。我们两人好比是两只老虎,两只老虎要是打起架来,难免有一只要受伤,遭殃的不就是我们赵国吗?"

这话传到了廉颇耳朵里,他感到非常惭愧。一日,他光着上身,背着荆条,跑到蔺相如的家里去请罪。他单腿跪地说道:"我为了自己争一口气,却不顾国家的利益,比起先生来,实在是羞愧得无地自容。现在我向先生请罪,请先生责罚!"蔺相如连忙把廉颇扶起。从此,两人成了最要好的知心朋友,一文一武,共同保卫赵国。

第一步 故事里有哪些人物?

故事里的人物有廉颇、蔺相如、蔺相如的属下。

第二步 每一个人物的性别、年龄、性格是什么?

廉颇:男性;年龄较大;赵国的大将军,武将出身,为人正直、莽撞。

---

① 张嘉庆:《嘉庆叔叔教你讲故事,练口才》,中国妇女出版社,2018,第103页。

蔺相如：男性；成年人；比廉颇年轻；文官，识大体、顾大局，沉着冷静，机智勇敢。

蔺相如的属下：男性；成年人；身为下人，文化程度较低，为主人打抱不平。

第三步　结合不同人物语气特点设计语气。

廉颇：音量大，音色较粗，语速较慢。

蔺相如：比廉颇的音量稍低，音色适中，语音沉稳、略慢。

蔺相如的属下：声音略低，音色适中，语速较快。

揣摩不同的语气时，将人物语言表现得真切生动固然重要，但是要注意的是故事讲述的语气切不可太过夸张。"文"是要服务于"质"的，过于夸张的语气渲染虽然能够抓住听众的心，获得关注，尤其是低龄儿童的关注，但是也会起到喧宾夺主的效果，听众原来无意的注意被调动了，很难静下心来认真思考，静静感悟故事，适得其反。

好的故事讲述者从来都是娓娓道来，渐入佳境。语气如春风拂面，如细雨润物，让人沉浸，让人追随。

二、语调

（一）语调概述

语调，就是说话的腔调，是指在句子中用来表达思想感情的抑扬顿挫的语音旋律。在现代汉语中，字有字调，句有句调。字调即声调，句调即语调。语调包括全句或句中某一片段的声音的高低变化、说话的快慢以及轻重等。

语调是口语表达的重要手段，它能很好地辅助语言表情达意。同样一句话，由于语调轻重、高低、长短、缓急等变化，可以表达出不同的思想情感。

（二）语调的分类及练习

语调分为四类，每种语调都有其特定的表达意思。

1. 平直调

始终平直舒缓，没有明显的高低变化，句首和句尾差不多在同一高度。多用于陈述、说明的语句，表达的是庄重、回忆，或者平静、忍耐、犹豫等情感和心理。

比如，猪妈妈说："稻草、木头、砖头都可以盖房子，但是草房子没有木房子结实，木房子没有砖房子结实。"猪妈妈在陈述事实，语调平直。

比如朗读旁白："在大海边有一座古代战士的坟墓。坟墓上坐着这位埋在地下的英雄的幽灵。他曾经是一个国王。"语调平稳舒缓。

还有经常见到的故事开头"很久很久以前……"就是平直调，故事徐徐铺展开来。

2. 下降调

调子逐渐由高降低，句尾音弱而下降。多用于感叹，往往表达的是祈求、命令、祝愿等内容，或者坚决、自信、肯定、悲痛等感受。

比如赞扬他人："小美今天真积极啊！"语调从高到低，表达对小美的赞美。

再如，白胡子医生叹了一口气说："唉，我可说不清，还是让你们把头换回来吧！"表示失望、祈使。

3. 上扬调

调子由平而高,句尾音强而向上扬起。

多用于疑问句、反问句或者某些感叹句和陈述句。一般用于提问、称呼、号召等场合,表达的是激昂、亢奋、惊异、愤怒等情绪。

比如表示惊讶:"我的天啊!这么神奇!"语调上扬,表示很意外。

"让暴风雨来得更猛烈些吧!"表示呼喊、号召。

它一边跑一边喊:"咕咚来了,咕咚来了。"表示惊奇、号召。

小兔子问道:"难道水里面还有一个月亮吗?"表示疑问、好奇。

4. 曲折调

调子由高而低后又高或由低而高后又低,把句子中某些特殊的音节特别加重加高或拖长,形成一种升降曲折的变化。

一般表达复杂激动的情绪,多用于语意双关、言外之意、幽默含蓄、意外惊喜、有意夸张等语境,表达惊讶、怀疑、讽刺、轻蔑等情绪。

比如嘲讽他人:"你让我说?我可不像你那样,我没有千里眼,看不了那么远。"语调曲折起伏,表达讥笑讽刺的感情。

再如,王婶看着小花说:"哎呦呦,我的天啊!真看不出来你们姐弟俩还有这个本事。"先是升调,表示惊讶;然后是降调,表示感叹。

我们来做一个练习:

用四种不同的语调来复述"他听老师的话,是个好孩子"。

(用平直语调,只是肯定没有赞许;用降调既肯定又赞许;用升调表示怀疑;用曲折调表示讽刺之意)

语调的使用要符合语境,没有完全固定的格式。比如狐狸说:"哦,你们是怕分得不公平吧。来,让大婶帮你们分。"如果仅仅按照祈使句处理为下降调,就显得没有什么意思,如果处理为曲折调就能够活灵活现地展示出狐狸的狡猾。讲述者自己对作品的理解感受未必相同,表达自然千差万别,追求百花齐放、百舸争流,不拘于套路。

三、重音

(一) 重音概述

讲故事时,根据需要,对于一些词语需要着重强调一下,往往把音读得更重一些,这些读得重的音,就叫重音。我们一般用在词或词组下面加圆点表示重音符号。

(二) 重音的分类

重音一般分为两类:语法重音和强调重音。

语法重音是指在不表示什么特殊的思想和感情的情况下,根据语法结构的特点,重读句子的某些部分,也叫自然重音。语法重音的位置比较固定,常见的规律是,一般短句子里的谓语部分常重读,动词或形容词前的状语常重读,动词后面由形容词、动词及部分词组充当的补语常重读,名词前的定语常重读。如:

她高兴地从妈妈手里接过满满一大盆覆盆子。（定语）

小宝是姥姥的心肝。（谓语）

小狐狸的眼睛骨碌碌地转个不停。（状语）

护士们用消毒液把她们的手洗了一遍又一遍。（补语）

值得注意的是，语法重音的强度并不十分强，只是同语句的其他部分相比较，读得比较重一些罢了。

另一种是强调重音：除了表达思想含义外，还会为突出或表达一些感情上的需要，对语句中的某些词加以强调，就形成了强调重音。例如：突然，孔雀发现湖里面有另外一只美丽的孔雀，和自己长得一模一样。（表现出孔雀的意外和惊讶）

语法重音较容易找到，在一句话的范围内，根据语法结构的特点就可以确定，而强调重音由于每句话讲述者强调的内容不同，所以没有固定的规律。强调重音的确定与故事讲述者对故事的理解紧密相连。

比如"这盘菜我还没吃"这句话，用不同的语气辅之以不同的重音，听起来会有很多种效果。如果用听起来很急切的语气，重音放在"没吃"上，一个风卷残云的吃货形象就会浮现在听众的脑海中；如果用冰冷的高傲的声音，甚至有些生气地将重音放在"我"上，就会让人联想起大家族的家长在训斥不懂事的孩子的场景；如果以轻松、口语化语气将重音放在"这"上，则能让人感受到夏日清凉的大排档里，几个好友推杯换盏的惬意景象。

（三）表达重音的方法

确定重音之后的工作就是表达重音。重音存在的单位是语句，一句话中语句意思体现最为清楚的词和词语就是这句话的重音，语句目的不同，重音的强调也就不同；重音不同于词的轻重格式，重音不等于重读。

重音的表达方式切忌单一，它与停连、语气节奏等技巧有直接的关系，特别是和语气的关系密切。重音与外部技巧的融合运用是建立在内部技巧融会贯通的基础上的。表达重音的方式实际上就是使重音的词或短语从语句中"冒出来"。一般可以运用以下方法来表达重音：

重音重读：重读是利用声音的强弱对比以突出重音的一种方法。也就是在说重音的时候，唇舌要有力一些，音量要加大一些，从而使重音的强声与非重音的弱声形成鲜明对比，清晰地突现重音。重读的方法一般用来表达明朗的态度、观点以及形象鲜明的事物。

我不是不肯，我是不会。

你们是世界上最公正、最团结、最刚强的人，因为你们的名字叫工人。

人的身躯怎能从狗洞子里爬出来？——《囚歌》。

重音轻读：轻读是把确定为重音的词语、短语的声音压得低于非重音，有力地轻轻吐出。这种方法常常用来烘托意境，表达深沉凝重、含蓄内向的细腻情感，让人回味无穷。

月光照进窗子来，茅屋里的一切好像披上了银纱，显得格外清幽。

小草偷偷地从土里钻出来，嫩嫩的，绿绿的。

重音慢读：重点词语可适当延长音节，有意慢读。读非重音时，语速适中。慢读的方法多用来渲染内部情绪，表达真挚情意，多有抒情色彩。

但我深深地知道——（重音拖长）

掌握正确的重音表达方式有助于听众理解讲述者的情感和意图，但是在使用重音的时候要注意力道。一句话或一篇文章当中不宜重音过多，一则让人分不清重点，二则也增加了讲述者的负担。重音的使用应该是在思考全文的基础上，深刻理解故事的内涵和情感，行于所当行，止于所当止，方不显突兀。

我们来做一个练习：

朗读并体会这句话不同的重音所强调的不同内容。

"我今天不去电影院看电影了。"

"我今天不去电影院看电影了。"

"我今天不去电影院看电影了。"

"我今天不去电影院看电影了。"

"我今天不去电影院看电影了。"

"我今天不去电影院看电影了。"

四、语速

（一）语速概说

语速指说话吐字的快慢，也就是语言外在的速度。讲故事的时候语速要适中。太慢，听的人不耐烦；太快，听的人把握不了故事内容。要节奏鲜明，让人听起来清晰、连贯、悦耳。

讲述主要情节时，要从容不迫，把字字句句送入听众耳中。讲述次要情节时，则可快速带过，使情节加速推进。对不同人物的语言、动作的讲述，也要有快慢的变化，来突出其性格特征。除此以外，还要注意停顿。停顿恰当，不仅能让讲故事的人有思索的时间，更重要的是给听故事的人回味的余地。

除了故事情节处理、人物性格表达的需要之外，就讲故事外在节奏控制而言，也需要语速的变化来进行调节。在心理学上有一种催眠术，就是在来访者放松后不断地匀速和他说话，有的咨询师喜欢慢慢地匀速说，有的咨询师会用较快的速度匀速地说暗示语。快速还是慢速并不是关键，关键是必须匀速，这种匀速会让我们的身心感到一种稳定而平衡的节奏感，很快就启动犯困模式。大家可以试着保持匀速地讲课或讲故事，很快你会发现听故事的人开始打呵欠、眼神放空、昏昏欲睡了。所以，即使是不考虑故事内容需要，单纯就讲故事而言，我们也要学会根据现场听众的反应情况控制故事的节奏，收放自如，扣人心弦。

（二）语速的分类

一个人平常说话的语速是 100—200 个字每分钟，一般都是每分钟 150 字左右的说话速度。给儿童讲故事的速度一般控制在每分钟 180 字左右比较合适，大家选择故事的时候可以根据这个数据预估一下自己讲故事的时间。

一般我们把语速分为快速、中速、慢速三种类型。

1. 快速

大家熟悉的"中国好舌头"华少创下过47秒说350个字的记录,一举成名。这种语速显然是不适合讲故事的。华少表示自己念得那么快一则是因为知道观众不喜欢看广告,二则是想要制造幽默的效果。

一般我们使用较快语速讲故事是为了表示紧张、激动、惊奇、恐惧、愤怒、急切、欢畅、兴奋等心情。如:

小老鼠听着外面的风声,又喊了起来:"妈妈,妈妈!好像有动物在'噼啪噼啪'地走路,说不定屋顶上是小猫呢!"

讲述时用较快的语速来表现小老鼠此时此刻的紧张与害怕。

2. 中速

一般用于感情与情节变化起伏不大的场合,或用于平常的叙事、议论、说明、陈述等。如:

莉莉和莎莎去问老师:"老师,快乐是什么啊?"老师点点头说:"快乐就是和一群活泼可爱的孩子在一起。"

讲述时用中速来表现两者间相对平稳、一问一答的对话情境。

3. 慢速

大多用于表示沉重、悲伤、忧郁、哀悼的心情,或用于叙述庄重的情景。如:

"和它们相比,我的声音真难听。"蒙蒙垂下脑袋,默默地走着。

讲述时用慢速来表现小鸭蒙蒙伤心难过的情绪状态。

一般来讲,叙事宜快,对话宜慢。我们在讲故事的时候比较常见的问题是语速过快。尤其在面对低年级的孩子讲故事时,一定要注意把握语速,多听多练。语速较快时,一则可以放松自己,克服内心的焦虑与紧张。每次讲故事之前,有意识地关注你的呼吸,放慢你的呼吸,同时放慢你的语速,让充沛的氧气慢慢进入你的鼻腔、肺和身体的每个细胞。二则可以在准备故事的时候多留心故事的标点符号,揣摩人物情态、心理,将自己代入情节当中。

需要提醒大家注意的是,语速的快慢没有定论。在练习的时候,我们可以录下自己讲述的故事反复回放给自己听,不断去调整。有些人喜欢不停地问听众自己讲的速度如何,一般情况下你得到的答案会是矛盾的,因为每个人的感觉都不太一样,同样的故事有人觉得慢有人觉得快,你需要根据自己内在的节奏和经验去调整,聆听专业人士讲述的故事并和自己的故事比照是个不错的方法。

我们来做一个练习:

请根据《雷雨》的情节进行表演练习,体悟语速快慢的应用。

周:梅家的一个年轻小姐,很贤惠,也很规矩。有一天夜里,忽然地投水死了。后来,后来,——你知道吗?(慢速。周朴园故作与鲁侍萍闲谈状,以便探听一些情况。)

鲁:这个梅姑娘倒是有一天晚上跳的河,可是不是一个,她手里抱着一个刚生下三天的男孩。听人说她生前是不规矩的。(慢速,侍萍回忆悲痛的往事,又想极力克制怨愤,以免周朴园认出。)

鲁:我前几天还见着她!(中速)

周:什么?她就在这儿?此地?(快速。表现周朴园的吃惊与紧张)

鲁:老爷,您想见一见她么?(慢速。鲁故意试探。)

周:不,不,不用。(快速。表现周朴园的慌乱与心虚。)

周:我看过去的事不必再提了吧。(中速)

鲁:我要提,我要提,我闷了三十年了!(快速。表现鲁侍萍极度悲愤以至几乎喊叫。)

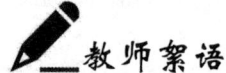

  在语文教学或教师资格证面试时,经常会有一条要求,即"正确流利有感情地朗读,模拟人物不同的语气,体会性格特点"。这就要求教师掌握不同语气、语调、重音、语速的使用技巧,活灵活现地再现人物对话。而教师也需要给学生讲解人物不同性格、年龄、情绪的声音形式,帮助学生体会、表达。

  比如教师资格证面试真题《陶罐和铁罐》要求学生体会生动形象的语言描写,我们就可以设计这样的教学环节:给大家5分钟的时间分角色(陶罐、铁罐)进行朗读,注意各个角色说话时不同的语气(陶罐——谦虚,铁罐——傲慢),并选择一组同学上台展示,然后教师根据本节所学知识进行范读、点拨。

  在面试试讲时,声调要抑扬顿挫,能抓住考官的耳朵。语气的使用要考虑学情,对小学生语气应较为柔和,对初高中学生采用成人的语气。音量也不容忽视,响亮的声音往往会取得一鸣惊人的效果,一开口就能吸引考官的注意力,尤其考试时抽号较为靠后的考生,声音响亮更能让你脱颖而出。

第二节 体语的表达技巧

  小李以前在幼儿园实习的时候,学习了很多讲故事的体态、手势、面部表情,现在他给学生讲故事的时候正好都能用上。每次讲故事之前,他就提前设计了很多动作、手势、表情,而且大都比较符合人物的性格和情绪特点。但是他也有一个苦恼,每次他都记不全自己设计的体语,不是这里忘了就是那里忘了,导致他讲故事的时候时刻绷着一根弦,特别担心自己会漏掉或弄错内容。

  今天我们来学习讲故事的体语,小李显然还是有一些体语的基本功的,这让他讲故事时可以驾轻就熟。可是,他为什么设计了那么多体语,讲故事的时候还会慌乱呢?通过本节学习,我们不仅要像小李一样掌握丰富的体语,也要把握好体语使用的度。

  把故事讲给听众,听众接收到的不仅仅是我们的言语,而且还包括另一种表达方式——体语。体语是身体语言的简称,通过体语可以实现的沟通叫体语沟通,例如我们用手语与听众交流、用眼神表示自己内心的感受等。当然,体语是非词语性的身体符号,且包括目光与面部表情、身体运动与触摸、姿势与外貌、身体间的空间距离等。

听故事的方式可以是只听声音,比如传统的听广播、现在的各种 App 听书,只闻其声,不见其人。但是这种单纯听声音的方式带来的感染力比较弱,当故事的讲述者用得体适宜的体语表达故事时会为故事增色许多,极大地增强故事的感染力。

故事讲述中常用的体语表达包括姿态、手势和面部表情。

一、姿态和动作

讲故事时有很多关于站立姿态的要求,比如挺胸、收腹、颈直等等,主要是必须端庄大方。而各种谈话场所也会有很多关于姿态的要求,比如坐下的动作不要太快、太慢、太轻或太重:太快显得有失教养,太慢没有时间观念;太重粗鲁不雅,太轻谨小慎微。很多场合要求必须大方自然不卑不亢自然落座。但是讲故事就没有这么多的要求了,除非是参加讲故事比赛,和演讲的姿态要求基本一致。平时讲故事的时候,作为老师或者家长姿态可以相对比较放松。

教师可站或坐在讲台上讲故事,可踱步到每个孩子身旁,可坐在孩子们的中间,可摇晃身姿做夸张之态,可站如劲松严肃认真,兴起之时坐在课桌上也未尝不可。

心理学上把人际交往的距离分为四类:

(一) 亲密距离:15 厘米—44 厘米

15 厘米以内,是最亲密的区间,彼此能感受到对方的体温、气息。15 厘米—44 厘米之间,身体上的接触可能表现为挽臂执手,或促膝谈心。44 厘米以内,如果是异性,只限于恋人、夫妻等之间,在同性别的人之间,往往只限于贴心朋友。

(二) 个人距离:46 厘米—122 厘米

这是人际间隔上稍有分寸感的距离,已较少有直接的身体接触。

(三) 社交距离:1.2 米—3.7 米

这已超出了亲密或熟人的人际关系,而是体现出一种公事上或礼节上的较正式的关系。

(四) 公众距离:3.7 米—7.6 米

教师给学生讲故事的时候,处在讲台上是社交距离,相对比较正式,而和学生互动不易开展。当教师走到学生旁侧时,保持的是亲近距离,而又没有打扰到学生的私密空间,也比较容易和学生亲近,从而更好地交流分享。

给低年级儿童讲故事可以模拟动物之态,通过不同动作来表现主人公形象,例如:

小白兔:两只手放在头上,膝盖微弯,蹦蹦跳跳。

小熊:微微驼背,走路微微晃身体,八字步。

老虎:抬头挺胸,手背在身后,头微微上扬,目中无人。

小猴子:身体微缩,一只手缩在胸前,一只手左挠挠右挠挠。

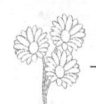

在讲故事的过程中随时可以根据情节的需要来设计动作,需要注意的是动作并不一定要一边讲一边做。大家可以感觉一下,比如"她高兴地转了一圈又一圈"可以一边讲一边转圈,但是会影响听故事的效果。如果讲完这句话再转圈也是可以的,会更有表现力。再比如"他一边说一边行了一个标准的军礼,'报告首长,准备完毕。'"如果一边说一边行礼,语气难以连贯,不如说完"军礼"两个字后,立正站直行个军礼,这样效果更好。

请大家讲述故事武松打虎,注意姿态和动作的运用。

武松打虎

天渐渐黑了下来,肚里的十八碗酒开始发作,武松走路摇摇晃晃。走到乱树林边,他撑不住了,就在一块大青石上躺下来。刚要睡,忽然起了狂风,狂风过后,乱树后扑的一声响,跳出一头斑斓猛虎!武松叫声"啊呀",从青石上翻下,赶紧将哨棒抓到手里。那老虎好容易等到这一餐,恶狠狠从半空中扑过来。武松这一惊,喝下的酒全变成冷汗冒了出来。他急忙一闪,闪到老虎的背后。老虎再往后一掀,又被武松躲过。接着那铁棒一般的老虎尾巴扫过来,还是没碰到武松。原来这一扑、一掀、一扫是老虎的看家本事,三样落了空,气势也就去了一半了。轮到武松发威了,他举起哨棒用全力劈过去,啪!谁知打在树枝上,哨棒断成两截。老虎又扑过来,武松往后一跳,老虎正好落在武松面前。武松两只手用力按住虎头,一边往老虎的脸上、眼睛里乱踢。老虎痛得咆哮起来,爪子刨出一个土坑。武松死死不肯放松,按得老虎渐渐地使尽了力气。这时武松腾出右手,铁锤一般在老虎头上打了五六十拳,只见老虎的眼里、嘴里、鼻子里、耳朵里全都流出血来,再也动弹不得,只剩喘气了。武松怕老虎没死,捡起半截哨棒再打,直打得气也没了。

二、手势

俗话说,一幅图画相当于1 000个词汇,你千言万语,也抵不上一幅简洁的画。同样,你的语言是刺激听众的听觉,而手势是刺激听众的视觉,视听结合,效果加倍。

每种手势,都代表了某种意境和故事背景。手是会讲话的。综观所有的体态语,手势应该是核心。手势语使用最明显、最丰富、最频繁。教师应重视手势以传递故事情感内容。

常见的手势语如下:

摆手:表示制止或否定。

双手外推:表示拒绝。

双手外摊:表示无可奈何。

双臂外展:表示阻拦。

搔头或搔颈:表示困惑。

搓手、拽衣领:表示紧张。

拍头:表示自责。

耸肩摊手:表示不以为然或无可奈何。

双手举过头顶:表示暴怒。

双手往上伸直：表示激动。
双手枕在头下：表示舒展。
一只手托着下巴：表示疑惑。
手指微摇：表示蔑视或无所谓。
手向上、向前、向内，往往表达希望、成功、肯定等积极意义的内容。
手向下、向后、向外，往往表达批判、蔑视、否定等消极意义的内容。

法无定法，手势在表达我们思想感情的时候可以随物赋形。随着故事的内容、听众的情绪、场上的气氛，在故事讲述者情感的支配下，自然而然流露出来。它像体操动作一样，绝不是用一个模子套出来的，它需要自己创造。但对于初学者来说，总会有一个模仿的过程，如听故事、看电影时，注意揣摩，不断积累，这样在讲故事时就可以顺手拈来了。

值得一提的是讲述者拿书的手势。一般来讲，给学生讲故事最好能够脱稿，但是考虑到实际情况，特别是给高年级孩子讲的故事可能是很长的或者辞藻修饰得很好的故事，教师不一定需要完全背下，可以一手拿书，一边讲故事。最好单手握书，呈45度角，适当面对听众，留出另一只手打手势。

恰如其分的手势可以增强故事的感染力，使用手势的时候也有一些注意事项。

一则手势大小要适度。一般人说话至激动处，易于手舞足蹈，一般来讲教师讲故事的手势动作幅度不宜过大，最佳的手势是上界不应超过讲桌下方听课学生的视线，下界不宜低于自己的胸区，左右摆幅不超过两肩之宽。

二则手势次数要适度。2013年3月17日，李克强总理在答中外记者问时，双手打手势超过了30次。后来李克强笑着感谢记者提醒，并自我解嘲地说："手势多了，引起人们的注意力，就会不太注意听我回答问题的内容了。"

三则少用生硬的直线条手势，多用柔和的曲线手势，它能展现一种优雅之美。

总之手势不宜过分单调，不宜过度繁杂，无指手画脚之粗鲁，无指指点点之粗俗。跷小拇指表示贬低、较小、较差的意思，而用食指去指别人，会让对方感到很大的压力，而且还含有贬低、轻视的意味，切忌使用。故事讲述时手势宜大方、自然、适度。

三、表情

"表情"在这里专指面部表情，是指通过眼部肌肉、颜面肌肉和口部肌肉的变化来表现各种情绪状态。大家仔细想一下，所谓表情不就是表述情绪、情感吗？比起体态和手势，表情突出的功能不是描述动作、烘托气氛，而是表达故事主人公的喜怒哀乐。

它能迅速、灵敏、充分地反映出人类的各种感情，如：喜爱、高兴、悲哀、快乐、怨恨、惧怕、愤怒、失望、怀疑、忧虑……人们还可以从面部表情的微妙变化中看到又爱又恨的心理、既紧张又高兴的情绪……法国著名作家罗曼·罗兰曾说过："面部表情是多少世纪培养成功的语言，是比嘴里讲得更复杂千百倍的语言。"

心理学上有一门专门的课程叫微表情，就是通过研究面部表情来体察人的情绪。

我们来试着体会六种常见情绪——开心、悲伤、愤怒、厌恶、恐惧、惊讶的面部表情。

开心：嘴角往上，鼻孔会扩张一点，因为左右两颊牵动了鼻子的肌肉，以及下眼睑的抬升,这是真切的开心,而不是假笑。更开心一点的话可以加入新的元素:眉毛抬高,嘴巴张开。

悲伤:嘴角下垂,另外还有眉毛中央上扬并集中。要强化悲伤的做法是:强化眉毛与嘴巴的动作,甚至加点泪水。

愤怒:稍稍抿嘴唇,下巴内缩并往前推,鼻孔往上提高,眉毛的中央往下。使愤怒加强的方法是,鼻子与眉毛的肌肉集中压缩。

厌恶:把厌恶这个情绪想成是角色想要逃离或远离某个讨厌的东西,嘴巴与鼻子往上推,嘴角往下,眯着眼睛,不一定要有眉毛的动作。要表现出更强烈的厌恶除了可以强化原有那些元素,还可以再加入舌头微微吐出,像是要吐掉什么恶心的东西一样。

恐惧:眼睛睁大,鼻孔扩张,眉毛抬高并往内集中,嘴角往下。表达强烈的惧怕可五官动作变得更大,嘴巴的张开与鼻子的扩张是为了能吸到更多的空气。

惊讶:整体眉毛上扬,眼睛睁大,嘴巴张开。使之更加夸张的方式是上下拉扯更多。

中西方文化对于面部表情的关注点不同,西方人更多是通过嘴部来表达情绪,我们大部分是通过眼睛来表达情绪。我们认为眼睛周围的表情肌能提供一个人真正表情的重要线索。传说中"杜乡微笑",其实就是真实的、发自内心的微笑,嘴角上扬,眼角鱼尾出现,脸部多处肌肉被牵动,是人由衷表现的一种笑容。与杜乡微笑相对应的就是假笑或者空姐微笑,是皮笑肉不笑的一种笑容,区别的重点就是笑容只牵动嘴巴,而没有牵动眼匪肌肉。

俗话说,"眼睛是心灵的窗口"。眼睛可以反映人的情绪、态度和情感变化。人的情绪变化首先反应在瞳孔变化上:情绪由中性向愉悦改变,瞳孔会不自觉变大;对使人厌恶的刺激物,瞳孔明显缩小,情绪状态由"晴"转"阴"时,亦有同样反应。身体其他部位的沟通也与目光接触有关,人际沟通中如果缺少目光交流的支持,将会使人际沟通过程变得不愉快,而且很困难。所以在讲故事的过程中,要注意自己眼神和听众的交流。首先注意力要集中,只有集中注意力,你的眼神才集中,眼睛才有神。其次,交替运用全接触和点接触,所谓全接触是指用目光扫视每个听众,所谓点接触是指和重点的听众做眼神交流。但是不要把视线一直集中在某个角落或某人身上,被一直注视的听众会很不自在。此外,要避免眼神向上、向下或不看听众,你的目光要80%聚焦在听众身上。最后一定切忌一直盯着故事稿而忽视了和听众的交流。

建议各位平时对镜子尝试训练自己的眼神,兴奋的眼神、专注的眼神、热烈的眼神、恐惧的眼神、悲伤的眼神等。然后可以尝试着把自己讲故事时的样子录下来,回放的时候关掉声音,然后再对画面中显示的不足之处加以改进。通过有意识的训练,我们的脸部表情将为故事增加感情色彩。

但是最好的表情训练方法并不是对镜练习。一个好的演员,不会去解剖脸部肌肉,试图弄清楚哪块肌肉传递快乐、哪块肌肉表达愤怒,而是会在脑海里想象快乐或愤怒的场景,因为你只要真正感受到快乐、愤怒,你的脸部表情就会真实地出现相应的情绪。

假设你要讲述一个关于希望的故事,而你的内心却是伤心、绝望的,即使你准备好了标准的表示希望的表情肌,此时这个本应让人充满希望的故事从你嘴里讲出来也只会给人带来伤心和绝望。如果你真的感受到了故事中蕴含的情感,那么你的面部表情就可以自发地把它传递出去,这是一个充满乐趣的过程。

最后我们来谈一下故事讲述中表情运用的一般要求:

(一) 反应及时

就是说,要迅速、敏捷地反映内心的情感。一般来说,脸上的表情应当和有声语言所表达的情感同时产生,并同时结束,过长或过短,稍前或稍后都不好。

(二) 表达清晰

讲话者脸上所表达的情感不仅要准确,而且要明朗,即每一点微小的变化都要能让听众觉察到,喜就是喜,愁就是愁,怒就是怒。一定要克服那种似是而非、模糊不清的表情。如:高兴时应喜笑颜开,忧愁时要愁眉苦脸,激动时要面红耳赤,愤怒时应脸色铁青。

(三) 情感真实

也就是说,你的面部表情一定要使听众看出来你的内心感受,感觉出这是你心灵深处真实的东西。嘴上说一套,心里想一套,会让听众感到你很假,你的面部表情做得再好也是失败的。

(四) 分寸合适

运用面部表情传达情感要把握一定的度,做到不温不火,适可而止。过火显得矫揉造作,而不及则显得平淡无奇。以"笑"为例,说话时根据情感变化的缓急,有时可表现为"开怀大笑",有时只是"莞尔一笑",有时可表现为"抿嘴一笑",有时则只需让人们体察到"淡淡的喜悦"。运用之微妙,全在于讲话者自己潜心琢磨,细心体味。

(五) 处理艺术

故事讲述中的表情既区别于生活中的面部表情,又区别于舞台艺术中"脸谱化"的表情。它既不能拘泥于单纯、原始的生活化,这样会缺乏美感、不感人;又不能一味追求纯艺术化,这样就会过度夸张,不自然,像做戏。所以,如何把面部表情和内心世界恰如其分地结合在一起,既有生活的真实,也带有一定的艺术性;既使听众受到情感的陶冶,又使他们获得美的享受。

这里特别要提出的表情训练是微笑训练,因为微笑是讲故事过程中一种常见的礼仪状态,面带微笑给人以和蔼可亲的感觉,如春风化雨、润物无声。我们把微笑分为三度:一度微笑即唇边微微含笑,像春天里的阳光般和煦轻柔;二度微笑要轻轻扬起自己的嘴角,让笑意荡漾在眼底,像冬日里的暖阳,给人无限的温暖;三度微笑就是传说中的"八颗牙微笑",笑起来像夏天似火的骄阳,分外地热情灿烂。

我们推荐一种练习微笑的方法,就是练习说"引"字。因为说这个字,第一,眉开;第二,嘴咧。眉开眼就笑。真笑和假笑的区别在哪里?眼睛。眼睛是心灵的窗户,眼睛笑,说明心在笑。如果只是嘴笑、眼不笑,说明笑得很勉强,是干笑、冷笑、皮笑肉不笑。怎么让眼睛笑?我们来对着镜子做个练习:先把眉毛皱起来,皱成一个"川"字,这时脸上是什么表情?苦相。这叫"愁眉苦脸",先"愁眉",后"苦脸"。再把眉毛展开,这时脸上是什么表情?喜庆相。这叫"眉开眼笑","眉开"是因,"眼笑"是果。通过这个对比练习,我们就

可以发现,真笑的关键在于眉毛。眉一舒展,眼自然就笑。而"引"字是第三声,读的时候,眉毛自然就舒展了,笑的肌肉状态自然就出来了。

此外我们常说"笑得合不拢嘴"。真正微笑时,嘴一般是咧开的。而读"引"的音时,嘴自然就咧开了,牙齿就露出来了。所以当我们练习说"引"这个字时,眉毛是舒展的,嘴巴是咧开的,微笑的肌肉状态就出来了。天天坚持练习,笑肌就形成了肌肉记忆,微笑就成了习惯。

下面我们来尝试练习《红楼梦》中这一经典片段。

史太君两宴大观园 金鸳鸯三宣牙牌令(节选)

只见一个媳妇端了一个盒子站在当地,一个丫鬟上来揭去盒盖,里面盛着两碗菜。李纨端了一碗放在贾母桌上。凤姐儿偏拣了一碗鸽子蛋放在刘姥姥桌上。贾母这边说声"请",刘姥姥便站起身来,高声说道:"老刘,老刘,食量大似牛,吃一个老母猪不抬头。"自己却鼓着腮不语。众人先是发怔,后来一听,上上下下都哈哈的大笑起来。史湘云撑不住,一口饭都喷了出来,林黛玉笑岔了气,扶着桌子嗳哟,宝玉早滚到贾母怀里,贾母笑的搂着宝玉叫"心肝",王夫人笑的用手指着凤姐儿,只说不出话来,薛姨妈也撑不住,口里茶喷了探春一裙子,探春手里的饭碗都合在迎春身上,惜春离了坐位,拉着他奶母叫揉一揉肠子。地下的无一个不弯腰屈背,也有躲出去蹲着笑去的,也有忍着笑上来替他姊妹换衣裳的,独有凤姐鸳鸯二人撑着,还只管让刘姥姥。刘姥姥拿起箸来,只觉不听使唤,又说道:"这里的鸡儿也俊,下的这蛋也小巧,怪俊的,我且得一个。"众人方住了笑,听见这话又笑起来。贾母笑的眼泪出来,琥珀在后捶着。贾母笑道:"这定是凤丫头促狭鬼儿闹的,快别信他的话了。"

四、体态语综合训练

讲故事时,讲述者要凭借自己对故事的想象力、创造力及对文学作品的理解,对故事的情节、对话和内容做适当的创编,设计一些语言和动作,将故事中不适合听赏的描述性语句转化为具体的语言和肢体动作。通过动听的语言、富于变化的声调、生动的体态语创造性地再现故事情节。我们经常形容讲故事"绘声绘色",就是通过我们肢体、手势和面部表情的统一将故事的场景"表演"出来。

我们说的是平常讲故事时大家的体态动作、手势、面部表情的使用技巧,教师给学生讲故事时,可以灵活运用。体态语或矜持或夸张主要是依据故事的内容、情感以及讲故事的"场"来调整变化的,教师自由度较大。但是,登台讲故事也有一些简要的程式,大家要注意练习。

(一)讲故事登台模式

讲故事者上台要情绪饱满,充满自信,做个深呼吸;调整步伐,以稳健自然的步伐登台。登台后,目光环视全场;直立台前,调整好站立姿势,停顿少顷,虚视台下听众;鞠躬,展示自然微笑。

（二）讲故事开场模式

先问候听众，集中听众注意力；自我介绍；报出所讲故事名字；然后，开始讲故事。参考示范语：各位评委老师好，我是×号选手，今天我要讲的故事是《×××××××》。

（三）讲故事下场模式

讲完故事后，微笑，说总结语；鞠躬，以自然稳健的步态下台。参考示范语：我的故事讲完了，谢谢大家！下面我们来进行对比练习：

先用立正的姿势试着讲述下面的小故事，然后配合体态语来讲述故事。

吃薯条

有一个老师怀疑四个学生抽烟，就送了一盒薯条测试他们。第一个用两个手指夹薯条；第二个把薯条放入嘴中后，乱拍口袋找打火机，老师马上拿出一个打火机打火，这家伙把嘴凑上去，一边说谢谢；第三个一不小心酱蘸多了，俩手指捏着薯条弹，就像弹烟灰；第四个学生测试时，老师说："有三个学生已被我查出来抽烟，被叫到外面去了，你给他们带点薯条吧！"这个学生拿起薯条就往耳朵上夹。四个家伙在外面罚站，还一边吃薯条，一边讨论："你说老师怎么知道我们抽烟呢？"这时老师一声咳嗽，"老师来了！"这四个家伙一起把薯条扔在地上，伸腿乱踩。

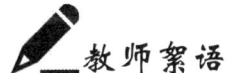

本部分内容中讲述的登台讲故事方式适用于教师资格面试这样正式的场合，在面试的过程中一定要注意姿态、手势、表情的适度表达，切不可太过浮夸，给人以不稳重、不真诚的感觉；如果将讲故事作为才艺展示的内容，就需要活泼灵动、体语丰富，并且可以进行夸张和渲染，一定要注意两者的区别。在平时试讲中，要经常录像，或者多听同学、老师的反馈，改掉自己的小毛病，并注意一直保持自然的微笑，二度微笑非常适合教师使用，养成习惯以后进入课堂就自然将温暖传递给了每一位学生。

第三节　道具的使用及环境创设

小李不断学习、实践，故事讲得越来越精彩，他能够把握好讲故事的火候，心态也变得更加平和，得到了同事、学生的一致好评。最近，他开始注意讲故事环境的创设和道具的使用。尤其是在道具使用方面，他心灵手巧、创意无限，能够根据故事准备合适而有创意的道具，为故事添彩。又到了故事课堂时间，这次他讲的故事中有一朵神奇的花，要经历春、夏、秋、冬四季，每一个季节都有不同的变化，他想要准备四朵不同的小花，而且希望能在纷纷扬扬、漫天飞舞的雪花中结束故事。但是这么多道具放在什么地方呢？拿在手上吗？堆在桌子上吗？

本节我们将带领大家学习讲故事时道具的使用及环境的创设，通过学习我们会掌握更多灵活的道具准备、环境创设的方法，一定可以帮助小李圆满解决这个问题。

一、道具的使用

（一）常规道具的使用

道具是讲故事的一种辅助用具，不仅仅是给低年级的孩子或幼儿讲故事时需要道具，即使是给成年人讲故事，恰如其分的道具使用也能给故事增彩。

在一次聚会上，有一位抗战的老兵来讲一个战争的故事。他站起来，然后手里拿着一双鞋子。他说以前他是排长，每次巡逻时都是走在前面，有一次他就是穿着这双鞋子，踩到了一颗地雷……简单的几句话，就把我们引到了战争的现场。这就是利用道具把听众瞬间拉到了战争的现场，令人印象非常深刻，也增加了人们的情感体验。道具也可以让故事内容更清晰，比如刻舟求剑的故事，可以在一个纸船上画个记号，让船在桌子上"行驶"一段。

常见的道具包括头饰、胸卡、手偶、故事围裙等。

头饰、胸卡或手偶一般是用于表现或区分角色，形象比较鲜明，如果是一贯到底的角色，使用头饰或胸卡能够明确其定位，加强人们对主人公的角色认同，也能增加故事讲述的活泼生动之感。比如安徒生童话故事《坚定的小锡兵》，从头到尾都是围绕小锡兵的经历展开，一个小锡兵的头饰或胸卡能够让听众保持对角色的专注，讲述者也能够更好地代入角色。当角色比较多的时候使用手偶能够区分角色。使用手偶讲故事是比较常见的讲故事方式，灵活的手指翻动，不同角色的转化更加行云流水。虽然使用手偶效果较好，但是一定要事先练习才不至于手忙脚乱。

除了上述表现角色常用的道具之外，我们还会经常用到故事围裙，故事围裙也可以是故事袋子或者是故事盒子。

故事围裙口袋里藏着各种宝贝，它们出现，然后消失，就像回到幕布后面一样。故事围裙象征着孩子心中隐藏的一切，教师不用每次讲故事都使用故事围裙，可以根据故事的需要使用，也可以在每一个重要的时刻穿上它，带给孩子满满的惊喜和诚意。几乎所有故事都可以使用道具，不要一次全拿出来，要一次次拿出来制造效果，也可以让学生上来掏出道具，制造惊喜或恐惧。

故事围裙上的口袋可以是各种形状，每个口袋里装上相应的内容。蛋形的口袋里装着小鸡，树形的口袋里装着小鸟。口袋里也可以装上一年四季的果实、种子、手偶、小花小草、玻璃球等。有一位母亲在给孩子讲故事的时候用厚实的棉布设计并缝制了一条围裙，上面有大大的口袋，可以容纳不同颜色的丝巾。讲故事的时候，这些丝巾可以变成故事里的场景——红色的围巾是冉冉升起的太阳，蓝色的围巾是波涛汹涌的大海，玫瑰色的围巾是风中飘浮的云。故事结束了，这些缤纷的色彩就回到了原来的口袋里。教师也可以借鉴这位母亲的做法。

　　故事篮子和故事口袋有异曲同工之妙,教师可以在里面放各种道具,随时应孩子们的要求掏出任意一种物品,根据里面的物品讲述这个物品背后的故事。在使用故事篮子或盒子的时候,可以让每一个同学带一个有故事有特殊意义的物品到班里,让大家将物品放到故事篮子里,抽到谁的物品,谁就拿起自己的东西讲述自己的故事。

　　故事道具的使用也可以完全根据故事内容来进行设计。可以是动态的道具,一边讲一边变换形态的道具,精心的设计会带来令人难以忘怀的故事体验。

　　李欧·李奥尼是一位荷兰的艺术家,有一次他带两个孙子坐一趟两三个小时的火车,火车启动了,外表安详内心却略带疲惫的爷爷坐了下来,两个小淘气稍微安静了一会儿,便准备开始闹腾了。爷爷毕竟是一位艺术家,他灵机一动,准备先发制人。于是他说:"我给你们讲个故事吧!"这是对付天下孩子的万用法宝。他把公文包平摊开作为故事的背景,又从随身携带的《生活》杂志上撕下一些彩页,再撕下不同颜色的圆纸片。他一边把纸片放上去,一边讲起故事来:"这是小蓝。小蓝的家里,还有蓝爸爸和蓝妈妈。小蓝有好多朋友,可是他最好的朋友是小黄……"奇迹发生了,不但两个小淘气被这个故事迷住了,连周边的乘客也被吸引了过来。这一路过得十分愉快。这就是著名绘本故事《小蓝和小黄》的创作过程,教师在讲述这个故事的时候,可以再现这一经典创作场景,随着纷纷落下的彩色纸片,儿童一定会深深地爱上这个故事的。

小蓝和小黄①

这是小蓝。
小蓝的家里,
还有蓝爸爸和蓝妈妈。
小蓝有好多朋友,
可是他最好的朋友是小黄,
小黄就住在街对面。
他们最喜欢玩藏猫猫,
和转啊转圈圈的游戏。
在学校,他们整整齐齐地排排坐。
放了学,他们就又跑又跳。
一天,妈妈要去买东西,
她对小蓝说:"你待在家里别出去。"
可是小蓝还是跑出去找小黄了。

---

① 李奥尼:《小黄和小蓝》,彭懿,译,明天出版社,2008。

唉！街对面的房子里没有人。
他这边找找，那边找找，
找呀找呀……
突然在拐弯角上，找到了小黄！
他们开心地抱在了一起。
他们抱啊抱啊，结果他们变绿了。
然后，他们去公园玩，
他们穿过一条隧道。
他们追着小橙玩。
他们又爬上一座大山。
啊，好累，
他们回家去了。
可是，蓝爸爸和蓝妈妈却说："你不是我们的小蓝，你是绿的。"
黄爸爸和黄妈妈也说："你不是我们的小黄，你是绿的。"
小蓝和小黄好伤心。
他们哭了，流出了大滴的蓝眼泪和黄眼泪。
他们哭啊哭啊，直到全都变成了眼泪。
最后，他们把自己收拢到了一起，他们说："现在，爸爸和妈妈能认出我们来了吧？"
蓝妈妈和蓝爸爸见到他们的小蓝，开心极了，
又是抱又是亲。
他们也抱了小黄……
但是，快看……他们变绿了！
现在，他们知道是怎么回事了。
于是，他们走到街对面去报告这个好消息。
大家高兴地互相拥抱。
孩子们一直玩到吃晚饭的时间。

道具的使用方法有两种：一种是在故事讲述中使用，另一种是故事结束后把道具作为礼物或者奖品送给学生。

（二）特殊道具的使用

以上讲到的是常见的故事道具的使用，现在给大家介绍两种特殊故事道具的使用：一种是木板游戏，另一种是纸芝居儿童剧。

1. 木板游戏

木板游戏就是在木板上画出故事场景，然后沿着木板上的路径移动，教师每讲一个场景就移动一个木板。可以让学生根据听到的故事来设计不同的场景图，也可以让学生踩在不同的木板上分别来讲述故事。木板游戏一方面可以提高学生的兴趣，另一方面也可以加深学生对每个场景的印象，还有助于培养学生的逻辑思维能力。比如讲述格林童话

故事《汉赛尔与格莱特》,可以把孩子们穿过黑森林的路径画在木板上,一个上面站有会唱歌的鸟儿的树枝,一个邪恶的糖果屋,美丽的湖泊,藏着玫瑰的山楂树篱笆,可以休息的空心树,温暖的小木屋……每一个场景都是一段动人的故事,伴随着跌宕起伏的故事情节,每一块精心设计的木板都是最好的道具。

2. 纸芝居

纸芝居是一种讲图卡故事的模式。"纸芝居",其实就是"纸戏剧"的意思,是一种通过图画展示和表演的讲故事形式。它源于日本昭和时代的街头表演艺术,距今已经有八十多年的历史了。最早开始表演纸戏剧的,是卖糖果的街头艺人。他们的自行车上载着纸戏剧的表演舞台,以连续剧的方式讲故事。"买糖果,听纸戏剧咯!"老爷爷推一辆自行车走街串巷卖糖果。孩子们把老爷爷和故事盒子围住,买了糖果的小不点儿被优先安排到了里边,没钱买糖果的小不点儿,踮着脚尖巴望……随着电视的出现,纸芝居逐渐没落。今天这个不伤视力也不伤专注力的"旧媒体"被赋予了新的生命,又逐渐兴盛起来。在我国台湾、北京、上海、杭州等城市,纸芝居作为一种讲故事的模式不断得到推广。

现在给大家介绍纸芝居的样子。纸芝居主要以小箱子作为剧场,将单张图画(A3纸大小)放在木箱中间依照次序呈现出来,木箱前后各开一个窗子,前面

图 9-1　纸芝居

的窗子是给观众开的,后面的是给故事讲述者开的。故事讲述时,讲述者可以看图片背后的字,可能是提示故事的内容,也可能是提示技巧或声音表情。木箱如果没有条件也可以用纸箱子来代替,可以直接将绘本放入,讲绘本故事,也可以使用专门的纸芝居故事书,还可以自己制作故事画册。纸芝居和绘本一样,都是借助图画来演说故事,它与绘本的区别在于,绘本一翻页,画面便被中断,而纸芝居的拉卡方式,如同卷轴,是随着图卡的移动跟着故事前进,类似摄影的交错、伸缩、横摇、错位的概念,让拉卡的动作像摄影镜头般切换。教师可以根据学生听故事的反应,不断调整卡片的摆放顺序、速度,说不同的台词。这种互动的模式对讲述者来说极具挑战性,但是极大地提高了听众的参与感与兴致。

每当打开纸芝居,就立刻会引起孩子们的好奇:"今天箱子里又藏了什么故事呢?"这是一种不可思议的讲故事方式,很像舞台剧,却不用搭建舞台,道具简单,互动性强,非常值得开发。舞台虽小,但成本低廉,戏剧效果极佳。只需要懂得一些绘画技术,有一点故事创编的能力,再加上一点点的创意,我们就可以成为一个故事演出的导演。我们也可以在课堂上教学生制作纸芝居,进行演出,让每个学生都成为讲故事的高手。

二、环境创设

环境的创设不仅只在给幼儿讲故事的时候使用,给小学生或者成人讲故事时也可以

很好地借助环境的渲染,比如 PPT 和音乐的使用就是常见的环境创设。讲述者要根据故事情节的发展适时播放,以恰如其分地烘托故事所要表达的情感,使听众产生共鸣,产生情绪体验。比如儿童故事《噪音国》最后一段写道:"王子的生日到了,全国人聚集在广场,大家屏住呼吸,听着3、2、1的报数声。全国人张开嘴巴,却没有一个人发出声音,都等待着别人喊。好静啊,噪音国几百年来,从没有这么静过,王子第一次听到了小鸟叽叽喳喳的歌声,第一次听见了山泉淙淙流淌的声音,听见了风吹着树林发出唰唰的声音,第一次闻到了花儿散发出来的那种宁静清幽的味⋯⋯王子喜欢上了这安谧静美的大自然。"从"小王子第一次听到"开始,播放班得瑞的音乐,一尘不染、空灵缥缈,让人仿佛身处山林之中,和噪声形成了鲜明的对比,让听众感受到静谧之美,心灵之声。

另一种是充满仪式感的环境创建,在很多文化里面,讲故事都是晚上围坐在炉火边进行的,这样可以建立一种时空上的连接。讲故事之前可以营造一种氛围,比如拉上窗帘,比如点上一根蜡烛,最好可以准备一根可以用上一个学期的蜡烛,比如弹奏一段钢琴曲。最简单的是可以在教室中央摆出一张装饰过的故事椅,教师坐在椅子上,用口琴吹一首曲子,点上一根蜡烛,待故事结束再缓缓吹灭蜡烛,回味深长。

除此之外,教师要学会充分利用周围的环境就地取材,来进行故事创作。四季的变迁,不同的风景都可以入诗入画入故事。明媚而蓬勃的春天,快乐而炎热的夏季,丰盛而充满活力的秋季,漫长而永恒的冬季,将自然美景融入故事的环境中,撷一片树叶,掬一把阳光,星星和月亮陪伴着我们,我们的故事顿时就丰富了起来。

在面试的过程中,当故事成为试讲的一部分内容时,我们可以使用假说的方法来假设道具的存在,我们可以假设有着丰富画面感的 PPT 存在,也可以假设音乐背景的存在,也可以假设手中有一个简单的道具,说:"大家请看老师手中的——"因其无形才更容易使用。而当讲故事作为才艺展示一部分出现的时候,大家可以提前准备道具,而一个自制的故事围裙可能会派上用场,带来意想不到的效果。

第四节 常见的组织策略

小李讲的故事受到越来越多人的肯定,她开始对自己提出了更高的要求,她希望能够增加和学生的互动。而增加互动最常见的方法就是在讲故事的过程中向学生提问,有的时候她会遇到这样的困惑:问的问题太简单吧,学生一下子就答出来了,没有什么意思,比如在讲述《灰姑娘》的故事中,她问学生"为什么12点之前灰姑娘就要离开皇宫呢?"学生

立刻齐声回答标准答案"因为12点之后魔法就失效了"。如果问他们"这个故事告诉我们什么道理?"大都得到的是一片沉寂。讲故事的过程中究竟应该怎么进行提问呢?有没有什么方法和规律呢?

小李的问题引起了我们的注意,不光是在讲故事的过程中,在我们的课堂上提问的技巧也是非常重要的。有效提问是一个值得学习的问题。讲故事的组织策略有很多,这一节我们重点介绍停顿和提问的技巧。

一、停顿的技巧

这里的停顿不是指自然句的语法停顿,而是指故事讲述者有意地停下来的一种艺术加工处理方法,也就是我们常说的"这时老师停了下来,环顾四周"。

停顿的技巧被广泛使用。大文学家歌德小时候,妈妈经常给他讲故事,讲故事的方式也和一般人不同,她是用一种类似教学的形式来实施的。每当她讲故事的时候,她的故事教学不是一个劲地满堂灌,而是每次讲到一定阶段,或是讲到重要转折关头时,就突然停止,宣称"休息",然后让歌德自己去联想下面的情节发展,甚至让他推想故事的结局。小歌德总是为此做出各种猜想,有时还跑到奶奶跟前认真商量。第二天,当母亲继续讲故事之前,小歌德说出自己设想的情节。他的母亲常常会高兴地鼓励他、夸奖他,这为他日后文学创作丰富的想象力打下了基础。

停顿的第一个作用是制造悬念,就是我们常说的"吊足了听众的胃口"。这也是讲故事常用的手法,比如古代章回小说或说书人往往在剧情最高潮的地方停顿,以吸引人关切下一段情节,我们称之为"留扣子"。讲故事的时候不要害怕停顿,特别是在紧张的时候。流行的电视节目常常使用戏剧性的停顿(或悬念),吸引观众回到故事中。"就在这时,这位睿智的老人对我说了一句话,让我至今难以忘怀,他说……"这时,你可以停顿一下,你的听众肯定会集中注意力,很好奇的想知道老人到底说了什么。

停顿是一种留白之美,我们总是热衷于表达,希望用更少的时间把更多的内容带给听众。留白是一种无言之美,是一种智慧之美。央视主持人大赛第十期新闻类的冠军邹韵讲新闻故事的时候,首先把金黄色稻穗作为道具,放在舞台中央,当大赛主持人小撒说比赛开始时,她却开始了等待。当其他选手、嘉宾和评委们都诧异地抬头看她时,她还在若无其事地等待着,大约过了五秒钟后,讲述才开始:"就在刚刚的这几秒钟里,在非洲可能就会有一个人因为饥饿离开这个世界,现实仍然如此真实和残酷。"停顿的五秒钟,就是她设置的悬念。

停顿的另一个作用是引发思考。我们知道,人们说话的速度比大脑处理信息的速度要快。如果你在故事的关键时刻停下来,就会让学生有机会思考刚刚获知的信息。问题看起来无法解决的时候,就是暂停的正确时机,让你的听众有机会自己思考解决方案。故事本身并不是讲故事的意义,讲故事常见的一个功能就是引发思考:"如果我处在那样的场景中,我会怎么办呢?"这是方法的思考,还有就是停顿之后人们陷入的关于人生、人性的思考。比如这样一个小故事,一次一名记者采访一个小男孩时说:"如果你在飞机上,忽然飞机没有油了,你会怎么办?"男孩回答:"我会通知飞机上的所有人,然后自己拿着降落

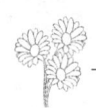

伞跳下去。"这时,可以暂停一下,或者我们会听到大家的啧啧之声,或嘲笑,或批判。然后我们接着讲故事,"众人都对他的回答感到愤怒,怎么可以置大家的利益不顾而自己一个人跳飞机活命呢？听到众人的指责,男孩忽然热泪盈眶,记者问其为什么哭,他说:'我只是下去拿燃料的,等会还会回来的！'"场下顿时唏嘘一片,人们纷纷自责感叹。故事的艺术处理就是那个停顿,它给了我们思考、感受的机会,这样故事反转时,我们才会对自己刚才的想法发出感慨,如果没有停顿,可能我们的内省就不会这么深刻。

此外,停顿的第三个作用是情绪的延宕。合理的节奏和适当的停顿,可以让你的故事意味深长。停顿可以给观众回味的余地,让他们参与进来,去细品你的故事。短暂的沉默是情绪和情感的扩音器。比如,讲到你不得不让你的狗安乐死的时候,停顿几秒,让沉默去扩展听众的心理空间,去咀嚼你内心深处的悲伤,故事的悲伤效果也就被成倍地扩大了。停顿的时间要恰到好处,太长太短都不合适。人的情绪呈曲线分布,自低点开始逐渐升高,到达顶峰后再缓缓减退,最终消失。如果你想传达自信、热情、悲伤之类的情绪,便不宜太早结束,否则就会阻碍情绪影响力的扩张。当然,如果停顿的时间过长,听众已经从情绪中走了出来,而你的停顿还在继续,就会让人感到怪异。停顿时间过长,听众会将注意力转移到你的身上,而不是你的故事里。甚至会怀疑你故弄玄虚,控制他们的情绪,从而不愿意再继续听你讲故事。

二、提问的技巧

(一) 教师主动提问

讲故事的时候不能完全照本宣科,可以在适当的时候放下书本问一问学生讲过的情节,了解学生的理解程度是否跟上了讲述的节奏,或者邀请学生预测接下来的情节,共同参与到故事的情节发展中。提问很重要,能锻炼学生的观察力、想象力和推理能力,同时也是教师防止学生分心的一种手段。但是,给孩子讲故事并不是在上课,如果问题无趣又生硬则会让学生无从回答,比如"这个故事告诉我们什么道理？"就会让学生兴趣索然,甚至把听故事当成一种负担,就好像小时候学校组织参观公园,回头要交一篇游记一样。

常见的老三样提问是:

"这个故事讲了什么？"

"这个故事告诉了我们什么道理？"

"故事里都有谁？他们做了什么？"

结果就是学生只会用旧的思维方式,思考深度、看问题的角度、阅读效率都没有进步。在讲故事的背后,我们更加期待学生可以从中领会故事想要传达的思想和精神,假如在故事结束后直接把这些我们读到的道理告诉学生,似乎又陷入了指示、要求的一个怪圈,故事中那些吸引学生的地方、最需要孩子去揣摩的精华,一旦被说破、说透了,效果一下子就没有了。如果我们能够在故事讲述过程中加上适当的提问,一方面能够自然地表达故事的思想,同时还可以真正提高学生的独立思考能力,让孩子从故事当中品味更多富有价值的内容。我们可以从以下五个层面进行提问:

第一,对故事本身的内容进行提问。在这个层面,我们只是让学生进行回忆,但是这个回忆却可以为接下来的提问奠定良好的基础。比如说你可以问学生:"对小查理来说最可怕、最折磨人的东西是什么?""是谁对着具有一半灵魂的泥人吹起了神气,使它获得了灵性,让第一批人在这世上出现?""宙斯答应解放普罗米修斯,他提出了什么条件?"此时,学生会讲出故事里他具体记得的场景、人物、动物或者发生的事情,只是基于事实的重述,目的是了解他们对故事的理解程度,并加强他们对于故事的关注。而心理学家的研究也证实,在聊天之初提一些不需要过多使用大脑的类似"一加一等于几?"的简单问题,可以使听众放松情绪,和故事讲述者的关系更为亲近。

第二,对听众的感受进行提问。这个层面的提问可以让学生把自己的情绪和故事进行关联,我们也能够通过学生的回答了解到真正触动他们内心的是什么,了解到他们到底更关注些什么。你可以问学生:"在这个故事里面你觉得特别开心的地方是什么? 哪些地方让你觉得很感动? 什么让你笑得那么开心? 为什么你觉得这个故事特别有意思?"

7—14岁的孩子情感在不断地发展着,也已经开始学会用文字表达自己的感受,这个层面的提问能支持学生对自我的情绪感受有更多的觉察和发现。同时,那些让学生有情绪体验的部分,常常可以反映出他们的内在情感,可以给教师重要的信息和参考。

第三,对他们所产生的联想或思考进行提问。有了前两个层面的提问,我们就可以自然地进入到第三个层面了,也就是针对听众本身的提问。学生在聆听故事的整个过程中,他的大脑始终在自动联想和思考,那么这个层面的提问就是让学生把他们想到的内容表达出来,是真的开始启发学生去思考、关联和审视。我们常常这样问学生:"你听故事的时候想到了什么? 在这个故事当中你得到了哪些启发? 对于主人公的做法,你怎么看? 你觉得对你来说,这个故事的意义在哪里? 你觉得这个故事在表达什么呢?"所有的这些提问都是让学生在他的头脑当中进行一些思考和整合,他会在故事当中提取那些对他来说真正有意义和有价值的部分。这部分需要学生有一定的综合思考能力,教师要酌情使用。

第四,关于故事的批判性提问。这里的批判性提问是指设置问题让学生从不同的角度重审故事,引发思考,培养学生的发散性思维模式。这里举一个美国教师对经典名著《灰姑娘》提问的例子。上课铃响了,孩子们跑进教室,这节课老师要讲的是《灰姑娘》的故事。

老师先请一个孩子上台给同学讲一讲这个故事。孩子很快讲完了,老师对他表示了感谢,然后开始向全班提问。

老师:你们喜欢故事里面的哪一个? 不喜欢哪一个? 为什么?

学生:喜欢辛黛瑞拉(灰姑娘),还有王子,不喜欢她的后妈和后妈带来的姐姐。辛黛瑞拉善良、可爱、漂亮。后妈和姐姐对辛黛瑞拉不好。

老师:如果在午夜12点的时候,辛黛瑞拉没有来得及跳上她的南瓜马车,你们想一想,可能会出现什么情况?

学生:辛黛瑞拉会变成原来脏脏的样子,穿着破旧的衣服。哎呀,那就惨啦。

老师:所以,你们一定要做一个守时的人,不然就可能给自己带来麻烦。另外,你们看,你们每个人平时都打扮得漂漂亮亮的,千万不要突然邋里邋遢地出现在别人面前,不然你们的朋友要吓着了。女孩子们,你们更要注意,将来你们长大和男孩子约会,要是你

不注意,被你的男朋友看到你很难看的样子,他们可能就吓昏了。(老师做昏倒状)

老师:好,下一个问题,如果你是辛黛瑞拉的后妈,你会不会阻止辛黛瑞拉去参加王子的舞会?你们一定要诚实哟!

学生:(过了一会儿,有孩子举手回答)会的,如果我辛黛瑞拉的后妈,我也会阻止她去参加王子的舞会。

老师:为什么?

学生:因为,因为我爱自己的女儿,我希望自己的女儿当上王后。

老师:是的,所以,我们看到的后妈好像都是不好的人,她们只是对别人不够好,可是她们对自己的孩子却很好,你们明白了吗?她们不是坏人,只是她们还不能够像爱自己的孩子一样去爱其他的孩子。

老师:孩子们,下一个问题,辛黛瑞拉的后妈不让她去参加王子的舞会,甚至把门锁起来,她为什么能够去,而且成为舞会上最美丽的姑娘呢?

学生:因为有仙女帮助她,给她漂亮的衣服,还把番瓜变成马车,把狗和老鼠变成仆人。

老师:对,你们说得很好!想一想,如果辛黛瑞拉没有得到仙女的帮助,她是不可能去参加舞会的,是不是?

学生:是的!

老师:如果狗、老鼠都不愿意帮助她,她可能在最后的时刻成功地跑回家吗?

学生:不会,那样她就可以成功地吓到王子了。(全班再次大笑)

老师:虽然辛黛瑞拉有仙女帮助她,但是,光有仙女的帮助还不够。所以,孩子们,无论走到哪里,我们都是需要朋友的。我们的朋友不一定是仙女,但是,我们需要他们,我也希望你们有很多很多的朋友。下面,请你们想一想,如果辛黛瑞拉因为后妈不愿意她参加舞会就放弃了机会,她可能成为王子的新娘吗?

学生:不会!那样的话,她就不会到舞会上,不会被王子遇到,令王子认识和爱上她了。

老师:对极了!如果辛黛瑞拉不想参加舞会,就是她的后妈没有阻止,甚至支持她去,也是没有用的,是谁决定她要去参加王子的舞会呢?

学生:她自己。

老师:所以,孩子们,就是辛黛瑞拉没有妈妈爱她,她的后妈不爱她,这也不能够让她不爱自己。就是因为她爱自己,她才可能去寻找自己希望得到的东西。如果你们当中有人觉得没有人爱,或者像辛黛瑞拉一样有一个不爱她的后妈,你们要怎么样?

学生:要爱自己!

老师:对,没有一个人可以阻止你爱自己,如果你觉得别人不够爱你,你要加倍地爱自己;如果别人没有给你机会,你应该加倍地给自己机会;如果你们真的爱自己,就会为自己找到自己需要的东西,没有人可以阻止辛黛瑞拉参加王子的舞会,没有人可以阻止辛黛瑞拉当上王后,除了她自己。对不对?

学生:是的!!!

老师：最后一个问题，这个故事有什么不合理的地方？

学生：（过了好一会）午夜12点以后所有的东西都要变回原样，可是，辛黛瑞拉的水晶鞋没有变回去。

老师：天哪，你们太棒了！你们看，就是伟大的作家也有出错的时候，所以，出错不是什么可怕的事情。我担保，如果你们当中谁将来要当作家，一定比这个作家更棒！你们相信吗？

孩子们欢呼雀跃。

引自《羊城晚报》，2005年12月24日

这是一个完全由问和答构成的经典课例。在一问一答的过程中，孩子们的思维被老师一个个精妙的问题所激活，迸发出一串串绚丽的思维火花。批判性的提问常用的句式是："你认为还有哪些解决问题的方法？如果发生了……那结局会是什么样子？如果这个故事发生在……主人公会不会有其他的选择？"

第五，问听众借鉴与行动层面的问题。这个层面的提问是关于学生如何借鉴故事的内容来帮助他生活与学习得更好的提问，是关于落地、行动层面的提问。通俗地讲就是问理论和实际相结合的方法。你可以问："故事里××的做法，你觉得对你有没有借鉴价值呢？这个故事里讲到的方法你打算接下来怎么应用它呀？你觉得这个故事对你的学习、生活会有哪些帮助呢？"所有这些提问都是让学生要去思考如何将故事里有价值的部分落实在自己的学习和生活当中，在行动中发生改变。

以上五个步骤的提问是一种教练思维的模式，从简单到深入，能够帮助教师真正通过故事和提问，将我们认为有价值的内容传递给我们的学生，并启发学生的思维。

在使用提问技术的时候，还要注意教师的语气和语言组织。此外，如果教师才思敏捷，充满审美情趣，能够提出一些充满奇思妙想、天马行空的问题，一定会加深学生对故事的印象，帮助他们更关注生活的细节，关注此刻、当下，更细致地去感悟人生。在这一点上，大家可以借鉴日本绘本《第一次提问》中的语言。

第一次提问

今天，你仰望天空了吗？

天空，是很远很远，还是近在眼前？

云，看起来像什么？

风，又是怎样的味道？

你觉得，美好的一天，是怎样的一天？

"谢谢"这样的话语，今天你是否说过？

窗外、路边，是什么映入你的眼帘？

挂满雨滴的蜘蛛网，你可曾看见？

走过橡树,走过榉树,你是否曾停下脚步?
街边的树木,你知道它们的名字吗?
你可曾想过,把它们当作朋友?
你最近一次凝望河川,是什么时候?
最近一次坐在砂石上,坐在草地上,又是哪一天?
"真美啊!"是什么,让你情不自禁发出赞叹?
你能说出,最喜爱的七种花吗?
在你心目中,谁,可以被称为"我们"?
黎明前,你可曾听到鸟儿的声声啼叫?
暮色中,你是否曾向着西方的天空祈祷?
你喜欢几岁时的自己?
今后的岁月,你能否越来越好?
"世界"一词,在你脑海中,呈现出怎样的风景?
此时此地,侧耳倾听,你听到了什么?
沉默,是怎样一种声音?
紧紧闭上双眼,你看到了什么?
提问与回答,此刻的你,需要的是哪一个?
那些必须做的事,你心中是否有了决定?
你最想做的事,是什么?
你认为,人生的素材有哪些?
对于你自己,对于那些你不认识的人,和不认识你的人,
你觉得,幸福是什么?
在这个轻视语言的时代,
你还会相信语言吗?

作者/[日]长田弘

翻译/[日]猿渡静子

选自《第一次提问》飓风社绘本

(二)应对学生的提问

教师除了需要掌握提问的技巧外,还要掌握应对学生提问的技巧。

讲故事的过程中,学生可能会提问。一般来讲,低年级的学生可能会在有疑惑的时候随时提问,高年级的孩子出于自尊和尊重教师的考虑可能不会主动提问,要等到教师要求或鼓励时才会提问。教师要留下让学生提问的时间。

讲故事之前,教师首先要预读故事,不能读错别字是最基本的要求。其次,对一些基础的故事背景教师也应该有所了解。比如给学生讲述《赵氏孤儿》的故事,应该事先搞清楚故事的背景以及故事的人物关系:

故事来源:《史记·赵世家》

时间:春秋时期

地点：晋国(今中国的山西省)

主要人物：程婴(乡间医生)赵武(赵氏孤儿)屠岸贾(赵国将军)

人物关系：赵氏先祖在晋景公三年(前597年)曾遭族诛之祸，赵朔遗腹子赵武在公孙杵臼和程婴的护佑下侥幸免祸，后赵武长大，依靠韩厥等人的支持恢复了赵氏宗位。

当然如果其中出现一些细节被学生问到而教师不了解也属于正常。比如有好奇心比较强或者知识储备比较丰富的学生问到这个故事的考辨问题，或者赵国的兴衰史，教师不知道也在情理之中。教师首先要肯定学生善于思考的精神，然后可以向学生推荐相关资料课下一起查询、讨论，比如可以向学生推荐《春秋左传》《国语》，或者司马迁本人记载晋国正史的《史记·晋世家》和学生对读。

我们也可以运用比喻的方法回答学生的问题，这样可以帮助低年级的学生进行思考。比如有的孩子听了战争的故事会问："两个国家为什么要打架啊？"老师可以引导他，"你在家里和弟弟妹妹是不是有的时候也会打架争吵啊？你们和和气气、团结一致多好啊？为什么要争执啊？"学生可能会回答："有的时候为了争东西，有的时候是意见不同。"孩子通过自己的思考就懂了，不用给孩子介绍太多不适合他们年龄阶段的复杂内容。

面对学生提出的问题我们要保持一种接纳的态度。倾听学生的问题可以了解他们的人生观、思维方式。如果我们能试着把学生的每个问题，都当作一种教育机会，你会发现他们从这些回答中，可以学到很多看待事物的方法，对他们建立完整的人格很有帮助。

此外，有时候学生就故事提出问题的时候，他们不一定非要寻求解释和答案，而是在试图表达自己的见解或者寻求肯定。我们可以不直接给出答案，而是将整个故事或故事的一部分简单重复一遍。我们要以尊重的态度让他们自己去寻找问题的答案。逻辑解释是一种思考能力，要等他们年龄更大一些才能充分发展。我们对故事含义的思考可能会损害原著中字、词或图片原汁原味的养分，故事可以拥有它自己的生命力，每个人都可以有自己不同的解读，教师过多的解读会禁锢学生的想象力、思维能力。欣赏文学作品本身就是一个想象和联想异常活跃的过程。读者通过再造性想象复现符合文学描绘的形象，如人物、景物、场面、生活环境等等。同时，联想机制又将读者已有的生活体验与经验纳入其中，使作品形象更趋丰富，更具个人主观色彩。对故事未描绘而仅仅做了提示、暗示的内容，学生会依据已描绘、已确定的内容去加以猜测与虚拟；对于作品的空白与缺失，他们则会依据自己的生活经验借助于创造性想象来填补与充实，使形象更丰富更完整。"有一千个读者就有一千个哈姆雷特"，就是指艺术形象在接受过程中的"再创造"。鲁迅说过："读者所推荐的人物，并不和作者所设想的相同，巴尔扎克作品中清瘦老人的小胡须，到了高尔基心目中也许变为粗蛮的络腮胡子。"听众心目中的人物，并不一定就是作者所描绘的那样，因为听众不可能纯客观地接受作者所描绘的形象，而必然要进行主观改造。学生对作品的空白或悬念的填补也是就是一种"再创作"，他们对某一悬念也许有许多推测。当学生追问"老师，后来怎么样了？"时，教师不一定非要告诉学生人物的最终结局，可以顺势故作神秘地说："你们猜呢？"也可以让学生组织讨论，甚至可以告诉学生："这个结局只是作者的创作，生活远比故事更精彩，你们可以自己给出一个不一样的结局。"

幼小的儿童读绘本是因为他们思维的方式主要是具体形象，而小学生之所以听故事而不是看绘本,是因为他们已经有了抽象思维的能力。文字的抽象性恰恰可以留给我们无限的创作空间,故事正是因为有这样多重的可解读性才有长久不衰的生机与活力。

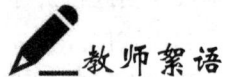

> 我们建议在才艺表演或真实教学场景中,可以设计有艺术效果的停顿,但是在面试试讲的过程中不要轻易尝试使用停顿的技巧,一般是在讨论环节教师设疑后停顿,因为教师资格证面试的试讲是无生教学,但是我们要模拟下面有学生在的场景,所以在抛出问题后,不要立刻就喊"停",要假装学生进行了一段时间的讨论,这就需要一个简短的停顿,以五秒左右为宜。这期间我们可以稍微走动下,假装在视察学生的讨论情况,同时缓解下自己紧张的情绪。
>
> 提问在教学和面试环节中都十分重要,课堂导入时我们往往会使用提问来进行,语言要简单凝练,答案要相对简单,不要在导入环节浪费太多时间。讨论法往往是课堂教学的重要方法,也是需要教师抛出一个问题,然后让下面的学生进行讨论,讨论完毕后教师进行随机提问,学生回答时教师进行纠正,最后教师总结整理出问题的答案。教师提问三到四个学生为宜,提问之后对学生进行适当的评价(以正面表扬为主),如果是小学低年级,评价时的语气可以稍显夸张,比如"啊,你说得可真棒,老师都要忍不住为你鼓掌啦!"之类的,小学高年级不用过分夸张,自然即可,如"嗯,你说得很全面,请坐"。在课堂讨论时,我们提的问题一定要具体,尽量少问"读了这个故事(这段话),你有什么样的感受呢?"这样很宽泛、让学生不好抓住重点的问题。
>
> 此外大家一定要掌握提问的五个层次,提出更多好的问题和学生一起进行探究。

 实践活动

故事小赛场

一、活动目标

熟练运用讲故事技巧。

二、活动内容

讲述故事《桌子、驴子和棍子》(扫描章首二维码获取故事内容)。

三、活动要求

1. 按照讲故事的语言、体态要求,用登台讲故事模式完成故事讲述。
2. 讨论可以准备的道具,做出环境创设的不同方案。
3. 注意讲故事综合策略的应用,尝试提出不同角度的问题,并给予解答。

第十章
故事讲述中的实操训练

微信扫码
获取相关资源

1. 理解故事讲述的基本类型。
2. 掌握不同类型的故事讲述策略。
3. 学会生动灵活地讲述各类型故事。
4. 能够拓展阅读,提升故事讲述能力。

第一节 常见的故事讲述类型

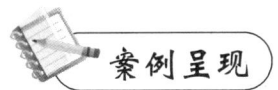

总也倒不了的老屋

今天天气晴朗,跟往常一样,简单平凡。唯一不同的是每位辅导老师心都悬着,我们正在等待学生们的成绩。自教师资格证成为国考后,这次走入考场参加2018年下半年教师资格证考试的学生共95名,个个都很棒,现在是见证他们能否成为一名准教师的时刻。辅导老师们揣着一颗悬着的心在为每个人祈祷,希望他们顺利。值得惊喜的是他们当中有70多名同学顺利合格,而20多名同学名落孙山。

考试是残酷的,有人开心就必定会有人失落,为了安抚学生们的情绪,我们开始研究造成21%同学失利的原因到底是什么。经过了解,除了实力不佳外,将近一半的同学在讲授《总也倒不了的老屋》这一课时遇到了瓶颈,原因在于讲故事的时候他们不知道该怎么读,这让我们感到诧异。

《总也倒不了的老屋》一文的结局是开放的,意图是让学生们展开丰富的想象力去理解"老屋"的所作所为。我们发现作为高校的大学生,他们的想象力是拙劣的:

小王说:老师,您说老屋到底讲的是啥啊?

小李说:我觉得我读得没错,不这么读还应该怎么样?

小石说:上学的时候老师都没教过我们怎么读,现在却要求我们讲给小学生听,太难了!

作为师范生，学生们的困惑应该勇敢面对并予以解决。那么面对丰富多样的故事，作为讲故事的人应该如何处理呢？故事又分为哪些类型呢？我们又该如何提升讲故事的技巧呢？

故事讲述是一门综合语言艺术，是每一位师范专业学生必须掌握的一项实用技能。讲述者需要具有多种语言表演能力，通过语气语调、表情、动作等来传达丰富的故事内容，学生在故事理论的基础上，进一步进行实践表达。通过锻炼使故事讲述者比较系统地应用儿童故事讲述的基本技巧，能够运用已掌握的理论知识和相关技能进行儿童故事的讲述，为将来从事教育工作、开展教育活动特别是语言类的教育活动打好基础。其中，故事的分类纷繁复杂，各不相同。随着时代的变化，故事类型也变得越来越多，我们常见的故事类型有：童话故事、成长校园故事、传统经典故事、动物小说等，下面我们主要介绍它们的写作特点，通过对代表作品进行赏析，尝试着讲一讲不同的故事吧！

一、童话故事

（一）类型概述

童话故事是一种常见的文学表现形式，儿童文学家常常借夸张的人物性格、梦境般的故事情节，来激发孩子丰富的想象力。《辞海》中对童话文学的描述是：它可以通过想象、幻想和夸张来塑造艺术形象，反映生活，推动儿童性格的成长。由此看来，童话故事的基本特征包含幻想、想象和夸张等字眼，它是反映生活的特殊艺术手段。作者通过描绘虚拟的故事情节，活跃读者的思维，帮助读者认识社会、理解人生，成为一名通达事理、明辨是非的人。

童话的基本特征——幻想。丰富多彩的幻想是童话最基本的特征。虽然大多数文学作品都存在一定幻想（写实类除外），但童话故事中的幻想更加深入人心，一部经典的童话故事能影响孩子一生。童话故事里的幻想打开了通向另一种生活的窗子，那里，有一种自由的无畏的力量存在着和行动着，幻想着更美好的生活。所谓艺术源于生活，童话故事的情节虽然不是真实的，却是对真实世界的影射，用幻想的一面折射出真实世界的美丽与丑陋。白雪公主的美丽善良、七个小矮人的团结协作、灰姑娘对美好生活的追求、卖火柴小女孩的困苦、怪兽的凶恶、匹诺曹长鼻子的痛苦等都会引起小读者的情感变化。童话故事中描绘的魔幻世界、夸张的拟人化手法为童话世界蒙上了神秘的面纱，在这亦真亦幻的世界里，小读者才会尝试明辨是非，去伪存真。

童话故事的独特魅力在于周围世界的灵动性，作者往往赋予了动植物以一定的情感寄托。会唱歌的花朵、植物与动物组合的南瓜车、能创造奇迹的阿拉丁神灯等，每一样事物在这个世界上都有使命感，小读者在聆听故事时，会将自己的世界灵动化，会珍惜身边的每一样事物。童话中的拟人化的写作手法，讲故事的人要着重去理解与挖掘，尝试着用不同角色的讲故事技巧去阐释，给孩子的世界增添多样的奇妙与色彩。

（二）代表作品

无论什么样的童话故事，背后都有作者独特的创作背景，大家所熟知的故事有《格林童话》《安徒生童话》《一千零一夜》等,不管是经典作品还是新作,我们在讲故事之前,一定要先去了解故事的创作背景,走入作者的世界,拓展阅读,体会作者的情感。接下来,我们以郑渊洁的童话故事为例,走进童话世界。

郑渊洁是家喻户晓的现代作家,他笔下的皮皮鲁、鲁西西、大灰狼罗克、舒克和贝塔等每一位人物都栩栩如生。不论什么样的作品,都与他的生活经历息息相关,例如皮皮鲁是我们都熟悉的主人公,他学习成绩一般般、调皮捣蛋,却活泼开朗、勇敢善良,他的原型就是来自作者的儿子郑亚旗。今天为大家介绍的《十二生肖童话》又是郑渊洁的力作,其中共有《鼠王做寿》《牛王醉酒》《虎王出山》等十二本书册,成为中国儿童文学的代表,并影响了中国三代孩子。

十二生肖故事中的动物本领超群,都有自己的特点。老鼠大王能够控制时间,老牛可以脱掉自己一身的牛皮癣,老虎走出森林,在动物园里霸道横行,兔子还可以卖掉自己的长耳朵,龙王运用智慧惩罚了偷东西的坏蛋,而大蛇幻化成人做起了买卖,老马聪明过人,用自己的实力夺得了"江山"……①天马行空的童话故事不仅给了儿童阅读的愉悦,更能让孩子领略故事中积极向上的"郑"能量。

(三) 故事节选

在理解故事体裁与背景后,读者在讲故事时应给予听者积极的正能量,将童话故事情节用夸张的语气讲出,赋予孩子真实的想象力,增强故事情节的带入感,使儿童产生身临其境的感觉。下面我们就一起来欣赏故事片段:

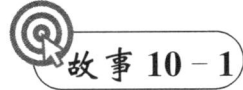

森林牙科医院开办以来,受到了动物们的欢迎。牙科医生们治好了不少动物患者的牙病。大家在这座乳白色的T型大厦周围种满了鲜花。

这天,挂号室的兔子打开小窗口,准备迎接患者。窗口被一张大嘴堵住了。兔子仔细一看,浑身打了个哆嗦,是一只老虎!

"你……你……"兔子吓得说不出话。

"我挂号看病。"老虎一张嘴,兔子才看见他一颗牙也没有,说话直漏风。

兔子恢复了镇静,给老虎挂了号。老虎拿着病历和挂号条来到三楼候诊。山羊医生给猴子镶完牙,拿起下一张病历。患者的名字吓了他一跳:老虎!山羊医生把门拉开一条小缝儿,偷偷往外看,老虎坐在长椅上,嘴里一颗牙也没有。给老虎镶牙?山羊医生想起自己的舅舅就是被老虎吃了的。还有兔子医生的哥哥,小鹿院长的姨,白马医生婶婶的侄子,都被老虎吃了。不能给老虎镶牙,山羊医生拿定了主意。可怎么把老虎打发走呢?山羊医生为难了。尽管是没牙的老虎,他还是怕。

---

① 《童年怎能没有童话》,《焦作晚报》2019年4月2日第3版。

门被推开了。山羊医生回头一看,老虎自己进来了。

"你坐吧。"山羊医生壮着胆子说。

老虎坐在专用椅上,张开嘴让医生看。

"你的牙怎么全掉了?"山羊医生边检查边问。

"我也不知道。先是松了,咬不动肉,后来就开始一颗一颗掉。"老虎说。

"你的牙我们医院镶不了,我们从来没给老虎镶过牙。"山羊医生说。

老虎愣了一下,恳求道:"大夫,求求你一定给我镶上牙,我已经一个星期没吃东西了。"

老虎有气无力地看着山羊医生。

一个星期没吃东西!这样下去,再过几天,老虎准会饿死。医生的职责不允许他眼看着自己的病人饿死而不救,可为老虎镶牙会给多少小动物带来灾难呢?①

二、成长校园

(一)类型概述

成长校园类的故事体裁近几年颇受广大儿童喜欢,它是"成长小说"与"校园小说"两类故事体裁的结合体。成长小说的历史很长,而校园小说是为众多80后所熟知的文体形式,前者通过叙述主人公的内心世界,描写主人公遇到挫折后获得成长的故事,后者是通过对校园人物的撰写,一般以青春成长中的欢喜与忧愁为感情线索,介绍主人公获得成长与启迪的故事。

在童年时期,每个孩子在探索世界的过程中既快乐又迷茫,小时候总希望长大能够自己解决困难,让自己变得强大。然而,在成长的过程中也能品尝到苦恼带来的烦恼。比如不同的孩子对待学习的态度是不一样的,有些孩子以学习为乐,有些孩子以学习为苦,学习这个最简单的字眼反而成为他们一生中最复杂的事情。在成长校园的作品中,作者会通过描绘成长中的苦与乐,引起小读者的共鸣,帮助他们正确面对成长难题。

成长校园类故事的基本特征——真实。以周边发生的真实生活为基准,通过儿童的视角刻画出天真纯净的世界。故事内容大多源于生活,以校园中的友谊、梦想为基础,故事情节凭借生活的真实感动人,引人遐想。只有让故事中所写之事呈现出"真实"状态,读者才会认可事情的"发生"与"发展",才会被事情的"结果"所感动。

新奇是成长校园故事体裁的另一特征。成长校园故事中的主人公性格都偏向于阳光积极,他们有许多好朋友,敢于直迎困境。勇敢与胆小并存,是每位小朋友都会有的人格特征。成长校园故事通过惊险又刺激的冒险,顺利引起了小读者的共鸣。书中的主人公迎难而上,敢于面对挫折的态度,使得故事起伏跌宕,新奇别样。

(二)代表作品

曹文轩是中国儿童文学作家,毕业于北京大学,任北京作家协会副主席、当代文学教

---

① 郑渊洁:《虎王出山童话集》,湖南少年儿童出版社,1987,第53页。

研室主任、中国作家协会儿童文学委员会委员。我们熟知的电影《草房子》的编剧就是曹文轩本人，《草房子》一书曾荣获最佳少年儿童读物奖、第九届冰心文学奖大奖、第四届国家图书奖等。

《丁丁当当》同样是曹文轩文学创作中的代表作。丁丁与当当是一对好兄弟，他们对事诚恳，充满阳光，生活在无忧无虑的世界里。一次偶然的机会，俩人接触到了成人的现实世界，冷漠、残酷的社会还是让他们感染得温暖而美丽。丁丁与当当仿佛成为社会人性的镜子，他们用孩童的天真与善良，温暖了故事中每一个人。

该书包含了《跳蚤剧团》《蚂蚁象》《盲羊》《黑痴白痴》《草根街》《黑水手》《山那边还是山》共7册。国际安徒生奖评委会前主席（2012—2014）玛利亚·耶稣·基尔评价道："曹文轩先生倾其所能，将事实展现在我们面前，他从未掩藏或尝试调和现实的苦涩。"通过书中的描述，我们可以看到人性中的善恶。中国作家协会儿童文学委员会主任高洪波也曾说道："曹文轩十年磨一剑，挑战自我的写作高度，用唯美的手法再现诸多感人场景，因一对小主人公的独特命运，在悲悯中让人体味出耐人寻味的深刻，还有难能可贵的另类幽默。堪与《草房子》媲美。"北京市儿童文学委员会主任首都师范大学教授金波评价说："阅读曹文轩的这部小说，令我深感心悦的是，深情的故事叙述，细节的着力描绘和纯正规范的语言，这些特点可以培养良好的阅读习惯，并从中悟出写作的方法。"

可见，《丁丁当当》为我们开启了生活与智慧的大门，让我们在酣畅淋漓的阅读中体会到儿童奇妙的成长世界。

（三）故事节选

在讲述故事时，读者要读出主人公与盲羊的内心世界，注重形容词的准确性，增强听众的感受性，读出紧张感与奇迹感交织在一起的故事主线。请大家讲讲下面的故事吧！

故事10-2

不知道什么时候，不远处传来沙沙声。瞎眼山羊看不见有什么东西在落叶上行进，但它对声音似乎十分敏感，立即支棱起两只耳朵。沙沙声又没有了。可当瞎眼山羊刚把耳朵松弛下来，那沙沙声又响起来了。不远处的桦树下，一前一后，有两对冷丝丝的眼睛正闪烁着光芒。丁丁已进入梦乡。他的梦乡里，无非是当当、奶奶和油麻地。这是他永远的梦。

……

那两对目光在移动着，有时碰在一起，好像在密谋什么，有时又分开，好像有什么分工似的。随着沙沙声一点一点地逼近，瞎眼山羊越来越警觉，并开始微微发抖。而他的主人，却还在梦里和他的弟弟在油菜花地里疯玩儿着。

两对目光由原来的豆粒大，渐渐变得有山雀蛋那么大了。一阵沙沙声之后，就是一番死一般的寂静。寂静之后，又是沙沙声。瞎眼山羊开始控制不住地浑身哆嗦起来。这种哆嗦震动着丁丁，终于使他醒来了。当他把手放在瞎眼山羊的身上时，那种激烈的颤抖一

下子使他完全醒来了!两对目光亮在黑暗里。他从没见过狼,也不知道害怕狼。他甚至连这世界上有一种叫"狼"的动物都不知道。他望着这两对眼睛,想到了油麻地的狗:黑夜里,狗的眼睛就是这样的。他甚至有点儿喜欢看到这样的目光。

丁丁:你们是谁?两对目光闪烁着。

丁丁:你们来这里干什么呢?两对目光变换了一下方向,好像在对望,又好像在说:这个孩子好傻哟!

丁丁不睡觉了,盘腿坐在那儿,望着两只狼。

……

丁丁朝它们笑着。两只狼向前走了几步。

丁丁:你们也想吃吗?

两只狼互相望了一眼,又一起望着丁丁。

丁丁向两只狼招了招手:想吃呀,想吃就过来吧。

两只狼居然真的向前走了几步。

瞎眼山羊站在丁丁背后,瑟瑟发抖。

丁丁把牛肉干举在两只狼的面前:过来,快过来呀……

狼没有再往前走。丁丁就把牛肉干往前面的落叶上一丢。狼看了看丁丁,然后一前一后走过来。丁丁用手指点了点落叶上的牛肉干:吃!吃!前面的那只狼嗅了嗅牛肉干,然后一口咬住了它。后面的那只狼连忙跑过来争抢。丁丁连忙掏了掏口袋,居然又找出一块牛肉干。

这是前天的一块,他忘了吃了。他把这块牛肉干扔给了那只没有抢到牛肉干的狼。两只狼都有了吃的,不用担心对方争抢了,把前爪伸在前面,趴在地上,慢慢地咬嚼起来。丁丁就一直笑着。①

三、传统经典

(一) 类型概述

作为世界文明古国,中国历史源远流长。五千多年来,中华民族的祖先在漫长的历史时期里,积累了大量珍贵的物质文化资源,最终形成了为中华民族世世代代继承发展的博大精深的传统文化,囊括了中国的传统思想、社会生活、文化艺术、节日风俗等内容。

中国传统文化的内涵十分丰富,有诗、词、赋、曲艺、建筑、戏剧、民俗、绘画、雕刻、烹饪、医药、服装等,还有包括传统历法在内的中国古代自然科学、中国传统文化等等。中国传统文化不仅仅是中华民族儿女血液里的继承,更是中国的历史、中国的思维及中国命脉的体现。

纵观整个人类的文明史,文化发展的一个重大特点就是既保持本民族的特点,同时又不断地对外来文化加以吸纳和创新。例如,对中国有着巨大影响的佛教就是从印度传入

---

① 曹文轩:《丁丁当当·盲羊》,中国少年儿童出版社,2012,第59页。

的,但佛教传入中国后,又不断地被改造,带有明显的中国特色。同时,中国的传统文化也对世界产生了巨大的影响。随着中国国际地位的提高,中国传统文化得到越来越多国家的认同和重视。

中国的封建社会时期长达两千多年,中国传统文化受封建社会的影响很深。封建时代的统治者为了巩固封建统治、强化中央集权,常常钳制和禁锢文化学术的发展,我们的传统文化也不可避免地带有许多封建糟粕。当然,任何一种传统文化都有其积极和消极的成分,中国传统文化的精髓在新的时期仍然散发出迷人的光辉,值得我们学习和继承。

中国的传统文化是中华民族人文精神的积淀,是我们的民族之根、民族之魂。传统经典故事体裁彰显了中华传统文化生生不息的力量,它包含了经典故事(塞翁失马、郑人买履、井底之蛙、东施效颦、自相矛盾等)、民间故事(腊八粥的来历、年的传说、重九登高、元宵节等)、神话故事(女娲造人、舜帝登位、神农尝百草、夸父逐日等)、名人故事(不辱使命、运筹帷幄、苏武牧羊、包公审驴等)。为便于读者理解,每种类型下的传统经典故事多数都会配以生动、传神的插图,以此来让小读者体会传统文化的神秘与伟大,以此激发孩子对中国传统文化的敬畏与自豪。除此之外,传统文化的魅力还在于它来自我们祖先智慧的结晶,不管是中国古代帝王将相轶事,还是文人墨客的趣闻,这类故事在民间流传很广,这些故事体现了善良的中国百姓对清官廉政的渴望和对在太平盛世中安居乐业的美好生活的向往。

(二) 代表作品

"为什么要读历史?"陈卫平在《写给儿童的中国历史》中给予了我们清晰的答案。是为了开拓见识,培养读者远大的志向,令读者学会在历史的长河中明辨是非,进行独立思考判断,形成初步避免重蹈覆辙的智慧,锻炼解决问题的能力,以真实的人格教育启示,打下学习历史的良好基础,将历史教训转化为处世智慧,以此训练多元化思考能力。

该书是由陈卫平所著,除此之外,他还写有《写给儿童的世界历史》《写给儿童的中国地理》《写给儿童的人文小百科》等。为了激发学生阅读兴趣,陈卫平将平铺直叙的历史故事生动活泼地讲出,鲜活、生动、完整、精致成为该册故事书的标志。

作者选配近千张彩图与珍贵文物照片,经过严谨考据,加上写实技法,表现历史事件与人物装扮,让孩子身临其境,借以传达正确的历史常识,更可丰富孩子的美感经验,以99个单元、上千幅插画涉及上古至现代的中国历史,为儿童描绘一个完整具体的轮廓,使中国历史中的人物、事件,得到系统性的呈现。作者通过孩子能懂的经验、语言,讲中国历史上对后代影响深远的人、事、时、地、物,让原本抽象难懂的观念或复杂背景,变得生动活泼、异趣横生,给孩子一个清晰的中国正史概念。通过多元化观点的叙述,启发孩子以多元角度看历史,并学会思考历史,得到有益于己的智慧。例如,作者特意在书中设计"说来听听"这一鼓励读者思考的专栏,拓展儿童的思考深度与广度,有系统地统整历史与生活,达成有效率的学习与思考。针对历史人物、专有名词、文物、事件、成语等,特设更深入详细的介绍与注释小专栏,促成孩子对历史的深度学习。

著名儿童文学家林良曾评价,该书以趣味生动的语言,轻重得体的剪裁,有系统地为

 朗诵与讲故事指导

儿童叙述中华民族的历史。

在经济全球化和发展社会主义市场经济的背景下,在中国五千年的文明历史进程中,弘扬中华民族优秀传统美德,加强思想道德建设,对于凝聚全社会的力量,实现中华民族的伟大复兴具有重要意义。

(三) 故事节选

讲述中国历史上的故事时应该用趣味生动的语言表达出文化的底蕴,娓娓道来的讲述方式更加有助于读者理解。请大家欣赏以下故事片段:

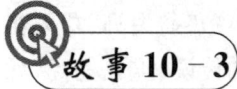 故事 10-3

你能想象得出来,这么多的人,到底是从哪儿来的,他们的祖先又是谁吗?

这问题很难回答,有人会告诉你说,人都是猴子变来的,中国人也不例外,你喜欢这样的答案吗?

一直到现在,没有谁能说得清楚,我们只能往上不断追问,猴子又是什么变来的?很久、很久,久到还没有猴子的时候,久到没有猫狗、没有恐龙出现在世界上的时候,久到……嗯!甚至世界都还没出现。可是,任何故事总得有个开头才行吧!所以有人便想象,一定是有谁创造了"世界",然后又创造了花草树木,创造了鸟兽鱼虫和人,然后才发生许多有关"人"的故事。

从前中国人的老祖宗传说,一开始,天地是混在一块儿的,到处一片黑沉沉,混混沌沌的,宇宙好像是个大鸡蛋,而大鸡蛋的里面,睡了一个叫盘古的人,他睡呀,睡呀,也不知睡了多久,有一天,他忽然醒了过来,睁眼一看,四周黑暗混沌一片,什么也看不见。盘古生气了,他顺手摸到一把大斧头,用力一挥,就把这个大鸡蛋砍破了。只见一堆又轻又亮的东西,往上飘哇,飘哇,一直飘到很高、很高的地方,于是变成了天空。一些沉重无比的东西,则向下沉哪,沉哪,最后变成了大地。天地,就这样被盘古劈开了。天和地分开以后,盘古怕它们再合拢,回到黑暗和混沌,所以就用头顶着天,脚踏着地。天每天升高一丈,地每天增厚一丈,盘古也每天长高一丈,就像一根大柱子撑在天地中间。这巍峨的巨人孤独地站着,不知过了多少年,一直等到天地都稳固的时候,盘古才累得倒了下来。

盘古倒下之后,他的头变成了山脉,眼睛一只变成太阳,一只变成月亮,他的眼泪变成江河,呼吸化为阵阵和风,声音变成雷,目光成为闪电,头发化作树木和青草,身上的脂肪变成汪洋大海。他的生命和躯体,使这世界变得更为丰富,这位开天辟地的创造者,自己也成为天地的一部分。

这时候的世界还没有人出现。后来,有个名叫女娲的神,比照自己的模样,用黄土捏出一些小人儿。做一个,就让他活一个,不过女娲觉得捏泥人太慢、太麻烦,干脆拿出一条绳子,沾了泥水用力甩出去,泥水落下来之后,都变成了小人儿。从此以后,天地间便有了人。①

---

① 陈卫平:《写给儿童的中国历史之神话时代——夏》,新世界出版社,2014,第5页。

四、动物小说

（一）类型概述

动物小说主要是通过描绘神奇的动物世界为主，形象地描绘动物的日常，包括觅食、求偶、避难等生活状态。动物与人类一样有着特殊情感与技能，它们能够哺育幼崽，抵抗敌人的侵袭，寻求避难的场所等，在与自然相处过程中寻找大自然的奥秘，体现出爱与情感。不少作品利用从动物视觉角度出发这一点从侧面谴责人类对大自然的破坏，用动物的境遇让读者意识到保护环境的重要之处。这样的体裁更像是用兽性衬托人性，引起人们的反思。

动物小说的基本特征之一就是真实性，书中所呈现的内容符合动物的生活习性。作者会通过细致的描述展现动物的本真面貌，加上合情合理的故事情节，严谨的小说逻辑，不仅能够学到动物知识，还能够达到震撼人心的艺术效果。

动物小说主角的人格化也是其文本的一大特征，为此，许多动物小说中都会将动物拟人化，让动物具备有情有义、有血有肉的形象。小读者们在阅读该类小说时可能不会主动了解背后所映射出的人性，讲故事的人可以适当引导，提前对动物的习性做出了解，让读者尝试站在作者的角度，去发现大自然的魅力，动物的人性光辉。

可以说，动物小说是最能完整体现动物特性的体裁，作者在作品中不会过多地改变动物的自然属性。而动物故事更加具备想象力和浪漫色彩，作者会将动物最终以哲理呈现，比如《农夫与蛇》《坐井观天》等，同样受到人们的喜爱。童话故事中的动物描述看起来与动物小说也很相似。童话通常以夸张的手法引发人们无限的想象，比如会说话的小老鼠，会变形的南瓜车等，是以动物形态出现的人，其思想是人的思想，也就是说，这里的动物其实是人格化的动物，而动物小说在使用拟人的手法描写时追求真实感。总而言之，动物小说是通过动物的习性、动物的生活、动物的环境等来表现社会问题的。

（二）代表作品

沈石溪，中国作家协会会员、全国儿童文学委员会委员，曾被誉为"中国动物小说大王"。

沈石溪动物小说的独特的美学意境和艺术品格深受当代少年儿童的喜爱。他在小说中提倡一种"生态道德"，通过对优胜劣汰的丛林法则的描述，对现代社会的文明和道德的思考包含批判的态度，以全新的思考方式帮助青少年读者建立更加科学、健康的世界观和人生观。其中有荡气回肠的天鹅绝唱，惊心动魄的狼王世界，铁血柔情的猎豹传奇，扑朔迷离的老象恩仇记……

在中国动物小说作家群中，沈石溪无疑是其中使人为之赞叹的一位。在多年的创作过程中，他的笔始终自由驰骋在广阔的动物世界，给当下生活在城市中的儿童带去一股凛冽的原始气息。他的动物小说之所以比其他类型的小说更有吸引力，是因为这个题材的小说容易刺破人类文化的外壳和文明社会种种虚伪的表象，可以毫无遮掩地直接表现丑陋与美丽融于一体的原生态的生命。《沈石溪动物小说》共十一本,包括《情豹布哈依》《神奇的警犬》《老象恩仇记》《黑天鹅紫水晶》《白天鹅》《板子猴》《雄鹰金闪子》《棕熊的故事》《狼王梦》《狼世界》《白狼》等。

读者往往感叹于动物之间的生存不易与深厚的友谊,映射出人性的光辉,令人无限遐想。方卫平曾评价沈石溪的动物小说:"他的短篇动物小说只要一开场,就会有一种特别的故事氛围迅速把我们环绕起来。他的开门见山的叙述往往一刀挑开情节的锁链,从这起始的一环开始,故事角色的行动便再无止歇地一路向前。"故事情节发生的紧凑性是沈石溪动物故事的一大特点,作者在叙述故事时从不在某一场景里长时间逗留,多重的描写手法,让人在动物故事的阅读中流连忘返。如果作者大量描述某一场景,则意味着精彩的故事高潮即将到来,这是沈石溪在作品中的伏笔,比如《灾之犬》中被"我"多次丢弃、伤害的花鹰在危急时刻突然现身,《老马威尼》中满怀恐惧的威尼为挽救马帮毅然走向虎口的场景,《烈鸟》中的红脸鹩哥王终于开腔放出鸣唱的那一刻,以及《羊奶妈和豹孤儿》中母羊将养子花豹顶入悬崖,自己也随即跳崖的情景。我们在抵达这些情节高潮处的时候,会感到自己的血气仿佛也随之隐隐沸腾起来。

(三) 故事节选

动物小说中描写的动物一般远离儿童生活,讲述该类故事时切记不要平铺直叙,要尽可能多地展现故事情景下动物的真实状态,创造出真实的氛围。既然我们已经了解到了沈石溪的写作特点,那么就让下面这段故事带你走进不一样的世界:

故事 10-4

拉拉的眼光落到那只蓝色蝶状发卡上,狗心一阵欣喜,就像看到了一位亲密的朋友。它伸出尖尖的嘴吻,在蓝色发卡上嗅闻。狗的视觉虽然不错,但狗的嗅觉更加灵敏,在狗的大脑左侧有个气味记忆库,能储存数万个不同的气味。拉拉的鼻翼翕动两下,立刻闻到一股十分熟悉而又亲切的气味。

汪,汪汪。拉拉朝身边的主人大漫发出欢快的吠叫,叫声柔曼圆润,并冲动地朝门外蹿跃,那是在明白无误地告诉主人,它已经辨别出蓝色发卡上的气味,假如需要的话它现在就可以带着大漫去见佩戴蓝色发卡的人。

警员大漫又从办公桌抽屉里取出一只装有白色粉末的小塑料袋,和那只蓝色发卡一起摊在手掌上,送到拉拉鼻翼下让它嗅闻。

小塑料袋虽然完全密封,但拉拉立刻闻出这是一包海洛因。它虽非专业缉毒犬,却多次参加追捕毒犯的战斗,它知道这些看起来像粉笔灰一样的名叫海洛因的白色粉末意味着什么。这是一种无法原谅的罪孽,必须侦破的恶性案件!狗脑虽然没有人脑发达,却也具备粗浅的逻辑思维能力。拉拉的眼光在蓝色发卡和那袋海洛因之间瞅了瞅,很快明白大漫将这两样东西放在手掌上一起让它嗅闻的用意,是在用形体语言告诉它:佩戴蓝色发卡的人,就是在逃的毒犯,要尽快缉拿归案!

拉拉一颗狗心咯噔了一下,轻吠呻吟,就像被火焰灼伤了一样。

"出发!"大漫抖动牵引索,下达了战斗指令。

以往,拉拉最喜欢听的就是大漫从唇齿间迸发出来的"出发"这两个字,大漫是名优秀的警员,天生具有军人素质,下达战斗指令时,气势磅礴,激情饱满,斩钉截铁,很有煽动性和感染力。拉拉已经形成了条件反射,只要大漫嘴里吐出"出发"这个词,它全身的狗血就会沸腾起来,浑身狗毛怒张,产生遏制不住的冲动,响亮地吠叫数声,循着气味样本所提供的气味线索,箭一般蹿出去,把套在它脖子上的牵引索拉扯得比弓弦还紧。可这一次,拉拉听到大漫说"出发"后,却一点也激动不起来,只发出半声散淡的吠叫,也不见风风火火的劲头,而是碎步小跑着走出了警察署大楼。

警员小金和另两名武警战士头戴着防暴钢盔,肩挎着微型冲锋枪,跟随在大漫和拉拉后面。小金似乎看出了蹊跷,小声对大漫说:"奇怪,平时执行任务,它总是急不可耐地冲在前面,牵引索拉都拉不住它,今天是怎么啦,懒懒散散不像条警犬了。"

大漫抖动松松垮垮的牵引索,指着拉拉的脑袋,严厉地呵斥道:"我们是去缉捕毒犯,不是去带你遛腿逛大街。你听清楚了,全速前进!"①

百年大计教育为本,《义务教育小学语文课程标准(2011版)》非常重视语言文字的积累,并把"有较丰富的积累"作为教育总目标之一,规定了"九年课外阅读总量应在400万字以上"的明确指标。该标准将"丰富语言和积累"视为学生语文素养的基本点,是培养语言语感的基本途径。作为未来的教师,我们不仅要讲给学生如何阅读,更应该通过故事净化心灵,通过讲授感染到每一位阅读爱好者,真正做到教书育人。

第二节 特殊的故事讲述类型

小李通过近期的讲述故事训练,自己的讲述能力已经有了明显的提高,并敢于大胆在班级里讲故事,提高了自己的阅读技巧,这样他异常兴奋!然而信心的辅导老师发现,小李的阅读技能达到一定的瓶颈期,他在不同的故事类型处理上不够完整,对于不常见的故事类型还是无法下手,甚至会"聪明"地将故事归类到熟悉的类型中去。那么,除了我们常见的故事类型还有哪些值得我们关注的呢?我们又该如何学者处理这些故事呢?

常见的故事类型多为儿童易于接受的故事,他们简单易懂,长久以来被儿童喜爱。随

---

① 沈石溪:《沈石溪激情动物小说 神奇的警犬》,少年儿童出版社,2012,第45页。

着时间的变化及我国国际地位的提高,许多故事类型也在不断发展过程中,例如侦探冒险类,许多别人熟知的侦探家、冒险家大多是国外作品里出现的,属于国产的作品还为数不多,但是近几年我们的现代文学家已经创作出许多精彩的侦探冒险类故事供大家阅读。下面我们主要介绍侦探冒险故事、幻想小说与疗愈故事。

一、侦探冒险

(一)类型概述

侦探冒险故事是基于侦探推理、冒险小说为一体的故事体裁,故事的主人公在探险中尝试解决疑点重重的未解之谜,它是侦探推理小说与探险小说的结合体,为此想要更好地了解侦探冒险故事这种体裁,必须了解侦探小说与探险小说的主要写作特点。

著名的侦探小说大都来源于西方,其内容主要以判断与推理等线索吸引读者们的喜爱,在小读者的许多作品中甚至加上了一些亲自动手找寻线索的小工具,帮助小朋友们学会观察细微的故事情节。由于传统侦探小说中的破案大多采取推理方式,所以也有人称它为推理小说。

与其他小说相比,侦探小说的叙事模式是精确而有严格限制的,它要求时间统一、有完整的开头和结尾。极尽所能地运用想象来打破这种限制,因而最终能够独到地运用。需要我们竭尽所能地去发挥想象力,运用一些手法,从而达到生动地引人入胜地叙述一个案件的目的。所以,除具备一般小说的特点之外,侦探小说还具有其独一无二的特点。例如,一部成熟的侦探小说,其一,会有较为完善的写作年代与背景,能够很好地反映出国家和社会当时所处的政治、经济与文化制度。其二,侦探小说能够塑造鲜明的人物代表。福尔摩斯就是其中一位家喻户晓的人物。其三,任何一部侦探小说在结局时,都会严丝合缝,小读者尝试回顾故事情节时才会恍然大悟。

另外,探险小说也称之为冒险小说,它是以各种不寻常的冒险事件为描写的中心线索,主人公在经历了各种各样的遭遇和挫折中获得不平凡的经验。一般情况下冒险小说情节紧张、冲突尖锐、场面惊险、内容离奇,其内容范围广,可分为两类题材:一类描写人与人、人与社会势力的冲突,另一类则指人与环境、人与自然的冲突。为此,我们不难理解侦探冒险故事,是基于一定的冒险事件,主人公在经历过程中层层剥开事情的真相,最终获得成长。

(二)代表作品

我们熟知的侦探小说有《冒险小虎队》《大宇神秘惊奇》等,2019年曹文轩先生出版了《草鞋湾》,这是他首次尝试侦探题材的小说,打造出了儿童文学的新范式,被人称作在"大美、大爱、大智慧"之外更有"大格局、大视野、新气象、新面貌"。当你阅读完该部作品后,定会感慨于曹先生缜密的创作思路,与其说这是一部侦探冒险故事,不如说这是一部侦探成长制作。该故事是情节跌宕起伏、探案过程严谨缜密的侦探小说。

《草鞋湾》的故事背景发生在20世纪的上海,一个名叫沙小丘的少年是一位大名鼎鼎的侦探的儿子。耳濡目染下,沙小丘在小事上展现出自己非常人的观察力与推理能力,甚至有时候还会为爸爸出谋划策,提供思路。在小主人公十岁那年,爸爸遇到了一宗复杂的拐卖案,案件扑朔迷离,爸爸在一次次的尝试后逐步陷入困境,线索全无。正当困难重重之时,父子俩联手找到了案件的突破口。故事情节不仅能够满足小朋友的好奇心,也适合成人去阅读,更加合适父子共同阅读,培养孩子们的理解能力和推理能力。

至今我国每年都有大量的儿童被拐卖,作者通过凝练明快的表达方式,给孩子树立了安全教育的意识。本部作品中最大限度地展现出人性,在复杂的情理之间,是值得人去深思的职业操守与职业责任,以及对正义的追求、对生命的守护。这本书不仅语言生动,还配备相应的"探案导图",这一细节也展示出作者的用心,增强了孩子在阅读时的参与感与互动感。

(三)故事节选

侦探冒险小说是悬疑与刺激并存的,讲述者应在字里行间让听者有惊奇感与画面感,让你的声音带着小读者们的思绪起飞,让阅读变得具有代入感,穿过草鞋湾,一起去经历冒险:

故事 10 - 5

沙小丘转身跑进自己的房间,把那些本来用于计算数学题的草稿纸拿来,开始折纸飞机。他很想在鸽群飞过他家院子时,向它们投过去一架纸飞机。那飞机也许会吓着它们,那时,它们又会飞成什么样子呢?也许,它们并不在意,就让纸飞机在它们身边飞着,那番情景一定是很好看的。

又有鸽群飞过来了,飞得很低,让沙小丘觉得,如果它们再不拉高,就这样飞过来的话,一定会撞到他脸上。他把一架纸飞机举在手上,身子向后倾着……突然,他将纸飞机推入空中……纸飞机甚至比鸽群飞得还要高一点儿,不同的是,它与鸽群飞行的方向正好相反。鸽群受到了惊动,但惊动不大,只是忽地飞得更低了一点儿,到眼看着就要碰到他家的楼房时,它们抬头向上,在天空轻悠悠地画了一道弧线,很潇洒地飞到了高处。而那时,他的纸飞机正缓缓地往对面人家小楼的楼顶落去。

鸽群又飞过几回以后,可能是它们自己厌倦了飞翔,也可能是它们的主人厌倦了这场游戏,不再赶它们没完没了地上天了,鸽子们纷纷落回自家的屋顶或是鸽舍,天空就只剩下几只乱飞的麻雀。但沙小丘还在不停地折纸飞机,放飞纸飞机。这是他在草鞋湾路一百零八号觉得极端无聊的时候最喜欢做的一件事,甚至是唯一的一件事。他家的院子里,还有邻居家的屋顶上,常常落满他的纸飞机。

打扫庭院的马大伯,望着又一地的纸飞机,抬头看向沙小丘:"你就这么糟蹋纸呀!"

沙小丘想对马大伯说:"我要把做数学题的草稿纸统统折成纸飞机!"当然他没有说出口,只是在心里说的。马大伯抬头望着天空:一架纸飞机飞得又高又平稳,一直向前、向前,仿佛永远也不会停下,一直要飞到天边。马大伯望得很专注,甚至是很痴迷,仿佛他是和沙小丘一起在放飞纸飞机。这是他们共同的游戏。他会一边抱怨沙小丘糟蹋纸张,抱怨沙小丘把刚刚清扫完的院子又弄得到处是纸飞机,一边入迷地观望着、欣赏着那些悠悠然飘飞在寂寞的天空下的纸飞机。

一架纸飞机居然飞越了好几户人家的屋顶,飞向了远处的大街。"大伯,你看呀,看呀,看这架飞机!"又一架纸飞机从沙小丘的手上飞了出去。让马大伯感到惊奇的是,它在飞出去十几米远,你本以为它会一直往前飞时,它却画了一个弧,掉转头,并且还滑向高处,朝着相反的方向飞去了,然后越过他们家的屋顶……马大伯往后退,往后退……再也看不见了。

沙小丘说:"我让它们往哪儿飞,它们就往哪儿飞!"

"你小子,就吹牛吧!差不多了,该回屋去做数学题了吧?你爸爸可是说回来就回来的!"

"好吧。"沙小丘投出最后一架纸飞机,显出一副无可奈何的样子,转身进屋去了。

院子里的地上,横七竖八的,又落了许多纸飞机……①

二、幻想小说

(一) 类型概述

幻想是人们制造想象的一种方式,也是一种常见的心理活动,通常蕴含着人们对美好事物和未来的想象。幻想性是儿童幻想小说和童话类文学题材的重要特征,童话和儿童幻想小说都属于幻想题材的儿童文学,其中丰富的想象力是重要的文学表现手法。对幻想性在其中不同方式体现的分析和探讨,有助于我们对儿童文学题材认识性的提高。

幻想小说要求作者对枯燥乏味的科学知识进行一定幻想性的艺术加工手段,合理地对科学进行阐述,以此来反映现实中的科学实践和科学技术。作者会通过艺术手段的加工使幻想世界体现出现实的未来科学世界,其塑造的艺术形象往往是具有特殊能力的人类或者普通人,比如具有超能力的外星生命,能够预知未来和过去的普通人,拥有某些特异功能的变异人等。幻想小说一般会创造一些来自未来时间和空间世界,将儿童的心理带到一个未来化的幻想世界。例如,郑文光在《太阳历险记》中,对未来人们实现太阳登陆进行了充分的幻想艺术加工,描绘了一个登陆后的一系列离奇故事。

故事的想象性和情节的离奇性能够引起儿童强烈的科学兴趣,激发他们对科技的探索欲望,以这些为目的为儿童提供虚幻的想象空间。此外,儿童幻想小说不仅要有奇妙的想象和夸张的世界,还要真实地展现科学技术的魅力,起到对科学知识做出形象化的诠释作用。

那儿童幻想小说与童话文学体裁都具备想象力,它们又有什么区别呢?

首先是人物塑造的区别。任何一部优秀的文学作品都会有一个成功的人物形象塑造。主角的思想行为是推动故事情节发展的主要因素,所以人物形象的把握对文学作品

---

① 曹文轩:《草鞋湾》,天天出版社,2019,第 67 页。

中的童话和儿童幻想小说都非常重要,但两者之间仍然存在着一定的差异。幻想小说中的人物形象,往往是以普通人进行超人化塑造,使他们具备常人所不具备的超能力。这种人物形象,主要通过区别于童话人物超能力应用,而是科学知识为手段来进行推动故事的叙述和发展。

其次是价值观的差异。童话能满足儿童对美好世界强烈的渴望,能够启迪儿童心灵,达到激发儿童道德情感的效果。比如《木偶奇遇记》中的匹诺曹形象,就是让儿童从匹诺曹的一系列经历中学习到诚实的美德。而儿童幻想小说的故事核心不在于儿童思想教育,主要内容是对科学进行艺术化的阐述,对儿童的成长进行知识教育。例如在《时间褶皱》中,通过星际旅行机的穿越冒险经历,向儿童展示未来科学技术发展的幻想。

再次是表现手法的差异。童话是非写实性文学体裁,其中要求作者在写作时,对情节发展的节奏紧凑性把握非常严格。而儿童幻想小说,则是以写实手法为主。在写作风格上注重细节,强调真实性。

总而言之,对于儿童幻想小说和童话来说,幻想性都是其中最重要的构成因素,没有了幻想性,也就没有了儿童幻想小说和童话。

(二) 代表作品

刘慈欣,连续九次获得中国科幻"银河奖",首位获得世界科幻最高奖"雨果奖"的亚洲作家,被誉为"中国科幻的领军人物",他的科幻文学作品被许多小朋友所喜爱。一方面刘慈欣的科幻小说作品节奏紧张,在看似无华的语言中能够感受到作者对自然的敬畏之心,使得小读者建立起英雄梦,更加向往科技带来的世界。例如例如小说《流浪地球》,该作品综合了自然灾害、技术进步和人类生存的宇宙困境等宏大的主题,地球因为太阳的毁灭而必须进行逃离太阳系的悲壮远征。另一方面,她的作品中人物形象同样富有人文主义和理想主义的色彩,比如在《诗云》中,外星人有着超强的技能,却在准备毁灭地球文明时,意外地喜欢上中国人的诗歌,于是自己开始学习作诗,穷尽太阳系的能量来创作、储存由所有汉字排列组合而成的一切"诗歌",不仅能向读者展现超人类的崇高感,还具备了一定的人文色彩,使得科幻小说同样具备了艺术魅力。除此之外,作者常常传达给作品一种强烈而独特的怀旧感,其作品中科幻形象的设定常常带有强烈工业色彩。巨大的地心空洞、宏伟的地球发动机、壮烈的月球粉碎,这些具有浓郁工业化色彩在他的小说中被强烈地渲染。

"刘慈欣少年科幻科学小说系列"里有多篇作品荣获中国科幻"银河奖",在每册书后都会有科学家对科学知识或科学猜想的精彩解读,既有精彩的科幻故事,又有好奇的科学知识普及,让小读者能够更加深入去了解刘慈欣先生构建的超时空世界,可谓是文学性与科学性并肩奇驱,令作品产生了叠加之美,对于培养孩子的科学精神、激发其想象力、拓宽视野和知识面都有帮助,让小读者们能够更为深入地了解作者的所思所想,了解作者塑造出的幻想世界,在一定程度上也能够体会到科学之美丽。

(三) 故事节选

幻想小说具有聚科幻性与科学性，常见的故事有《小兵传奇》《风姿物语》《魔戒》等。无论是中国的还是外国的作品，讲述者在讲故事时应把握好故事节奏的紧凑性，激发听者奇妙的想象，带领听者走入夸张的世界，还要真实地展现科学技术的魅力。一起来尝试读一读，感受科学的魅力吧！

上校和同事们谨慎地向晶体靠近，他们太空服的推进器拖出条条尾迹，像蛛丝把晶体缠在了正中。就在上校与晶体距离不到10米时，它的内部突然出现了迷雾般的白光，使它的规则的长梭状轮廓清晰地显示出来。它大约有3米长，再近一些，还可以看到内部错综复杂的透明管道，像是一种推进系统。当上校把戴着太空手套的右手伸向晶体表面，以进行人类与外星文明的首次接触时，晶体再次变得透明，内部浮现出一个色彩亮丽的影像，那是一个眼睛挺大的卡通小女孩儿，长发直到脚跟，同漂亮的长裙一起像在水中那样缓缓漂动着。

"警报！呀！警报！吞食者来了！"她惊慌失措地大叫着，大眼睛盯着上校，一只细而柔软的手臂指向与太阳相反的方向，像在指一条追着她的大狼狗。

"你是从哪里来的？"上校问。

"波江座一ε星，你们好像是这么叫的，按你们的时间，我已经飞行了六万年……吞食者来了！吞食者来了！！"

"你有生命吗？"

"当然没有，我只是一封信……吞食者来了！吞食者来了！！"

"你怎么会讲英语？"

"路上学的……吞食者来了！吞食者来了！！"

"那你这个样子是……"

"路上看到的……吞食者来了！吞食者来了！！呀，你们真不怕吞食者吗？"

"吞食者是什么？"

"样子像个大轮胎，呵，这是按你们的比喻。"

"你对我们世界的东西真熟悉。"

"路上熟悉的……吞食者来了！！"

波江女孩儿喊叫着，闪向晶体的一端，在她空出的空间里出现了那个"轮胎"的图像，它确实像轮胎，表面发着磷光。

"它有多大？"另一名军官问。

"总的直径为五万公里，'轮胎'宽为一万公里，内圆直径为三万公里。"

"……你说的公里是我们的长度单位吗？"

"当然是！它大着呢，可以把一颗行星套进去，就像你们的轮胎套一个足球一样，套住那颗行星后，它就掠夺行星的资源，把它吸干榨尽后吐出去，就像你们吃水果吐核儿一样……"

这时,晶体中显示的吞食者在变大,渐渐占满了整个画面,显然正在向摄像者的世界缓缓降下来。现在,在这个被吞食者套住的世界的居民眼中,大地仿佛处于一口宇宙巨井的井底,太空就是一圈缓缓转动的井壁。井壁表面有一些复杂的结构,这让上校想到了在显微镜下看到的微处理器的电路,后来他发现那其实是连绵不断的城市。再向上,井壁的顶端是一圈蓝色光焰,在天空中形成一个围绕着群星的巨大火圈,波江女孩告诉他们,那是吞食者尾部的环形推进发动机。在晶体的一端,女孩手舞足蹈,飘飘的长发也像许多只挥动的手臂,极力表达着她的惊恐。

三、疗愈故事

(一) 类型概述

在当今经济飞速发展的社会,金钱和地位几乎成了衡量一个人生活水平的最直接的标准。对于物质财富的过分追求导致了人们精神财富的缺失和匮乏。在面对这样的精神问题时,人们往往无法跳出原先看问题的角度。对于自身存在的问题,他们不愿过多地追溯反思,而是急不可耐地找个心理治疗师,想着赶紧破财免灾。更为严重的是,这样的思维方式不仅会在成人的社会里流通,也会通过各种渠道渗透到孩子的价值观中。

疗愈故事是用故事的方法来治疗疾病,通过讲故事,来让病人感到心情放松,借助叙事治疗的方法帮助人们走出心灵的困境。心理研究的相关书目总体来说难逃两个极端:一种是深的看不懂,读起来枯燥乏味;另一种虽然通俗易懂但是读起来味同嚼蜡。儿童疗愈故事很好地融合了这两者的优点,在用平白又不失严谨的语言介绍了理论的同时,又能用真实的案例加以佐证和说明。每一个小小的故事,都像是一面镜子,通过了解主人公的经历,不断地审视自己身上是否有和他们类似的问题,如果有,指引儿童该怎样正确地对待,学会如何正视自己的问题。

不仅如此,疗愈故事可以帮助孩子们开发智力,在读故事的过程中作者在治疗别人的同时其实也在拯救自己。因此,疗愈故事不单单是一本叙事疗法的教科书,更像是一本故事集。它用它的风格告诉我,治愈并不只是机械的照本宣科,还要从根本入手,给予被治疗者最大的心理支持,做到工具性与人文性的统一。

(二) 代表作品

苏珊·佩罗(Susan Perrow)是"故事疗法"全球代表人物之一,同时她也是一名知名的儿童教师,长期致力于为儿童及儿童创作疗愈故事。《故事从来有魔法》是一本具有神奇魔力的疗愈故事集,特别有助于3—10岁孩子的情绪管理和习惯养成,令孩子的失衡行为得到矫正。《故事从来有魔法》中的16个故事(《挑食的芙芙》《收拾小熊》等),针对许多普遍的失衡行为:暴躁、挑食、依赖、拖延、胆怯、邋遢等,通过奇妙的故事之旅,实现一种正面的解决,加强正面价值的引导。

这本书中的故事有短有长,有的轻松诙谐,有的主题严肃。有些特别适合低幼的孩子,例如《粘人的树熊宝宝》和《不肯独立的渡渡鸟》,有些故事线索略复杂,更适合较大一点的孩子,例如《嫉妒的宝石》和《完美主义者帕特》。不过,故事通常不会局限于某个年龄段。有时候,为孩子而创作的故事也能在青少年甚至成人身上起效,因为许多时候成人也会有无精打采的时候,也会有脾气暴躁的时候,也会时不时犯犯拖延症……

《故事从来有魔法》适用于许多场合,不仅能帮助儿童园或小学教师改善教学氛围,还能成为儿童疗愈专家的工具书,也很适合在图书馆讲述。在分享这些故事时,绝对不要试图对你的小读者分析这些故事,这么做很可能使故事失去它的疗愈力。这里的每一个故事,它会自己发挥疗愈作用,每当给孩子读完后,就让孩子自己体会,或者让孩子们自己翻翻这些故事或插画,不要过多干预,更不要道德说教。

总的来说,疗愈故事是一种温和、轻松却十分有效的手段。故事是一种疗愈媒介,它能够代替说教和唠叨,允许孩子们经历充满想象力的旅程。孩子们通过将自己代入,成为故事中的角色,克服某些障碍,解决某些问题,从而更加充满能量。

(三) 故事节选

疗愈故事是非常特殊的故事体裁,在讲述过程中,读者要十分尊重听者的感受,不要试图去解释故事中存在的道理,要让听者在故事的讲述语气中亲自体会与感受,这样会达到更有效的治疗效果。

从前在一个不远的地方,有个名叫芙芙的小女孩。芙芙的家很特别,叫食物房子。房子里有许多不同的房间,比如草莓房间、胡萝卜房间、杏子房间、黄瓜房间、苹果房间、辣椒房间、橙子房间、面包房间……还有很多很多其他的房间,多到一个故事都说不完,实际上,所有你能想到的食物都有一个对应的房间,那是一栋非常非常非常大的房子。

食物房子的中央是个饭厅,很大的饭厅,里面有张很长很长的桌子。芙芙有很多的兄弟姐妹,所以饭厅里的桌子很长很长。每天吃饭的时候,芙芙的家人就一起坐在饭厅里,芙芙的妈妈,有时候是爸爸会到不同的房间采集食物,为全家人煮出美味的饭菜。可不管饭菜有多香,芙芙都只喜欢吃面包。很久以前,芙芙就发现了面包房间,之后就总想着到那里玩儿,面包房间里所有的东西,当然都是面包做的啦!对芙芙来说,那可真是太好了!她喜欢坐在面包椅子上,从面包桌子上一点一点地咬面包吃,在面包架子上爬上爬下,在面包小沙发边跳来跳去,面包房间绝对是整座房子里芙芙最爱的房间。

当妈妈为全家人端上一碗碗蔬菜汤时,芙芙会把碗推开说:"不不不!这个我不喜欢!"然后就跑到面包房间里玩了。当爸爸为全家人端上一碗碗水果沙拉时,芙芙会把碗推开说:"烦烦烦!那个我也不喜欢!"然后,就跑进面包房间里去玩了。芙芙的爸爸妈妈听芙芙说这种话,都听烦了!对女儿总去面包房间玩儿,并且只吃面包,感到很担忧。芙芙的爸爸妈妈不知道该怎么办。

有一天,芙芙在面包房间里玩儿的时候,注意到墙上有一扇以前没有见过的门,这是一扇小小的门,只有芙芙的手那么大,门上还有一个小小的金色把手。芙芙是个好奇的孩子,她转动了金色的小把手,推开了小门,门咯吱咯吱地开了。芙芙把手伸进去摸,摸出了一颗熟透了的红草莓,这可真令她惊讶,原来面包房间那扇小小的门直接通向草莓房间。那颗熟透了的红草莓闻起来香甜可口,芙芙把它放在嘴里全吃光了。在饭厅里吃下一顿饭的时候,芙芙问爸爸妈妈:"恩……我能吃点草莓么?"然后吃了几颗熟透了的红草莓,她的爸爸妈妈在一旁看着,高兴极了。

吃完饭,芙芙就又跑进面包房间玩儿了。坐到面包椅子上,从面包桌子上咬了一口面包之后,芙芙开始东张西望地四处寻找那扇小门,发现它这次跑到了墙上的另一个地方。芙芙是个好奇的孩子,她转动了金色的小把手,推开了小门,跟上次一样,门咯吱咯吱地开了。芙芙把手伸进去摸,摸出了一根发亮的橙色胡萝卜,这可真令她惊讶,原来面包房间那扇小小的门直接通向胡萝卜房间。那根发亮的橙色胡萝卜看起来脆脆的,很好吃,芙芙于是又全吃光了。在饭厅里吃下一顿饭的时候,芙芙问爸爸妈妈:"恩……我能吃点胡萝卜么?"然后嘎吱嘎吱地吃了一些胡萝卜,她的爸爸妈妈在一旁看着,高兴极了。①

通过以上七种类型的故事讲述,儿童可以放飞想象,在想象的天空里自由翱翔。生动有趣的故事,可以使儿童融入其中,受到感染和教育。引人深思且回味无穷的故事结尾,能让儿童浮想联翩,为故事的后续发展补充进自己的想法,促成完美结局。在儿童教育中,教师可以通过故事体现的道理启发儿童,促进儿童健康成长。

师范生作为未来的教育者,同样也在家庭教育中承担父母的角色。陪伴式教育下的成长,让我们逐步重视讲述能力,而教师资格证中对故事的处理与表达,也会成为考试胜败的关键。懂得故事中所表达的深切情感,学会与小读者共享故事里的喜怒哀乐,是成为优秀教师必不可少的素养之一。作为未来的教师,师范生需关注故事内涵,学会讲好故事。

故事小赛场

一、活动目标

1. 明晰故事的类型。
2. 找到故事中的人物特与心理特征。
3. 做到声情并茂地讲述故事。

---

① 苏珊·佩罗:《故事总是有办法　苏珊治疗性故事集》,天津教育出版社,2015。

二、活动内容

讲述故事《去年的书》。

三、活动要求

1. 确定该文的故事类型。
2. 归纳文中作者索要表达的中心思想。
3. 找到人物关系,尝试剖析出主人公的心理状态。
4. 尝试与同伴使用不同的语气讲述故事。
5. 将故事录音,复听自己的声音。

附:

去年的树①

一棵树和一只鸟儿是好朋友。鸟儿站在树枝上,天天给树唱歌。树呢,天天听着鸟儿唱。

日子一天天过去,寒冷的冬天就要来到了。鸟儿必须离开树,飞到很远很远的地方去。

树对鸟儿说:"再见了,小鸟!明年春天请你回来,还唱歌给我听。"

鸟儿说:"好的,我明年春天一定回来,给你唱歌。请等着我吧!"鸟儿说完,就向南方飞去了。

春天又来了。原野上、森林里的雪都融化了。鸟儿又回到这里,找她的好朋友树来了。

可是,树不见了,只剩下树根留在那里。

"立在这儿的那棵树,到什么地方去了呀?"鸟儿问树根。

树根回答:"伐木人用斧子把他砍倒,拉到山谷里去了。"

鸟儿向山谷里飞去。

山谷里有个很大的工厂,锯木头的声音,"沙——沙——"地响着。鸟儿落在工厂的大门上。她问大门:"门先生,我的好朋友树在哪儿,您知道吗?"

大门回答说:"树么,在厂子里给切成细条条儿,做成火柴,运到那边的村子里卖掉了。"

鸟儿向村子飞去。

在一盏煤油灯旁,坐着个小女孩。鸟儿问女孩:"小姑娘,请告诉我,你知道火柴在那儿吗?"

小女孩儿回答说:"火柴已经用光了。可是,火柴点燃的火,还在这盏灯里亮着。"

鸟儿睁大眼睛,盯着灯火看了一会儿。

接着,她就唱起去年唱过的歌儿给灯火听。火苗轻轻地摇晃着,好像很开心的样子。

唱完了歌,鸟儿又对着灯火看了一会儿,就飞走了。

---

① 新美南吉:《去年的树》,周龙梅、彭懿译,人民教育出版社,2008,第89页。

第十一章
故事讲述的拓展应用

微信扫码
获取相关资源

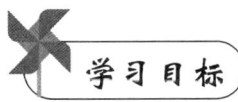

1. 掌握课本剧的概念。
2. 掌握将故事改编为课本剧的方法及注意事项。
3. 了解沙盘游戏基本设置及过程。
4. 掌握沙盘讲故事的过程、方法。
5. 了解读书会的发展概况。
6. 掌握多种小学生故事读书会的组织方法。

第一节　课本剧——再现课本故事

教师小李积极拓展讲故事的形式,他尝试将课本中的故事通过课本剧中的形式表现出来。最近他正在和学生一起准备课本剧《草船借箭》,课文正好分为商议造箭、准备借箭、草船借箭、按期交箭四部分,他安排学生以自然组为单位,每组编排其中一部分。谁知道这引起了学生的不满,第一组、第二组、第四组的学生都认为自己组的内容单薄,都想编排第三段草船借箭。小李非常疑惑,课本中的故事能不能增添或删减? 如果只选择一个场景,应该如何选择,又应该怎样保持人物性格、故事情节的完整性呢?

将课本中的故事改编成课本剧需要探索的路还很长,我们通过学习和小李一起成长吧。

一、课本剧概述

课本剧是一种舞台的故事表现形式,把课文中叙事性的文章改编为戏剧形式,以戏剧语言来表达文章主题,简单地说就是一种以课本为载体的戏剧形式。

二、课本剧与讲故事

课本剧和讲故事之间有着密切的联系,课本剧本身就是在讲故事,用舞台表演的方式

讲故事。以语文学科为例,语文课本中很多叙事性比较强的文章本身就是一个个小故事,小时候发了新课本大家最先去翻看的就是语文书,一个个故事又想看完,又舍不得看完。很多人都说讲好语文课就是讲好一个故事,而讲好故事可以是教师一个人讲,也可以是让学生参与进来一起讲故事,课本剧就是后者。教师可以先给学生讲这个故事,帮助学生理解故事背景、人物关系,然后学生通过课本剧将这个故事很好地表演出来。

我们之前学到过的讲故事的技巧大都可以运用到课本剧的表演当中。语言的技巧、体语的表达、环境的创设以及提问、停顿的策略都可以在课本剧表演中展现。

当然课本剧的表演和故事表演也有一些不同,讲故事一般是一人模仿不同的角色,而课本剧可以由不同的人来分饰角色,对于角色的个性化表达可能要求更高一些。此外相较于讲故事,课本剧是舞台表演,动作和语言可以更戏剧化。我们之前讲过,讲故事的手势尽量不要动作幅度太大,而课本剧表演的时候手势动作幅度大小就没有太多约束。讲故事的时候语音语调不可太过夸张,太过夸张有点像演戏,而课本剧就是在演戏,表演时为了突出戏剧矛盾,是可以适当渲染的。

课本剧有自己独特的特点:空间和时间要高度集中,反映现实生活的矛盾要尖锐突出,剧本的语言要表现人物性。

空间和时间要高度集中:剧本不像小说、散文那样可以不受时间和空间的限制,它要求时间、人物、情节、场景高度集中在舞台范围内。小小的舞台上,几个人的表演就可以代表千军万马,走几圈就可以表现出跨过了万水千山,变换一个场景和人物,就可以说明到了一个全新的地方或相隔多少年之后……相隔千万里,跨越若干年,都可通过幕、场变换集中在舞台上展现。

剧本中通常用"幕"和"场"来表示段落和情节。"幕"指情节发展的一个大段落。"一幕"可分为几场,"一场"指一幕中发生空间变换或时间隔开的情节。剧本一般要求篇幅不能太长,人物不能太多,场景也不能过多地转换。

反映现实生活的矛盾要尖锐突出:各种文学作品都要表现社会的矛盾冲突,而戏剧则要求在有限的空间和时间里反映的矛盾冲突更加尖锐突出。因为戏剧这种文学形式就是为了集中反映现实生活中的矛盾冲突而产生的,所以说,没有矛盾冲突就没有戏剧。又因为剧本受篇幅和演出时间的限制,所以剧情中反映的现实生活必须浓缩在适合舞台演出的矛盾冲突中。

剧本中的矛盾冲突大体分为发生、发展、高潮和结尾四部分。演出时从矛盾发生时就应吸引观众,矛盾冲突发展到最激烈的时候称为高潮,这时的剧情也最吸引观众,最扣人心弦。高潮部分也是编写剧本和舞台演出的"重头戏",是最需要下功夫的地方。

剧本的语言要表现人物个性。剧本的语言主要是台词,台词,就是剧中人物所说的话,包括对话、独白、旁白。独白是剧中人物独自抒发个人情感和愿望时说的话,旁白是剧中某个角色背着台上其他剧中人从旁侧对观众说的话。剧本主要是通过台词推动情节发展,表现人物性格的。因此,台词语言要求能充分地表现人物的性格、身份和思想感情,要通俗自然、简练明确,要口语化,要适合舞台表演。

课本剧的出现,使我们讲述的故事变得更加鲜活、表达的情感情绪更加丰富了。我们讲故事的方式也由一场独角戏变为了群策群力的交响乐,教师不仅要讲好故事,还要带领孩子们一起讲好故事。

三、课本剧在教学中的应用

课本剧在小学各科教学当中都得到了探索和应用,尤其是在语文、英语和历史的教学中。我们通过改变课文的形式,让学生主动学习,更好地理解和把握课文的内容。课本剧表演可以充分调动学生学习的积极性,有力地促进学生的主体参与、合作学习、整体发展及反思,是提高学生核心素养的有效途径之一。曹禺先生说:"演课本剧,可以启发学生潜在的智力,使他们对听课、读书发生兴趣,从而引起学生想读其他书籍。"[1]

四、将故事改编为课本剧剧本

在课堂教学中,我们将故事改编成课本剧后,就可以安排好场景(布景、道具的设计制作及其摆放位置),依据故事内容情节的发生顺序,创造性地让一个个人物出场表演。最后教师和大家一起点评反馈。

这里我们重点介绍如何将课本中的故事改编为课本剧。

剧本有自己较为固定的格式,主要包括以下几个内容:

对话:课本剧主要靠人物的对话来展开情节,推动故事,表现人物,所以剧本的主要内容是人物对话。独白是一种特殊的对话形式,是主人公和自己的对话,故事中描述人物的情绪和想法的内容可以用独白来表现,如果能加入歌唱的形式,也可以更加淋漓尽致地抒发人物的情感。

旁白:故事中的时间、地点、人物介绍可以通过旁白来体现。

人物表:剧本的开头要列出剧中的人物,让观众对剧中的人物有一个大概的了解。人物表要按剧中人物的主次排列,写出人物的姓名、年龄、职业等相关内容以及人物间的关系。

场景介绍:用简洁的文字说明故事发生的时间、地点、环境。场景介绍有两个作用,一是对读者阅读剧本予以提示,二是给导演和演员提示,尤其是导演要按照作者的提示,安排设计和制作布景及道具。这部分语言要求写得简练、扼要、明确。这部分内容一般出现在每一幕(场)的开端。结尾和对话,一般用括号(方括号或圆括号)括起来。

课本剧中的场景可以根据故事中的环境描写来进行改写。

演员的动作提示:如上场下场的方向、顺序,说话时的动作表情等。这些说明对刻画人物性格和推动、展开戏剧情节有一定的作用。

故事和课本剧就内容而言相差不大,基本情节是一致的,二者都有人物的刻画、环境的描写。所不同的是,故事不受舞台时间、空间的限制,而创作课本剧的时候需要考虑到时间、空间的限制,并要求突出戏剧的冲突,使其更有张力。

将故事改编为课本剧要注意以下三点:

---

[1] 王大友:《中学课本剧》,中国戏剧出版社,1993,第4页。

（一）依托原著

写好课本剧的前提是熟悉课文的人物性格、故事情节、语言风格，这样写出的故事才能与课文有一致性。对人物把握得越透彻，对情节的了解越细致，编起故事来越得心应手。课本剧的创作本身属于改编，允许有适当的删减、情节的更改、语言的调整，但是不管是语文还是英语、思想品德、数学，课本剧的初始目标都是让学生更好地掌握课本的知识、内容。课文中的故事是改编课本剧的"根本"，所以不能任意改编、随意增删，更不能为了制造搞笑的效果有低级媚俗的内容出现。人物对白不要机械套用故事原话，要在不改变课文原意的前提下，创编更生动、幽默、更加个性化的人物对白，剧本的尾声一定要达到创作的最高潮，以利于揭示、升华表演主题，收到应有的体验教育效果。

不是教科书中所有的故事都适合改编成课本剧，有情节、有人物的完整故事才能够进行改编。完整的故事、两个以上的人物是改编课本剧的基本条件。故事不进行改编，而是只根据课本进行表演和传统的分角色朗读区别不大。

（二）场景集中

课本剧场景最好能够集中，省去道具准备过多的麻烦，并且能够在短时间内表现更多的内容。尽量选择适合改编为独幕剧的小故事，选用的课文篇幅如果实在太长，也可选取其中一个段落层次。如《三顾茅庐》，可选其中一节改编。

故事本身场景转化较多，又不想在剧情上有遗漏，就要进行深加工。同学们在编写剧本前可以反复阅读故事，写出每个故事的段落大意，然后总结中心思想，并写出每个人物的主要性格特征。最后进行思考：哪些故事情节最适合反映人物的性格？哪个场景最具有代表性？比如上面提到的《三顾茅庐》，可以再将第一次、第二次的拜访经历融入第三次的内容中，或者借助旁白简述，或者增加人物对话来进行表现。

旁白：东汉末年，天下大乱，群雄四起，百姓生活水深火热，苦不堪言。为了天下太平，刘备领兵出战，但是因为缺乏谋士，屡战屡败。经过徐庶的推荐，刘备决定请名士诸葛亮做军师。可是，刘备连着去了两次诸葛亮在隆中的家里，都没见着他，便决定再去第三次，于是留下了一段三顾茅庐的佳话……

刘备："听说隐居在卧龙岗的诸葛亮有济世之才，曾两次前往拜访，都无缘得见。今正值新春，正好和二弟、三弟再去拜访。"

关羽："兄长啊，今日又要去拜访诸葛亮呀？这可是三顾茅庐了。我想那诸葛亮恐怕是徒有虚名，并无实学，所以才躲着不敢见我们吧！"

张飞："诸葛亮不过一个村夫，值得大哥你亲自去三次吗？叫个人把他绑来不就行了。"

采用独幕剧还是多幕剧没有固定的要求，但是所选场景应该是最具代表性的经典场景，并且在兼顾故事叙述的完整性的同时，能够展示戏剧冲突。我们在进行改编的时候需要动一番脑筋，单纯照搬课文意义不大。

（三）对话舞台化

人物对话是剧本的核心，对话写不好，剧本就失败了。动笔之前，我们一定要先在脑子里把剧情演几遍，亲自去感受和体验一下剧中人物的思想感情。要模仿人物，用嘴去说一说他们之间的对话。通过模仿,我们就能在对话中准确写出人物说话时的口气、神态和表情,就能通过人物对话展开情节,推动故事。

一般说来,课文本来就有人物的对话,我们把这些对话直接变成剧本里的对话就可以了。但课文中的有些对话是需要改造一下的,因为有些对话作为文章去阅读是可以的,拿到舞台上去说可能就不太适合了。

比如,舞台上的语言需要更加生活化,具有表现力。首先要符合该人物的性格、身份和地位,其次要避免长篇大论,对话要简短、上口、通俗化。

对白的改编可以集思广益。学生人数较多,他们自由结合,分小组进行创作,各小组都拿出对白样稿,将样稿放在一起试念、比较、修改,再让听众评价是否通俗易懂、性格鲜明。这样既充分调动了学生的积极性,又保证了对白的舞台效果。

将课本中的故事改编为课本剧后,组织学生进行排演,并进行总结点评。在课本剧的"读—思—编—导—演—评"过程中,教师要协调好师生的主导与主体位置,对学生进行积极鼓励,激发学生的创作热情。

课本剧既是一种语文教师组织课堂教学的特殊形式,也是教师和孩子们一起锻炼讲故事能力的方法。讲好课本故事,充分展示自我,课本剧一定可以走得更远。

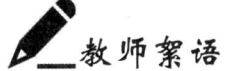

将课本故事改编成课本剧赋予了课本故事以新的生命,改编要求对原文有深入透彻的理解,而表演又能够提高学生语言表达的能力,课本剧的练习对教师能力提高、学生素质的培养都大有裨益。面试题目如果是中国古代戏曲或中外话剧,如《窦娥冤》《雷雨》《哈姆莱特》,应当注意把握剧中的主要矛盾冲突,品味个性化的人物语言,透过曲词、台词体味人物的内心情感,也可以引导学生从舞台演出的角度,去推想戏剧的艺术效果。其他体裁在面试时也要吸取课本剧改编中的一些原则,比如课本剧有一个要求就是场景要集中,选取有代表性的场景、段落,我们在面试时同样要学会突出重点,做好时间分配。10分钟最好不要超时,讲到8分钟为宜,因此,导入等环节时间不要太长,快速切入重点,抽到的课文较长,也要根据试讲要求以及自己对课文重点的把握合理取舍,不要求面面俱到。

第二节 沙盘游戏——讲述心灵故事

小李所在的学校有心理咨询室,负责心理咨询的老师向小李介绍了沙盘游戏,并告诉小李用沙盘讲故事在很多地方都得到了推广,并且取得了良好的效果,建议小李可以试一下。小李非常心动,他希望通过这种形式提高自己和学生讲故事的能力,同时也希望能够

走进学生的心灵世界。可是,他一直没有进行尝试,因为他没有心理学的功底,害怕在操作的过程中不能像心理老师那样从心理学的角度解释学生的沙盘,也担心自己说错话对学生造成二次伤害。

小李的这种担心是有一定道理的,用沙盘做心理咨询必须科学规范,但是如果是以讲故事为主要目标就不需要非常专业的心理咨询技能。将沙盘游戏和讲故事结合是我们这节课学习的重要内容。

一、沙盘游戏概述

(一) 沙盘游戏的概念

沙盘游戏是由瑞士分析心理学家卡尔夫在荣格分析心理学的基础之上创建的一种心理治疗技术。在这一技术中,游戏者可以自由地使用沙子和各式各样的小玩具,在沙箱中制造一个场景,通过这个场景,观察者可以看到游戏者独特的内心世界。

(二) 沙盘游戏的发展

沙盘游戏的起源可以追溯到19世纪初,其最初创意来源于1911年英国作家威尔斯的"地板游戏"。1911年,H. G. 威尔斯出版了描述他和两个小儿子游戏过程的书——《地板游戏》。在书中,他使用了大量的照片及自己勾画的图案,来展示他与孩子使用各种各样的玩具在地板搭建不同的游戏内容,孩子们展现出了令人兴奋的想象力和创造性。

英国儿科医生劳恩菲尔德将此方法用于孩子,她和孩子一起将"沙盘中的表现"命名为"世界"。通过这一表现,劳恩菲尔德认为,孩子的情感和心理状态得以表述,并且通过此方法还可以进行客观的记录和分析。

1954年荣格弟子卡尔夫听了劳恩菲尔德的报告后,被她的世界技术深深地吸引,在荣格的鼓励和支持下,结合荣格心理学中的原型、象征、原始意象及集体无意识等理论,创立了沙盘游戏技术。

经过60多年的发展,沙盘游戏已成为最为普遍且最有效的心理分析技术之一。它分为个体沙盘、团体沙盘、亲子沙盘等多种形式。而且治疗对象已不再局限于儿童,而是广泛应用于成人心理治疗中,一些临床专家也将该方法应用于非临床人群,如在学校、家庭、企业和团队的组织和管理中的应用,方法上整合了格式塔、催眠、角色扮演等,使之越来越呈现出多元化的趋势。

(三) 沙盘游戏的作用

沙盘游戏在学校中已经得到广泛的应用,并非单纯以减轻来访者的心理症状为工作目标,而更注重其内在心理的充实与发展,在培养其自信、完善其人格、发展其想象力和创造力等方面都发挥着积极的作用。根据国内外一些实证研究,沙盘游戏尤其对于学校中存在焦虑、注意力集中困难、言语沟通困难以及适应困难等问题的儿童有良好效果。

孩子们创作的沙盘作品中所外显的内心世界,以及在与现实连接的过程中,家庭和学校的很多问题都非常容易被把握,而且孩子们讲的都是自己的故事,也无须做自我防御和阻抗,因此,通过沙盘游戏,孩子内在的问题很容易得到治愈和转化。

（四）沙盘游戏基本设置

沙盘游戏所需设施包含沙盘、沙具和沙子、水。

沙盘游戏可以玩"干沙游戏"，也可以加水进去，称作"湿沙游戏"。湿的沙盘更容易玩出搭建城堡、挖洞建桥等游戏效果。

沙具是各种人或物的微缩模型，按照一定的排列规律摆放在沙具架中。来访者可以随意取用，并按自己的想法随意地在沙盘中摆放。

下面介绍其主要过程：

熟悉沙盘：向来访者介绍沙盘游戏中沙和水的使用，介绍各种模具的类别和摆放位置，让来访者感到安全、自由，让他明白有充分的条件可以选择任何模具来进行任何形式的创造。

体验沙盘：帮助来访者以一种自发游戏的心态来创造沙盘世界以及自由地表达内在的感受，帮助来访者唤起"童心"。

共同感受：来访者开始摆放沙盘世界，此时所奉行的是"非言语"的治疗原则，治疗师尽可能保持一种守护性和陪伴性的观察和记录，并努力让来访者自己和沙盘交流。

沙盘摆放结束后，咨询师要和来访者一起共同感受作品，努力对沙盘世界进行深入的体验，在适当的地方给予共情，也可以问一些问题，如：你的主题是什么？作品中哪个部分你最满意？能简单介绍一下你的沙盘吗？

拍照和清除：对来访者的沙盘世界进行拍照记录，这样做的目的是为整个沙盘游戏留下记录，也是对来访者心路历程的一种纪念。最后由来访者亲自清除沙盘。

二、沙盘游戏与讲故事

（一）沙盘游戏的过程就是讲故事的过程

实验表明，沙盘游戏不仅有心理疏导作用，而且能培养想象力、思维力、创造力以及语言表达能力。

沙盘游戏的主要过程包含两个部分：摆沙盘和讲述沙盘故事。一个来访者自由选择一些沙具摆放在沙盘里构成一些独特的场景，在沙盘师的陪伴和引导下，来访者就自己的作品进行描述和讲故事，从而呈现自己的意识和实现与无意识层面的沟通，更加全面地了解自己的心理和人格。讲故事是沙盘游戏的一个重要组成部分，摆沙盘的过程是讲述一个无言的故事，而描述的过程讲述的就是一个有声的故事。儿童心理故事治疗导师邓海文认为：故事是一粒种子，可以在每个人的内在潜意识深层产生作用，同时也是一剂良药，能对病人起到一定的治疗作用。

当我们进行沙盘游戏的主要目标为心理治疗时，沙盘是心理表达的道具，讲故事是一种心理宣泄、思考的渠道；当我们进行沙盘游戏的目标是讲好一个故事时，沙盘就成了讲故事的道具，讲述沙盘故事就成了锻炼口语表达能力和想象力的一种方法。

（二）孩子们为什么喜欢使用沙盘讲故事

接触过沙盘的孩子，基本上都会喜欢沙盘。很多孩子不喜欢讲故事，有的是不知道讲什么，有的是不知道怎么讲。使用沙盘可以很好地解决这两个问题。

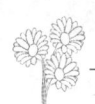

首先，谈一下"不知道讲什么"的问题，沙盘游戏的理论基础是心理学精神分析中的人格结构理论。我们常常说"冰山一角"，是指根据物理学的密度原理，冰山在水面以上的部分，只占整个冰山的十分之一。冰山在海平面以上呈现的部分，是我们可以意识到的，被称为意识；而没有露出水面的冰山下半部分，被称为潜意识（此处忽略前意识部分）。我们平时的一些行为，并不是经过深思熟虑而做出的，更多是下意识的反应，这个下意识就可以理解为我们说的潜意识，而潜意识并非我们所觉察到的。儿童可能在意识层面对自己的所想所思没有系统的认知，但是儿童在潜意识层面仍然有着丰富的精神世界。当儿童投入沙盘游戏当中时，他们会把自己的经历、感受、想法都投射在沙盘的世界中。有些在现实中不敢表达或者没有意识到的故事，只有在与现实拉开距离的游戏中才能表达出来。沙盘游戏可以把孩子内在的无意识世界比如内在情感、创伤呈现出来，为我们讲述儿童丰富的内心故事。

其次，我们来看"不知道怎么讲"的问题。孩子们做好沙盘以后，逐渐明了自己的想法，至少在孩子的心中对他所摆的沙盘有一个大致的理解，教师鼓励孩子借助沙盘去讲故事的时候，孩子就有了道具。孩子托物言志，对每一个物品的解说可以帮助孩子组织语言。对于语言表达能力不好的孩子或者内向的孩子，介绍沙盘故事的过程可以释放他们的焦虑。

孩子们的手拨弄沙盘的过程就是用手讲故事的过程，手对沙具的调整本身也会有因果关系的先后顺序。"而这过程也是人类语言的起源。所有的手部动作都包括开始、过程和结束。这就是手所'讲'的故事。"①

（三）沙盘讲故事训练的课程在实践中的应用

目前在我国绝大多数中小学的心理咨询室中都有沙盘装置，《中小学心理健康教育指导纲要（2012年修订）》实施方案中明确规定"从2014年秋季开始，1 000人以上的学校必须设立规范的心理辅导室"。沙盘是心理辅导室内的常见设备，其推广和使用有一定的群众基础。

在师资方面，各个学校有专业的心理辅导教师，我们可以和心理辅导教师结合，共同帮助孩子讲出更多的好故事。即使没有专业的心理辅导教师，沙盘游戏简单易上手，每个教师都可以尝试操作。

将沙盘中的讲故事环节突显出来，作为讲故事训练的一种新的拓展形式是一种大胆的尝试，目前有部分学校已经开设了沙盘讲故事训练的专业课程，取到了良好的效果。但是此类课程的操作，往往是由心理学方面的专业人士来进行的，心理干预的内容多于口语表达训练，如果大家能够将讲故事的技术很好地应用在沙盘讲故事训练里，以讲好故事本身作为目标，一定可以开发出更多有推广价值的新课程。

三、沙盘讲故事实操

（一）操作过程

沙盘讲故事，最简单的莫过于教师一边讲述故事，一边和孩子们一起按照故事的情节

---

① 芭芭拉·A.特纳（Barbara A. Turner），克里斯汀·尤斯坦斯杜蒂尔：《沙盘游戏与讲故事》，陈莹、王大方译，北京师范大学出版社，2015，第20页。

对沙盘进行布局,并选择合适的沙具摆放,然后使用沙具进行角色扮演。这个过程和我们使用教具讲故事的过程没有太大差别,我们这里主要讲的是如何使用沙具帮助教师和孩子讲述自己的心灵故事。

前文我们已经给大家介绍了沙盘游戏的基本过程:熟悉沙盘、体验沙盘、感受沙盘、拍照删除。其中前两个环节和最后一个环节我们可以保持不变,而将讲述故事和感受沙盘的环节相结合,鼓励孩子讲述自己的心灵故事。

心理治疗师在孩子摆弄沙盘时需要仔细观察并按顺序记录孩子拿取的沙具以及摆放沙具的位置。但是作为孩子讲故事的指导教师,我们只需要仔细观察。在孩子示意摆放完毕后,教师可以先和孩子一起感受沙盘的世界,可以向孩子提问"这是什么",注意不要直接指出物品的名称,而要用"它"或者"这个"来代替,因为孩子眼中的世界可能和我们成人的不同,而教师一旦给一个物品命名,孩子可能立刻纠正"不对"或者为了迎合教师立刻改口,不敢说出自己的想法。教师也可以进一步向孩子提问:"你最满意的是哪个地方?"引导孩子从细节入手开始他的讲述。最常见的提问是:"可以给我讲讲这个故事么?"当然教师也可以提示孩子:"你在哪个位置? 哪一个沙具代表你自己?"总之,教师要保持对孩子沙盘的好奇与关注,在孩子讲述故事的时候仔细聆听,不过多提问、插话、点评。在一对一的带有治疗性质的沙盘游戏讲故事的过程中,我们要严格遵循上述要求,鼓励学生在安全放松的环境下讲出心灵的故事。

但是教师在进行实际操作时,可以根据教学场景的要求随时调整形式。如果仅仅是一个故事课堂,教师可以让学生围观,自己一边摆沙盘,一边给学生讲一个自己的故事。然后询问哪个学生愿意讲述自己的故事,邀请学生用沙盘讲述自己的故事。

(二) 分类

1. 无主题沙盘游戏与主题沙盘游戏

顾名思义,无主题沙盘游戏就是教师不设置主题,让孩子自己发挥,选择自己喜欢的沙具(一次只能拿一个)制作沙盘。无主题设置即自由主题,有助于消除孩子的防御和紧张感,孩子往往会从无序的摆放逐渐过渡到有序、有构思的摆放。孩子们自己选择的主题更加天马行空,充满创造力,他们的故事也会更加地丰富多彩。在沙盘游戏开始之前教师可以问孩子:"今天你想给我带来一个什么样的故事?"通过暗示让孩子在沙盘游戏的过程中不断调整自我,构建主题。主题沙游,是由教师设置主题来完成的沙盘,有类似于命题作文。我们经常给孩子设置的主题是关于孩子自身成长的主题,比如:《我的家》(了解孩子亲子关系状况)、《未来世界》(谈孩子职业与梦想)、《动物园》(探究孩子人际关系状况)。为了增强孩子故事的情节性,也可以将上述题目改为动态的题目,比如:《家庭趣事》《未来世界一日游》《动物大逃亡》。

2. 个体沙盘游戏和团体沙盘游戏

传统沙盘游戏多是个体沙盘游戏,即来访者和咨询师一对一进行故事讲述。前面我们给大家介绍的流程多为个体沙盘游戏的设置,即使是一个人讲多人围观仍属于个体沙盘游戏,因为故事的讲述者是一个人。

团体沙盘游戏近些年来走入大家的视野,指的是一种有一定规则限制的沙盘游戏治

疗方法。在团体沙游之前可以先带领孩子一起进行一个简单的放松训练,然后团体成员按照抽签或猜拳确定顺序轮流摆放沙具,每个人每次只允许操作一次。如:放一个沙具,挖一条河或堆一座山等。每次只能选择一个玩具或制作地形。移动时只能移动一个玩具,若选择移动或制作地形,则不能再摆放沙具。

在摆放沙具的过程中不能交流(包括口头语言和肢体语言);不能将他人或自己已摆上的沙具拿走或放回玩具架,如果对别人摆放的玩具感到不舒服,可以在沙盘内移动位置或用沙子将其埋掉,但不可以拿回沙具架上去;选择移动时也就放弃了一次选择玩具的机会。

整个制作过程最后一轮中的最后一个人在摆完后还可以有一次修饰的机会,对整个作品进行一些调整,但不能再添加玩具,也可以放弃修饰。团体成员参与团体活动是根据自愿原则进行的,每次的制作时间没有严格的规定,但需要依据课堂时间进行总体把控。

以上为团体沙盘游戏的基本设置,一般在沙盘摆放结束后大家轮流进行故事讲述,每个人讲出自己的故事,但是每位讲述者需要根据前一位成员的讲述不断调整自己的故事,以期产生一个完整的故事。纯粹的故事讲述活动也可在预设好的主题下,按照约定的顺序,遵循团体沙具摆放的设置,依次一边摆放沙具一边讲述故事。团体沙盘游戏讲故事一般 5—10 个人比较合适,可以分小组进行,如果条件允许,可以将沙盘游戏过程投屏的话,全班同学一起参与故事创编与讲述也是不错的选择。

团体沙盘游戏讲述的是集体的心灵故事,对于改善团体的人际互动、促进团体和个体的成长都有较好的心灵疗愈效果。

(三)小学生沙盘故事的基本特征

相较于幼儿,小学生移动更改沙具的次数增多,这代表他们在沙盘游戏活动中犹豫和构思的时间增多,多数时候他们会一边更改一边自言自语说出更改的原因。

他们使用的沙具主要是动物类、建筑类和交通类(排列前三位)。大多数小学生的沙盘作品仍然是占满的,但是与幼儿沙盘作品占满不同,这种空间布置不再是儿童未分化的内心状态,而是为他们的主题服务的,是其内心世界丰富的表现。

小学生的沙盘故事多数比较完整,而且有明确的主题,常涉及生活场景类、动物世界类、战争场面类和其他类别。生活场景类的故事多讲述他们对于家庭的美好愿望或者期待;动物世界类的故事反映的是人和动物相处的场景,在小学阶段动物往往被拟人化,他们用动物代表自己在生活中不同的伙伴,而他们讲述的动物世界的故事往往是他们在班集体中和小伙伴互动的真实再现;战争主题往往出现在男生作品中,战争一方面意味着冲突,另一方面也代表了孩子们渴望独立和自主的心理。此外我们注意到,一些被欺凌的女生也往往会使用动物战争的沙盘讲述动物战争的故事。虽然很多故事里儿童并没有直接出现"我"这个主体,沙盘是儿童心灵世界的投射,儿童的情绪、感受、思维都会在沙盘故事中出现。

(四)注意事项

沙盘故事训练首先突出其故事训练的特点,教师不是心理咨询师,不需要将注意的焦点放在儿童的心理问题呈现与改变上,教师具备心理学的沙盘知识,了解沙具的选择和摆放的心理意象固然很好,但是如何利用沙盘游戏让孩子讲出一个很好的关于自己的故事才是重点。可以省去不必要的心理分析、成长教育,更多地从情节设置、语言表达、结构完整的角度帮助孩子讲述自己的故事。此外,沙盘游戏故事训练仍需要遵循沙盘游戏的基本设置,对学生的沙具选择、摆放予以尊重。在学生讲故事的过程中给予欣赏、鼓励,不使用现实的原则来点评,比如:"你这间房子怎么能盖在水里面呢?"也不使用道德的原则来点评,比如:"同学之间不能发生一点矛盾就砍砍杀杀,要互助互爱。"只有在开放、包容、接纳、安全的环境中,学生才可以没有阻碍地让自己的无意识内容自由地呈现,再逐渐走向整合,从而部分兼顾沙盘的疗愈效果。

最后,请大家结合沙盘图片,阅读并体会沙盘故事《伟大的谜题》,试着走进儿童的心灵世界。

伟大的谜题[①]

放学了,两个男孩走在回家的路上,突然他们看见了一个迷宫,一个非常奇怪的迷宫。他们决定比赛看看谁能够找到迷宫中间有魔力的蛋。获胜者将成为破解迷宫的专家。

然后他们开始了比赛,拉利非常淘气,对他人并不友好,他总是迷路,经常走到死胡同。斯努德乐于助人,他找到了正确的道路,并且发现了会抓男孩的花朵。石头在移动,并千方百计地误导他们。羽毛以不可思议的速度旋转着,每当男孩看着它们的时候都会糊涂。大树合力刮起了大风。突然,拉利被困在了花中,他尽力呼喊向斯努德求助。斯努德不知道是应该帮助拉利还是该继续尽力找到魔蛋。最后他决定先帮助拉利,然后再找魔蛋。

他们继续走,突然看见了一些软木盘在来回转动。斯努德决定跳过它们。拉利也试着跳过去。他们成功地跳过去,看见了许多羽毛。这时他们寻找的魔蛋出现了。他们互相推挤,因为他们两个都想得到魔蛋。后来,斯努德说:"要不我们两个都去摸魔蛋吧,那样不是更好吗?因为我们两个离它都很近。"就这样,他们跳过去摸魔蛋。当他们走出迷宫时,许多人在那为他们鼓掌。他们都成了走迷宫的能手,从此以后,斯努德和拉利成了好朋友,并且发现了迷宫里的魔法。

---

① 芭芭拉·A. 特纳(Barbara A. Turner),克里斯汀·尤斯坦斯杜蒂尔:《沙盘游戏与讲故事》,陈莹、王大方,译,北京师范大学出版社,2015,第 71 页。

> 沙盘讲故事在实际教学中不一定能够得到完全的推广,但是这种形式中的很多要素我们可以在日常教学中借鉴。运用故事和沙盘走进学生的心灵世界,为他们的人生点亮心灯是更高层次的传道授业解惑。而沙盘游戏中的倾听和鼓励是我们在教学实践中需要践行的,这种人本主义的理念在我们的试讲环节和结构化问题答辩环节都会有所体现。

第三节 读书会——分享经典故事

小李最近参加了一个以《小王子》为主题的读书会,收获颇丰,这种新颖的故事讲述、分享模式深深地吸引了他,他决定以自己的班级为试点,逐渐在学校推广这种形式,让更多的学生通过读书会的模式了解更多的经典名著故事。刚开始的时候学生很好奇也很配合,前几期读书会进行得还算顺利,但是三期过后,学生的兴趣就淡了,觉得没多大意思,每次就是老师导读一下再让大家轮流分享,然后教师总结,这不是和阅读课差不多嘛。小李自己也觉得没有那么大的劲头了,不知道有没有什么方法可以提高学生参加读书会的积极性。

读书会的组织需要一定技巧,而其组织形式也是多样的,我们需要不断地摸索、大胆借鉴他人经验。

一、读书会概述

读书会,大家并不陌生,目前很多读书会在线上和线下都非常火热。所谓读书会,简而言之就是在一起读书的聚会。活动以书会友,除了激励大家养成读书习惯,也通过读书报告加强阅读者的分析、组织及表达能力。读书会的形式,可以是大家一起讨论,或由一个人导读。

中国最早期的读书会为古代文人的聚会活动,如魏晋时代的"竹林七贤"经常聚集在今河南山阳县竹林之下饮酒赋诗、谈古论今。西方读书会,以美国、瑞典最为兴盛,其内涵相异,分别代表西方读书会的两大主流,前者为美国学院派的名著读书会,后者是强调生活与学习结合的读书会。中国台湾地区、新加坡以及中国大陆的读书会受瑞典模式影响较深。

《学记》云:"独学而无友,则孤陋而寡闻。"读书会是一种拓宽视野、深化思维、交流知识、提升生活品质的活动。

首先,读书会为个人阅读提供示范,读书会往往可以帮我们筛选高品质的图书,并且通过分享者的解读，可以帮助我们在较短的时间内掌握一本书的精华，并理解其深层次意义，是效率比较高的一种读书方式。其次，读书会可以提供一个信息交流、思想撞击的平台，通过分享、讨论可以弥补自己的短板。读书会所分享的书籍涵盖多个领域，包括哲学、宗教、心理、文学、艺术、科学、政治、经济、医学等。而个人所涉猎的范围往往较窄，在读书会中大家发挥自己的专业长处，可以丰富我们的通识知识和见识。最后，读书会可以大大提高阅读兴趣，读书会的线上线下活动丰富多彩，让"读书好、好读书、读好书"的理念深入人心。

2014年以来，"倡导全民阅读""大力推动全民阅读"连续6年写入国务院政府工作报告，全民阅读已被提升到国家战略高度。在这样的发展背景和政策支持下，读书会组织在全国各地蓬勃而生，成为推进全民阅读、建设书香社会的重要社会力量。

二、读书会与讲故事

（一）讲故事是读书会常见的一种活动形式

读书会的活动流程和方案没有定例，主要是围绕书籍进行阅读、分享、讨论。读书会不是单纯的讲故事，讲故事是读书会的一个重要环节。讲故事可以是一个引子，也可以是向大家介绍书籍内容的方式。分享者或绘声绘色地再现故事情节，抑或提纲挈领地介绍故事梗概，再或鞭辟入里地分析故事深意。讲故事赋予了读书会以鲜活的生命力，而读书会又给讲故事提供了崭新的舞台。

（二）读书会对讲故事能力提高的促进作用

首先，在读书会中讲故事可以锻炼在小团体中复述故事的能力。复述故事需要具备从整体把握故事内容和记忆故事的能力，这是讲述故事的基本能力。故事的讲述者需要提前预习故事，以便在群体当中进行故事展示。读书会成员构成一个互相支持、志同道合的小团体，活动气氛往往比较友好，成员之间互动以支持、鼓励为主，成员往往对所要分享的故事有一定的了解，可以提示或在结束后指出讲述者情节上的遗漏，有利于讲述者练习完整复述故事。

其次，读书会有利于培养讲述者故事表达的能力。在读书会中分享故事对于讲述者的表达能力提出了要求，表达能力强的讲述者能够通过故事带动气氛，让听众更加喜爱、关注作品，心情随人物命运跌宕起伏，增强成员分享书籍的兴趣。在讲述的过程当中可以随时互动，和成员一起发现细节之美。

再次，读书会的分享方式可以提高讲述者对故事的理解能力。读书会不仅仅是分享、推荐优秀作品，而且要对作品进行深入的探讨、分析。成员对作品思想主题、主要内容、人物性格、艺术特色的研究必然能提高故事讲述者对故事的理解能力，从而更好地把握作品，讲出更加生动、深刻的故事。

（三）发展以讲故事为主要形式的读书会

读书会的形式和侧重点多种多样，我们这里讲的主要是如何发展以讲故事为主要形式的读书会，讨论如何利用读书会的形式提高讲故事的能力。

读书会是故事分享的形式和载体，以讲故事为主要形式的读书会在书籍的选择上首

先倾向于叙事性质的故事。目前市场上有很多以分享成功学、心灵成长、企业管理、学术研究、诗词歌赋书籍为主题的读书会，显然不属于我们要讨论的范围。其次，读书会的书目，必须选择经典文学作品，经典书籍永远散发着诱人的光芒，是我们人类心灵史上取之不尽用之不竭的瑰宝。只有经典书籍才拥有反复推敲、深入探讨、咀嚼品读的价值和意义。所以，我们可以选择适合小学生阅读的叙事性经典文学作品作为读书会的分享主题。我们常见的小学生必读书目或者新课标推荐的小学生必读书目中大部分图书都十分合适，比如《西游记》《最后一头战象》《金银岛》等耳熟能详的作品。

此外，在读书会的活动设置上应突出讲故事的环节，教师对故事的生动讲解，让学生更好地感悟故事，学生之间可以开展各种形式的互动分享，在活动中迸发智慧的火花。

条件允许的话，可以邀请童书作者、编辑、读者，或是知名作家，来为孩子们讲故事，极大地提升孩子们对经典故事的理解与喜爱之情。

书山有路"趣"为径，依托读书会的形式，经典书籍一定会在孩子们的心灵中留下深深的烙印。用经典引领成长，开拓学生的眼界，增长知识、培育智慧、丰富他们的审美体验，提高学生分析、判断、思考的能力。

三、办好小学生经典故事读书会

（一）小学生故事读书会的分类

近些年来，随着对儿童阅读探索的不断深入，儿童读书会的类型也日益丰富起来。根据组织单位的不同可以分为学校组织的读书会和社会组织读书会。学校组织的读书会多以兴趣小组或社团的形式呈现，在校园内部由教师负责；校外的读书会多依托社区、辅导机构、文化机关，由社会力量承办。

根据目的的不同，发展出新知拓展的读书会、思想碰撞的读书会、主题报告的读书会、读写方法探秘的读书会、言语欣赏的读书会等。此外，还有各种活动型的读书会，如故事会、故事表演会、诗歌朗诵会等等。

根据受众不同，可分为同质读书会和异质读书会。前者是同一个年龄段、兴趣爱好相同或同性别的儿童聚集在一起，由于年龄相仿、兴趣爱好一致，在进行读书分享的时候比较有共同语言，容易建立伙伴关系，选择故事的时候能够找到比较合适该年龄段的故事。后者可能是由不同年龄、不同年级、不同性别、兴趣爱好相异的儿童组成，虽然在理解故事的时候不容易同步，沟通的时候思想层次有差距，但是可以产生不同思想的碰撞，带来不同的阅读体验，分享多元化的知识。

我们所说的以讲故事为主体的读书会多是由学校组织、以故事分享活动为主要形式、同质或异质不限。

（二）小学生故事读书会的活动组织形式

小学生故事读书会的常见组织流程是教师准备图书、导读图书、提出问题、分享发言。作为一个读书会的领读者，在读书会的活动准备上必须下足功夫，经典文学作品虽然隽永，但是有些内容比较深刻，想让读者产生浓厚兴趣，愿意静下心来去品读需要一定的技巧。这里向大家介绍一些经过实践检验，颇具操作性的实践方案，通过丰富多彩的游戏活动,让我们的学生愿意去读书,愿意去分享故事,在经典故事的陪伴下成长。

活动一 辩护律师

通过故事中角色的行为、语言、表情去理解每个角色的心路历程,每个学生站在角色的角度为他的行为进行辩护。日本电影《罗生门》源自芥川龙之介的小说《竹林中》,通过多个人物视角重叠描述故事,展现了一位武士被杀案的始末。电影播出之后我们经常用罗生门来形容不同的人从自己的立场出发讲述同一个故事。

在活动开始之前,要求学生必须阅读故事,读书会开始后选择比较有代表性的故事情节进行讲述,然后准备人物名牌,最好选择有争议、对立面比较多的人物进行讨论。此外还需准备一些写有"观众"字样的名牌,学生以抽签的方式选择角色,不管抽到什么角色,都需要仔细品读、体味故事。担任故事讲述者的教师或学生准备问题进行提问。

我们经常会从一些名著中找到适合提问的故事片段、人物。《三国演义》中的很多故事都适合做这个游戏,《哈姆雷特》也是不错的选择。儿童的思维跳跃,往往会有别出心裁的想法和理解,教师要注意维持秩序、避免过激言行的产生。讨论要从作品中来,回到作品中去,一旦发现离题千里要立即拉回,讨论最终要回到作品中,目标不是让学生争论,而是让学生加深对故事中不同人物的理解,从而更好地表达故事。

活动二 猜猜谁是谁

针对低年级学生进行的故事分享活动,由故事分享者(可以是教师,也可以是学生)自己准备故事,然后针对故事中涉及的三到四个主要人物准备突出人物特征、细节的图片(可以是网上下载打印,也可以是手绘),有多少成员需要准备多少张图片,图片可以是重复的,在故事讲述结束之后,把图片依次发给同学,让同学们根据故事的讲述猜一下图片中的人物是谁,并说出选择的原因。

注意在孩子们分享的过程中不要打断,要等最后一个同学分享完毕后再公开答案。如果学生年龄小或者人物区分度不大,可以在故事开始的时候就分发图片,如果相对比较简单可以在故事结束后分发图片,要注意图片内容和故事讲述内容相一致。

活动三 万物互联

活动旨在让学生更加关注故事各个场景,认真品读故事,发展学生对人物关系、历史背景的关联能力,加深对经典故事的理解。

活动开始之前,仍然需要组织者或领讲者准备卡片,可以是故事中的人物、场景、动物、植物的图片,也可以是文字提示。图片当中也需要适当包含数张和文中故事没有关系的内容(比如春天的故事可以准备两张冬天的图片),或者也可以是具备一些和故事有间接关系的内容(比如讲述《史记》中孟尝君鸡鸣狗盗的故事的时候,出示平原君赵胜的人物卡片,知识丰富的学生可以联想到他们都属于"战国四公子")。故事讲述结束之后,领读者出示图片,随机依次发给学生,让学生认真回忆故事内容,找到图片中和故事契合的地方,轮流讲述自己手中卡片的内容在故事中出现的细节。这就需要听众认真听故事,讲故事者的故事叙述完整而具备感染力。如果是低年级的学生就提前发卡片,领读者提问:"这张卡片的内容和故事有关联吗?"

活动四 排排队 吃果果

活动目的旨在熟悉故事内容,了解故事的发展线索,提高学生推理思考的能力。选择

叙事性比较强的故事,时间发展顺序明显的故事效果更好。将整个故事打印出来,然后依据学生的数量裁剪段落,比如:20个学生就把故事分成20个部分,读书会开始以后,学生围坐,将纸条打乱随机依次分给学生,给学生默读的时间。

当学生默读结束后,领读者请最靠近自己的学生讲述卡片上的故事片段,接下来请第二个学生讲述自己卡片上的故事片段,假如第二个学生讲述的故事片段比第一个学生讲述的故事片段在整个故事中出现得早,那么第一个讲述的学生要将自己原有的位置让给第二个学生,自己移到原本第二个学生的位置。接下来,请第三个学生讲述自己卡片上的故事片段,并询问他和前两个学生所读的内容相比,其顺序是在什么位置,商量交换位置。活动依次进行,学生们轮流讲述故事,将故事片段内容排序,并根据排序排列座位。

排序结束后,领读者公布正确排序,大家依次讲述故事,形成一个完整的故事。

活动五 故事万花筒

活动设计旨在帮助学生从不同角度来看待故事、描述故事,重新建构故事结构。在传统的叙事作品中,叙述人称一般是不变换的,也就是我们往往是从单一的视角出发讲述故事,比如全知视角或者第一人称、第三人称视角。故事万花筒就是让我们拧动万花筒,素材本身没有改变,重新排列组合,从不同的视角来讲述故事。活动设计照例用卡片分配角色,花鸟鱼虫皆可是故事的主述者,故事正常讲述完毕后,学生可以根据自己手中卡片的角色分配,用第一人称来重新讲述故事。不同于辩护律师活动,侧重点不是解释自己的行为,而是整体改变讲故事的视角,很可能整体改变故事主题,比如讲述《海底两万里》的故事的时候,尝试从一只露脊鲸的角度讲述鹦鹉螺号的故事。当学生从一个配角的角度看待历史,从动物的角度看待整个世界的时候,故事可能变得更加新奇有趣,并且能够提升他们的思考能力。重要的是学生可能获得更加宏大的历史观、更加和谐的自然观。

这里给大家推荐三本从动物的视角来讲述故事的书籍,希望可以带给大家一些启发:

(1)北京联合出版公司的绘本故事《女王的影子》,这是一个以动物视觉科学为基础的超现实主义侦探故事。

(2)美国作家杰克·伦敦的中篇小说《野性的呼唤》,故事讲述了一只良犬巴克逐渐回归野性、重返荒野的过程。故事不停转换叙事视角,时而从第三人称全能视角讲述,时而又从主人公巴克的视角来进行讲述。

(3)长江少年儿童出版社曹文轩的新书《疯狗浪》,这是一部感人至深的动物小说,讲述小狗沫沫与主人船花、大公狗黑风之间的故事,作品以动物的名义重新诠释"爱",带给孩子们直击心灵的感动。

(三)小学生读书会的注意事项

最后,我们简单谈一下组织读书会的注意事项。

读书会要尊重儿童的个性,每个儿童有不同的气质类型和性格特征,有的孩子喜欢在读书会中扮演主动的角色,踊跃发言、积极回应;有的孩子则比较文静、被动,融入活动比较慢,不喜欢参与到讨论当中。教师要充分尊重儿童个性,在进行活动的时候注意扬长避短。

读书会的组织者需要精心选择书目,所选图书可以是经典图书,经典图书隽永耐读,也可以是热点图书,可以激发学生兴趣。内容必须健康积极向上,并且和学生的理解水平相契合。尽量选择课外读物,不要和课本中出现的故事重合,以拓展学生的视野。

读书会的每一次活动都必须提前策划,精心准备,组织者要把方案在心中预演数次,不要忽视每一个细节。尽管在学校组织图书会可以确定到场人数,但是仍需考虑在实际活动中愿意参加的学生数量,所以每个活动应该有两个方案,分别是人员悉数参加的方案以及只有少量人数参加的方案。此外,每场读书会都需要有备选活动,根据实际活动时长安排时间,备选活动可以是围绕图书的主题活动,比如播放相关视频,朗读相关诗歌;也可以是通用活动,比如阅读活动前的热身或冥想活动,阅读活动后的放松拍打或唱歌。

在活动过程中要注意活动的生成性。尽管在准备活动的过程中我们会考虑到详细的流程,甚至精确到每一句要说的话,但是在读书会实际开展过程中可能会遇到各种情况,领读者需要做好随时调整活动方案的心理准备。即使是相同的活动内容,也可能因为不同的参与者撞击出不同的火花,就好比乘坐火车,虽然路线相同但是每次遇到的风景可能大不相同。

教师不仅仅是在课堂或课下讲故事给学生听,而且可以把讲故事这种形式运用到其他的领域,延展故事的生命力赋予其更多的功能性。在这一章里,我们学习了三种特殊的讲故事形式:课本剧、心理沙盘、读书会。教师可以运用这三种形式和学生一起讲更多更好的故事。将这三种形式呈现在教材中希望能够拓展大家的视野,创造更多属于我们的生命故事。

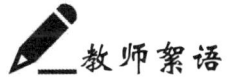

> 读书会中积累的对于经典作品的理解以及组织活动的能力,在我们的教学中都非常地有助益。掌握丰富的读书会活动形式,对于教学过程的设计可能会有所启发。
> 课本剧、沙盘游戏以及读书会都是讲故事的延伸活动,教师需要更进一步地学习相关专业知识才能更好地运用这些形式来丰富我们的故事课堂。

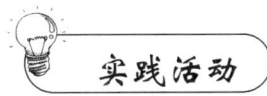

故事小赛场

一、活动目标

1. 选择合适的书目。
2. 能够根据学情灵活设计读书会方案。

二、活动内容

做一个适合四年级学生的经典读书会策划方案。

二、活动要求

1. 所选书目必须适合四年级阅读,学生有兴趣并且内容健康向上。
2. 活动过程中鼓励学生充分参与,并将讲故事技巧运用其中。
3. 活动过程围绕文学故事,尝试深入分析讨论故事。

参考书目

[1] 杜伟东. 普通话朗诵教程[M]. 北京:警官教育出版社,1999.

[2] 李明学. 朗诵名家谈朗诵艺术技巧[M]. 北京:中国国际广播出版社,1992.

[3] 张颂. 朗读学[M]. 北京:中国传媒大学出版社,2010.

[4] 曾致. 朗诵艺术指要(第二版)[M]. 北京:中国传媒大学出版社,2002.

[5] 王宇红. 朗读技巧[M]. 北京:中国广播电视出版社,2013.

[6] 付程等. 实用播音教程——语言表达[M]. 北京:中国传媒大学出版社,2002.

[7] 韩斌生. 演讲与朗诵基础[M]. 北京:清华大学出版社,2016.

[8] 乔丽华. 语言艺术的魅力——朗诵技能技巧[M]. 上海:立信会计出版社,2016.

[9] 龙小华. 教师礼仪修养[M]. 武汉:华中师范大学出版社,2016.

[10] 王光娟. 公共关系理论与实务[M]. 北京:中国农业出版社,2010.

[11] 安妮特·西蒙斯. 故事思维[M]. 俞沈彧,译. 南昌:江西人民出版社,2017.

[12] 南希·梅隆你也可以成为故事高手[M]. 周悬,译. 天津:天津教育出版社,2013.

[13] 子鱼. 为你朗读[M]. 桂林:广西师范大学出版社,2018.

[14] 张嘉庆. 嘉庆叔叔教你讲故事,练口才[M]. 北京:中国妇女出版社,2018.

[15] 苏珊·佩罗. 故事知道怎么办[M]. 重本,童乐,译. 天津:天津教育出版社,2011.

[16] 王丽娜. 幼儿教师讲故事技巧[M]. 上海:复旦大学出版社,2019.

[17] 买艳霞. 幼儿教师故事讲述训练[M]. 上海:华东师范大学出版社,2016.

[18] 吉姆·崔利斯. 朗读手册[M]. 陈冰,译. 北京:新星出版社,2016.

[19] 北京未来新世纪教育科学研究所. 小学语文课程标准教师必读[M]. 呼和浩特:远方出版社,2006.

[20] 郑渊洁. 虎王出山童话集[M]. 长沙:湖南少年儿童出版社,1987.

[21] 曹文轩. 丁丁当当·盲羊[M]. 北京:中国少年儿童出版社,2012.

[22] 陈卫平. 写给儿童的中国历史之神话时代——夏[M]. 北京:新世界出版社,2014.

[23] 沈石溪. 沈石溪激情动物小说神奇的警犬[M]. 北京:中国少年儿童出版社,2017.

[24] 曹文轩. 草鞋湾[M]. 北京:天天出版社,2019.

[25] 刘慈欣. 刘慈欣少年科幻科学小说系列十亿分之一的文明[M]. 桂林:广西师范大学出版社,2016.

[26] 新美南吉. 去年的树[M]. 周龙梅,彭懿,译. 北京:人民教育出版社,2008.